集人文社科之思　刊专业学术之声

主　编：何　明

副主编：李志农　朱凌飞

编委会

主　任：林文勋

副主任：刘世哲

委　员（**按姓氏音序排列**）：

Chayan（泰国清迈大学）　陈庆德　高丙中　李东红　麻国庆　马翀炜

彭静莲（比利时鲁汶大学）　王文光　徐黎丽　杨　毅　袁同凯　周　平

周永明（美国威斯康星大学）

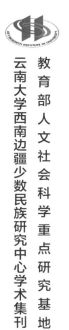

教育部人文社会科学重点研究基地

云南大学西南边疆少数民族研究中心学术集刊

中文社会科学引文索引（CSSCI）来源集刊

第28辑

西南边疆民族研究

主编　何明

副主编　李志农　朱凌飞

社会科学文献出版社

SOCIAL SCIENCES ACADEMIC PRESS (CHINA)

目　录

《西南边疆民族研究》 第 28 辑
第 1～10 页
© SSAP，2019

共享发展：边疆美好生活的核心议题与实现路径*

朱碧波**

摘　要　共享发展是边疆美好生活建构的核心议题。边疆共享发展是边疆各区域各民族的全民共享、全面共享、共建共享、渐进共享。不过，当前边疆共享发展面临着边疆治理思维定式与全民共享的难题、边疆发展滞后与全面共享的阻滞、边疆社会发育不足与共建共享的困境、边疆民众期望值高涨与渐进共享的两难。在边疆美好生活的建构中，边疆全民共享要求推进边疆跨越式发展，边疆全面共享要求提升民众幸福指数，边疆共建共享要求建构协同共治的治理格局，边疆渐进共享要求不断促进区域协调、族际包容、城乡融合的一体化发展。

关键词　边疆治理；美好生活；共享发展

DOI：10.13835/b. eayn. 28.01

美好生活是人类社会自古以来心驰神往的黄金彼岸。不管是西方"理想国"的阐释、"乌托邦"的建制、"太阳城"的描摹，还是中国"天下大同"的想象、"世外桃源"的意象与"君子国"的幻象，莫不在于寻求"一个存在普遍真理、正义、善、繁荣与美好的社会"。[①] 改革开放 40 余年来，随着国家经济体量狂飙突进式增长，我国民众对美好生活的向往日益急切。然而，我国发展不平衡不充分的客观现实却严重掣肘民众美好生活想望的实现。为了推进美好生活的想望由梦想照进现实，党的十八届五中全会提出"创新、协调、绿色、开放、共享"的新发展理念，党的十九大更进一步指出"必须坚定不移贯彻创新、协调、绿色、开放、共享的发展理念"。及至《中华人民共和国宪法修正案》的通过，新发展理念更是由政治话语的表达晋升为宪法文本的书写。在新发展理念中，共享发展无疑是一个最具价值尺度和终极旨归的理论概念。它直指中国发展不平衡不充分的时代症结，致力推进各区域、各群体、各阶层的均衡性发展，强调整个社会的公平正义和福祉提升，确保"人人共享发展成果，人人都有人生出彩机会"。

共享发展理念是对时代症结一种精准深切的体悟。共享发展理念面世之后，迅速成为学界竞相言说的焦点性议题。诸多学者借助政治学、伦理学、社会学等学科的研究范式和理论工具，深入探讨共享发展的历史流变、理论内涵、政治品格、道德情怀、世界意义和行动逻辑。学界研究的基本结论为：

---

　*　本文系国家社科基金重大项目"我国边疆治理体系和治理能力现代化的系统理论及其指数化研究"（16ZDA058）的阶段性成果。

　**　朱碧波，法学博士，云南师范大学历史与行政学院副教授，主要研究方向为边疆治理。

　①　怀特·亚当斯：《公共行政研究——对理论与实践的反思》，刘亚平、高洁译，清华大学出版社 2005 年版，第 1 页。

共享发展是马克思主义"自由人联合体"的设想在当代中国的生动阐释和具体展现,[①] 是发展伦理在中国发展问题中的出场。[②] 共享发展具有人民主体、公平正义、共同富裕的理论特质。[③] 它所秉持的"以人民为中心"的发展思想,彰显出深远的世界历史意义。[④] 当前推进共享发展要确保利益共享、服务共享和机会共享。[⑤] 学界既有研究在某种程度上揭示了共享发展的理论本相和内在机理。不过,学界既有研究总体上是一种普适性的理论建构,相对缺乏对当代中国共享发展症结的精准把握,尤其缺乏对边疆共享发展问题的深刻探讨,以至共享发展研究出现了理论建构与实践方略的脱节、国家话语与边疆叙事的失衡。有鉴于此,本文将以"边疆共享发展"为观照对象,聚焦我国共享发展的攻坚区域,尝试剖析边疆共享发展的实践症结和靶向求解,以期丰富中国特色发展话语的本土表达,裨益边疆美好生活图景的时代建构。

一 何以阐释:边疆共享发展的多重面向

边疆共享发展不仅彰显着中国共产党"以人民为中心"的政治逻辑、折射出新时代全面建成小康社会的实践逻辑,而且凝练着建设社会主义现代化强国的历史逻辑。边疆共享发展在时代变迁中出场,形成并呈现带有边疆印记的复杂内涵和多重面向。

(一)边疆共享发展是全民共享

全民共享指涉的是"发展为了谁",以及"共享主体覆盖面"的问题。边疆共享发展指向的是边疆各民族、各群体共同享有国家改革开放带来的制度红利和发展成果。其价值真谛在于共享范围的普惠、共享结构的均衡和共享结果的共赢。

首先,全民共享是一种普惠型共享。它理性拒绝特定群体对权益配享的垄断,致力追求边疆地区的"空间正义"和"权利正义"。在空间正义的建构上,边疆全民共享侧重解构边疆区域与核心区域的非均衡发展,消解边疆内部的城乡空间分异、族际居住隔离和城市空间剥夺,推进边境地区与边疆腹地、边疆革命老区与边疆散居民族地区、人口较少民族地区和城市民族地区的协调发展,确保各区域、各民族、各群体的福祉随着国家实力提升而普惠性增长。在权利正义的追求上,边疆全民共享摒弃市场理性张扬下的"资本的盛宴"和"权贵的狂欢",致力于实现权利平等和权益共享。边疆全民共享还应秉持"差异化"的理念,主张救济基本能力贫困的群体,强调"那些需要更多帮助才能超越能力底线的人,理应获得更多的帮助",进而使其通过机会平等和可行能力平等地过上"有尊严的生活"。[⑥]

其次,全民共享是一种均衡型共享。它自觉抵制社会负向度的分化,致力于实现边疆地区的"矫正正义"和"实质正义"。在矫正正义的持有上,边疆全民共享主张对特定情境造成的边疆发展困境予以补偿,矫正边疆地区因为地理环境等因素造成的区域发展起点非公平性问题。毕竟,边疆乃是国家疆域边缘的特殊性空间。边疆与生俱来的地理区位使得传统社会时期的边疆发展面临着诸多难以克

---

① 刘红玉、彭福扬:《论共享发展的科学内涵》,《湖南大学学报》2016 年第 3 期。

② 张彦、洪佳智:《论发展伦理在共享发展问题上的"出场"》,《哲学研究》2016 年第 4 期。

③ 梁彦超、张晓东:《共享发展理念的理论特质》,《理论月刊》2016 年第 5 期。

④ 胡守勇:《共享发展理念的世界历史意义》,《马克思主义研究》2018 年第 4 期。

⑤ 于昆:《理解共享发展的三个维度》,《中国高校社会科学》2016 年第 5 期。

⑥ 玛莎·C.纳斯鲍姆:《寻求有尊严的生活——正义的能力理论》,田雷译,中国人民大学出版社 2016 年版,第 18 页。

服的障碍，并影响边疆区域与核心区域的协调发展。现今，面对边疆地区的边缘化困境，边疆共享发展客观上要求国家继续加大西部大开发的力度，给予边疆区域以特殊的资源配置和政策倾斜，平衡和矫正核心区域的先发优势。在实质正义的谋求上，边疆全民共享指向的是边疆各区域、各民族与各群体发展的前瞻性正义。在长期历史流变中，由于地缘环境、民族文化、族体规模和个体能力等差异，边疆各区域、各民族、各群体发展程度存在十分明显的差距。一些边缘性群体甚至出现贫困代际传承和劣势永久化的风险。有鉴于此，边疆共享发展强调对这些边缘性群体予以差异化授权和特殊性救济，确保各区域、各民族、各群体都能均衡享有改革发展的成果，实现边疆发展的结果正义。

再次，全民共享是一种双赢型共享。它天然反对群体之间的零和博弈，致力构建边疆地区的"交换正义"和"经济正义"。在交换正义的建构中，边疆共享发展注重交换内容和交换程序的正义性询问，但更加看重交换对象的互利性考查，即边疆共享发展强调边疆各群体在社会交往和经济交换中，彼此通过资源的分享、思想的沟通、能量的置换和行动的理解，形成双方利益的共同增进和共赢互享，最终达成一种互利共生的理想状态。在经济正义的寻获中，边疆共享发展强调边疆经济发展的价值，不但强调经济发展的效率追求以夯实边疆全民共享的基础，而且要加强调经济发展的价值，即边疆民众普遍而公平地享有改革发展的成果，"确保人的价值、人的尊严、人的发展、人的自由之确证和提升"。[1]

（二）边疆共享发展是全面共享

全面共享涉及的是"共享何种内容"的问题，即边疆地区共享国家经济、政治、文化、社会、生态文明建设的成果。首先，边疆全面共享是经济建设成果的共享。经济建设成果共享主要体现为边疆分享国家经济体量增长带来的人均福利指数提升。改革开放以来，随着市场经济在资源配置中支配性地位的生成，国家经济获得举世瞩目的发展，经济体量一举跃居世界第二。国家经济实力的整体提升不但为国民福利指数和幸福指数的提升提供了诸多可能，而且为边疆共享国家经济建设成果奠定了坚实基础。

其次，政治建设成果的共享。政治建设成果共享包括政治制度生成的红利共享、政治战略衍生的福利共享、政治生态净化带来的效益共享。进而言之，边疆社会共同享有中国特色社会主义的制度优势，特别是中国特色解决民族问题正确道路带来的政治效益。边疆社会共同分享国家治理战略尤其是涉边疆民族事务治理战略带来的政治福利。边疆社会共同享受全面依法治国、全面从严治党、净化政治生态带来的效能提升。同时，边疆社会共同配享国家治理体系和治理能力现代化带来的绩效优化，特别是边疆治理理念革新、体系转型与能力重塑带来的政治红利。

再次，文化成果的共享。伴随着国家经济体量的增长和政治红利的释放，中华民族的文化自觉日益清晰，中华文明的独特魅力开始彰显，国家文化软实力稳步增长。中华文明成果的持续性产出使得文化共享成为边疆全面共享必然的题中之意。这种文化共享主要包括共享中华民族共有精神家园给各民族带来的归属感、共享中国特色社会主义核心价值体系给各民族文化注入的时代精神、共享各民族优秀传统文化给边疆社会带来的心理抚慰。

又次，社会建设成果的共享。新时代我国着眼民生改善，积极开展社会建设并取得一系列重大成果。按照党和国家"发展为了人民、发展依靠人民、发展成果由人民共享"的理念，社会建设成果理应由包括边疆民众在内的全体人民共同享有。这种边疆社会共同享有社会建设的成果包括边疆地区脱

---

① 毛勒堂：《资本逻辑与经济正义》，《湖南师范大学社会科学学报》2010 年第 5 期。

贫攻坚战的决胜、集中连片贫困地区的消灭、边疆公共文化服务体系的完善、边疆社会保障的全覆盖、边疆各民族职业教育和就业创业的推进，以及边疆医疗卫生能力的提升和民族医药业的发展等。

最后，生态建设成果的共享。随着人与自然"生命共同体"意识的成长，我国生态文明建设取得一系列重大成果。生态文明体系渐次形成，主体功能区制度逐步健全，全面节约资源有效推进，重大生态保护和修复工程进展顺利。生态建设成果是一种纯粹的非排他性的公共产品。边疆全面共享天然地包括生态文明建设成果的共享，即边疆地区成为国家生态文明建设的重镇，不断实现"生产空间集约高效、生活空间宜居适度、生态空间山清水秀"。

（三）边疆共享发展是共建共享

共享发展是党和国家"以人民为中心"的体现，但共享发展并不是家长式的道德施恩，也不是懒汉式的福利乞求，而是"人人参与、人人尽力、人人都有成就感"①的共建共享。这种共建共享的理论真意主要表现为以下几个方面。

首先，边疆共建共享强调权益共享与自觉参与的匹配。共享发展本质上是共同分享国家改革发展的成果。不过，这种共享发展是一种积极共享而不是消极共享。它致力于建构的是责任型福利模式而不是单纯救济型福利模式。也就是说，"共享"以"共建共治"为前提。进而言之，在边疆共享改革发展成果的同时，边疆各民族理应自觉超越自我的民族身份认同，秉持公共理性和公民德行，借助人民代表大会制度、政治协商制度、民族区域自治制度和基层民主政治制度，自觉有序地参与边疆公共事务治理，成为国家统一的维护者、民族团结的呵护者、边疆发展的建设者、边疆稳定的守卫者。

其次，边疆共建共享主张成果共享与共建共治的依存。成果共享与共建共治是相互依存的辩证存在。成果共享是共建共治的结果，共建共治是成果共享的途径。边疆共建共治包括三重意蕴：一是边疆共建共治中民众并不是"沉默的大多数"和"冷漠的旁观者"，而是理性主动的参与者。二是边疆共建共治强调边疆多民族的协同共治，它指向的是边疆各民族借助协商民主和基层民主制度，自觉而理性地参与边疆公共事务的治理。三是边疆共建共治虽然强调多元力量的协同共治，但这种协同共治并不是西方"多中心""自组织"式的治理，而是"党委领导、政府负责、民主协商、社会协同、公众参与、法治保障、科技支撑"的中国式治理。

最后，边疆共建共享注重成就导向与益贫导向的兼容。共建共享的价值底蕴是公平正义。这种公平正义由两大支柱构成。一是成就导向，强调个体贡献值与其酬赏的匹配。它试图建构社会价值（公平正义）与个体价值（自我成就）的正向关联，并以此实现共享发展的帕累托最优。二是益贫导向，即社会基本价值理应平等分配，除非这种不平等分配可以促进"最少受惠者的最大利益"。②换而言之，边疆共建共享注重对边疆积贫积弱群体的差异化赋权和倾斜性扶助，积极推进和实现"无劳动能力、无法定抚养人、无生活来源"的老年人、残疾人和未成年人等弱势群体的生活保障和服务保障。

（四）边疆共享发展是渐进共享

共享发展作为一种发展伦理的中国表达，凝聚着中国共产党人的初心与使命。不过，共享发展虽然是新时代国家治理必须予以实现的目标，但并不能毕其功于一役，而只能是由低级向高级、由不均衡发展向均衡发展的渐次推进。由于我国边疆广袤，边疆及其内部地区都存在明显的非均衡发展问题。边疆发展程度和边疆地区之间资源禀赋、地缘环境的差异，使得边疆共享发展不可能是同步式、均质

---

① 《习近平谈治国理政》（第二卷），外文出版社 2017 年版，第 216 页。
② 约翰·罗尔斯：《正义论》，何怀宏、何包钢、廖申白译，社会科学文献出版社 1988 年版，第 7～8 页。

化的共享，而只能是螺旋式上升的渐进共享。这种渐进共享包括以下几个方面的意蕴。

其一，渐进共享以底线公平为价值基石。边疆共享发展虽然是渐进的、非均质的，但是，边疆各区域、各民族、各群体却必须享有最为基本的共享底线。共享底线是党和政府边疆治理中不容推卸的责任底线。共享发展底线是社会成员需求中的"基础性需求"，主要包括解决温饱的需求（生存需求）、基础教育的需求（发展需求）、公共卫生和基本医疗的需求（健康需求）。[①] 共享发展底线是社会成员个体无一例外必须享有的最为基本的公共产品。它不仅指涉党和国家"以人民为中心"的政治伦理，而且彰显政府遵循"社会契约"的精神，更直接关涉边疆安全与全面建成小康社会的实现。

其二，渐进共享以国家能力为现实基础。渐进共享追求的是共享发展与国家能力的匹配。如果国家能力提升而共享发展不足，则国富民穷，国家发展内生动力疲软；如果共享发展爆炸增长而国家能力有限，则寅吃卯粮，国家不堪重负，可持续发展能力不足。这方面的前车之鉴不乏其例。美国就曾宣布"无条件向贫困开战"，试图以"福利爆炸"歼灭贫困。然而，福利爆炸式增长却迅速引发国家财政困境，各种"搭便车"问题也纷纷凸显。美国最终不得不转向福利紧缩。拉美国家也曾设想在经济赶超之前实现对发达国家的"福利赶超"，结果超越国家能力的福利水平反而拖累经济增长，甚至导致经济增长的停滞。前事不忘，后事之师。我国边疆共享发展必然是共享水平匹配国家能力的循序渐进，是以国家能力为基础并随着国家能力增长而增长的稳中求进。

其三，渐进发展体现为螺旋式提升的线路演进。仁人者正其道不谋其利，修其理不急其功。改革开放以来，我国经济发展虽然取得了举世瞩目的成绩，并开始全面建设社会主义现代化强国，但从总体上看，我国依然处于并将长期处于社会主义初级阶段，边疆地区也依然处于并将长期处于社会主义初级阶段的低层次。边疆发展的滞后性使得边疆赶超式发展和共享水平提升将是一个长期而艰苦的过程。边疆地区的民族多元、风险多样和区域异质，决定边疆共享发展不可能一帆风顺、一蹴而就。边疆共享发展水平只能随着国家能力提升而不断螺旋式上升，即由补缺型共享走向适度普惠型共享，再由适度普惠型共享走向高度普惠型共享。

二 何以艰难：边疆共享发展的困境生成

共享发展是新时代边疆治理最为根本的目标导向之一。但是，边疆共享发展却遭遇边疆治理思维定式、边疆经济发展滞后、边疆社会发育不足和边疆期望值急遽高涨的多重狙击。

其一，边疆治理思维的窠臼与全民共享的难题。

我国边疆地区存在民族事务补缺型治理和城乡二元分治的双重思维定式。所谓民族事务治理的补缺型思维，是指我国边疆治理注重通过各种制度供给和优惠政策来倾斜性扶助少数民族，借此矫正少数民族在国家发展格局中的边缘化困境。在传统边疆治理的实践语境中，"边疆"和"民族"经常互构和并置，甚至频频相互替代使用。边疆问题往往被简化为民族问题，边疆治理在某种程度上也被等同于民族事务治理。民族发展作为民族事务治理的经典议题因而受到边疆治理的高度重视。为了促进少数民族的赶超型发展，我国边疆治理十分注重对少数民族的差异化授权和倾斜性照顾，借以弥补少数民族发展的缺憾和短板。在长期边疆治理历史中，这种以民族身份为标准的权利追加逐渐成为一种约定俗成的思维定式。改革开放以来，随着边疆社会分化和族内分层的加剧，边疆各民族都出现民族

---

① 景天魁、毕天云：《论底线公平福利模式》，《社会科学战线》2011 年第 5 期。

精英群体与边缘群体的分立。这使得民族事务补缺型治理的思维缺陷渐趋凸显。进而言之，民族事务治理以特定民族身份而不是社会弱势群体作为倾斜性扶助的标准，不但与弱势救济的本意存在些许抵牾，而且与全民共享的真意也存在一些偏差。

城乡二元分治的思维，指的是边疆地区按照城乡区域差异而采取大相径庭的治理举措。一般来说，经济发展过程中会自然而然地形成现代工业部门和传统农业部门的产业差距，进而呈现城乡分离式发展的状态。新中国成立后，为了快速实现工业化，国家实施了工农业产品不等价交换、农业合作化、统购统销和要素流动控制等一系列固化城乡关系的法律政策，确保了农业对工业、乡村对城市长期而巨大的贡献。[①] 这种城乡二元结构及分离化治理的趋势也明显地影响了边疆治理的思维走向。由于边疆乡村大多分布在山地、高原、峡谷、荒漠等地理条件相对劣势的地域，地理空间资本的贫瘠使得边疆乡村成为贫困人口分布的集中地带。边疆乡村的地缘劣势和发展劣势又进一步固化了边疆治理优先发展城市的既定思路，并使得城乡非均衡发展的二元结构更进一步凸显。这种城乡差异化治理并不符合空间正义的本意。它不仅使边疆乡村存在被现代化发展遗弃的风险，而且导致边疆乡村群体难以被国家改革发展成果所覆盖。

其二，边疆整体发展的欠缺与全面共享的阻滞。

在国家地理空间格局中，边疆处于政治格局的远端、经济增长极的外围、文化传导的末梢和交通体系的边缘。边疆通常被定位为军事防御的前沿阵地和国家安全的战略支点。这使得传统边疆治理十分重视边疆安全与边疆稳定，相对淡化边疆发育和边疆发展。边疆发展在国家治理中的长久缺席，使得边疆区域与核心区域非均衡发展的二元结构逐渐凸显。改革开放之后，发展成为整个时代最具代表性的政治标签。边疆发展在国家治理中的地位开始抬升。及至世纪之交，随着西部大开发战略启动，边疆发展更是受到前所未有的重视。边疆跨越式发展日益走向国家治理的前台。不过，边疆地缘环境复杂、发展起点偏低、地域文化又相对保守，边疆全面跨越式发展难度极大。因此，边疆地区的发展往往不约而同地择取一种经济单向突进式发展模式。同时，由于边疆社会发育的相对滞后，边疆经济突进式发展又不能立足于科技创新的驱动，而只能立足于边疆丰富的自然资源，采取"以大项目建设为主体、以能源原材料工业基地建设为重点、以国家投入为主渠道的"经济增长方式。[②] 这种经济发展方式对于边疆经济总量的增加固然不无裨益，但这种方式过于强调经济发展和 GDP 增长，过度追求"物的增长"而不是"人的全面发展"，难以满足边疆全面共享的发展需求。更为重要的是，我国边疆虽然资源富集，但也是生态脆弱之地。如内蒙古呼伦贝尔市、兴安盟等地区处于东北林草交错生态脆弱区；新疆等地处于西北荒漠绿洲交接生态脆弱区；云南省迪庆、丽江、怒江等地处于西南山地农牧交错生态脆弱区；青海和西藏部分地区处于青藏高原复合侵蚀生态脆弱区。边疆生态脆弱的本性使得边疆资源开发型导向的发展模式难以避免地遭遇可持续发展的危机，并在客观上加剧边疆全面共享的困境。更为严峻的是，边疆发展滞后造成的"全面共享困境"还与边疆"全面共享成本巨大"叠加在一起。鉴于我国边疆面积广袤、地缘复杂、民族众多，边疆地区提供与东部地区同等水平的全面共享服务成本更高、时间更长、难度更大。这无形中使得边疆全面共享的征程更加艰难。

其三，边疆社会发育的不足与共建共享的困境。

边疆共建共享的本质是边疆地区在党委领导和政府负责之下，以法律规制为遵循，通过社会协同

---

① 白永秀：《城乡二元结构的中国视角：形成、拓展、路径》，《学术月刊》2012 年第 5 期。

② 陆大道、刘毅等：《1999 年中国区域发展报告》，商务印书馆 2000 年版，第 62 页。

和公众参与，不断追求边疆治理的现代化，实现边疆公共利益的最大化。就公众个体而言，边疆民众具有独特的文化群体身份。多元身份意味着不同的角色扮演；不同角色扮演又常常意味着不同的行动模式。边疆公众文化发育的不足使得公众个体在参与边疆公共事务治理之时容易产生的撕扯、经济理性与公共理性的纠缠、自我利益与公共利益的抗争。就社会组织而言，社会组织是边疆共建共享的重要力量。它们在扶贫、济困、办学、禁毒、防艾等边疆公共事务中具有重要作用。但当前边疆社会组织不仅存在力量弱小亟须壮大的问题，而且存在组织协同不力及社会信任欠缺等诸多问题。一些边疆社会组织筹资困难、管理混乱、监督缺失、合作意识匮乏，难以或不愿参与边疆公共事务的协同共治。这些都导致边疆共建共治在社会协同方面面临着诸多掣肘。

其四，边疆集体期望值升级与渐进共享的两难。

边疆社会的期望值经历了一个潜隐到高涨的过程。改革开放以来，随着边疆社会转型和体制转轨的双模式变迁，边疆社会原初被政治权力刚性压制的经济意识和利益迅速觉醒。边疆社会随之兴起一场"期望值的革命"，民众的物质欲求趋于高涨。在市场经济的激荡之下，我国边疆地区逐渐告别了短缺经济时代，边疆民众的生存境遇得到了不同程度的改观，物质欲求得到了不同程度的满足。及至中国特色社会主义新时代，随着国家实力的整体提升，边疆社会的期望值出现了集体升级的发展态势。边疆民众产生了日益急切的美好生活需求。他们不仅在经济、民主、法治、公平、正义、安全、环境等方面表现出更高的发展期许，而且还频频将自我的生存境遇与其他区域、其他群体展开各种横向比较。

这种横向比较包括以下几个方面。首先，边疆区域与核心区域的比较。随着西部大开发的启动，国家持续追加边疆区域开发开放的力度，但边疆区域与核心区域的绝对发展差距却依然存在渐趋扩大的风险。边疆地区以核心区域为坐标反观自身之时容易产生各种发展忧惧和心理焦虑。其次，边疆区域与周边毗邻区域的比较。周边一些国家（如越南）的实力虽然无法媲美我国，但它们的边疆政策却比我国边疆政策优惠的力度更大。我国一些跨境民族在与境外亲缘民族进行横向比较之时难免会滋生一些心理落差。这种心理落差甚至成为一些边民外流的心理渊薮。再次，一些边疆区域与西藏、新疆的比较。由于西藏、新疆情况特殊，国家对西藏、新疆采取特殊优惠扶持政策。如西藏实行"收入全留、补助递增、专项扶持"的财税优惠制度，南疆"实行特殊政策，打破常规，特事特办"。一些边疆地区不能正确看待西藏、新疆特殊施治的深刻缘由，往往比照西藏、新疆要求国家加大对本区域的政策优惠力度。最后，边疆各民族之间的比较。我国传统边疆治理采取的是"族别主义"治理方式，注重对少数民族特别是人口较少民族的差异化授权和倾斜性扶助。一些边疆民众据此也展开了各种族际政策比较并滋生了不同程度的心理失衡。从总体上讲，我国疆域辽阔，边疆广袤，国家采取分区分类的发展方式在特定的历史阶段有其必然性和合理性。这是国家渐进发展和渐进共享难以超越的一个发展历程。但当前边疆社会期望值高涨及边疆民众的横向比较却将边疆渐进共享置于进退维谷的两难境地。急躁冒进，则国家有不能承受之重；畏葸延宕，则边疆有蜗行牛步之忧。齐头并进，又有挟泰山以超北海之艰难；分类渐进，则有相互攀比心理失衡之弊病。

三　何以超越：边疆共享发展的实践路径

共享发展是一个十分复杂的问题体系。面对共享发展的多重阻力，有学者提出，共享发展要守住社会保护底线,[①] 建构适度普惠型福利体系;[②] 注重弱势群体救助,[③] 强化民主保障和民生建设。[④] 同时,边疆治理还要特别注重由族别主义的差异扶助转向特定区域的特殊救济。[⑤] 当前学界关于共享发展和边疆治理的研究对于推进边疆共享发展不无裨益。不过,边疆共享发展作为一个全新的理论命题和实践课题,在当前"两个一百年"奋斗目标的历史交汇期,还要尤其注意以下几个方面的问题。

其一,跨越式发展:边疆全民共享的基石。

发展是共享的基础。只有以跨越式发展为阿基米德支点,边疆全民共享全面共享才会具有坚实的基础和实现的可能。值得庆幸的是,在中国特色社会主义新时代,边疆跨越式发展正赢来接踵而至的利好消息。随着"一带一路"倡议的提出,边疆发展的先天不足与后天失调得到国家治理战略变迁的强力矫正。边疆定位从国家疆域边缘的防御要塞和战略回旋之地一举转变为国家对外开放的前沿阵地和辐射中心,蜕变为统筹国内国外"两个大局"的地理支点。在中华民族伟大复兴和全面决胜小康社会的时代话语下,边疆区域更是成为整个国家"补短板、强弱项、抓关键"的焦点区域。国家治理的战略转向,极大地消解着边疆区域的地缘劣势和市场经济衍生的马太效应。这也导致随着边疆地缘优势的凸显和基础设施建设的强化,边疆跨越式发展将日益取决于边疆人力资源的赶超。[⑥]

边疆人力资源赶超是一个包括边疆内生型动力发掘和外源型动力引进的复杂问题。从内生型动力来看,边疆人力资源赶超要强化边疆区域教育投入与教育发展的加速超越。边疆教育的加速超越,不仅要大力推广汉语,而且要率先全面推进十二年免费义务教育;强化主流政治文化对边疆民族政治文化的统摄,推进现代世俗文化与民族宗教文化的和谐。在国民义务教育体系之外,边疆地区还要以市场为导向,不断完善职业技能培训体系,提升边疆民众生存技能和发展技能。从外源型动力来看,边疆人力资源赶超要特别注重对各类人才的吸纳,要引导各类人才流向边疆区域,特别是边远艰苦区域。这决定当前我国不但要在边疆层面而且要在更为宏大的国家层面形成引导人才流向边疆艰苦地区的政策体系。进而言之,我国边疆地区要按照边远与艰苦的程度,建构分类分级的特惠激励制度,在工资待遇、职称评定、晋升空间、发展前景、社会保障等方面予以特殊支持,引导各类在职党政人才、高层次专业技术人才、初次就业高校毕业生向边疆艰苦地区流动。在特殊边疆地区,还要力争打破户籍、地域、身份、档案、人事关系等刚性束缚,以"不求所有、但求所用,不求所在、但求所得"为原则,推动各类人才为边疆跨越式发展贡献智慧与力量。

其二,国民幸福指数:边疆全面共享的要旨。

改革开放以来,我国实现了短缺经济向相对剩余经济的过渡,民众生存需求逐渐得到满足。随着时代的发展,民众的生存需求开始向发展需求演变,需求内容也由单一的经济期盼转向多元的权益期待。民众需求的层次与内容的变迁,使得经济增长与国民幸福指数之间呈现较为明显的非同步发展趋势,即单纯的经济增长并不足以保障国民获得感和幸福感的同步增长。为了保证国民幸福指数的提升,我国必然要回应和满足民众需求层次升级的集体期待,持续推进经济政治文化社会生态等方面的全面共享。

---

① 朱恒鹏、徐静婷:《共享发展、共同体认同与社会保障制度构建》,《财贸经济》2016 年第 10 期。
② 王思斌:《我国适度普惠型社会福利制度的建构》,《北京大学学报》2009 年第 3 期。
③ 赵汇、代贤萍:《共享发展与社会分配公正》,《中国特色社会主义研究》2016 年第 6 期。
④ 虞崇胜、周理:《民主与民生——共享发展政治学的深层逻辑》,《江苏行政学院学报》2017 年第 1 期。
⑤ 周平:《陆疆治理:从"族际主义"转向"区域主义"》,《国家行政学院学报》2015 年第 6 期。
⑥ 朱碧波:《人才聚集:边疆跨越式发展的关键议题与行进路径》,《湖北民族学院学报》(哲学社会科学版)2019 年第 5 期。

　　时代变迁赋予边疆全面共享以特有的出场逻辑。边疆全面共享的出场也昭示着边疆治理价值坐标点的革命性转换，即边疆治理的价值追求理应由单向度地追求经济总量转向更加体现全面共享意蕴的国民幸福指数。这种幸福指数的考量，不仅是一切正义理论最为深层次的价值追求，而且还是"中国梦"最为本质的特征之一。正如习近平总书记指出的，"中国梦的本质是国家富强、民族复兴、人民幸福"，[①]"人民群众什么方面感觉不幸福、不快乐、不满意，我们就在哪方面下功夫"。[②]为了强化边疆治理对民众幸福的关切，边疆政府可以酌情将国民幸福指数列入行政绩效考核的重要指标。当然，国民幸福指数虽然是社会总体情况的反映，但幸福感知却是主观之于客观的情绪反应，幸福感的相对性决定幸福指数的非稳定性。这未免使得国民幸福指数纳入行政绩效考核存在一定的难度。不过，随着现代政治科学的发展，祛除各种主观感知而侧重客观因素的指标体系正在纷纷涌现，如人文发展指数、人类绿色指数、社会进步指数、社会福利指数、基尼系数、法治指数等。这种量化指标的出台，为边疆幸福指数的测评提供了精细化的评价体系，也为边疆全面共享提供了科学而直观的行进方向。

　　其三，多元协同：边疆共建共享的关键。

　　边疆共享发展是多元力量积极、理性介入边疆公共事务的共建共享。这种共建共享并不是西方治理理论主张的"没有政府的统治""社会机构和公民行为挑战政府权威"[③]，而是"党委领导、政府负责、民主协商、社会协同、公民参与、法治保障、科技支撑"的多元协同。随着当代全面加强党的领导和责任型政府建构的不断推进，"党委领导"和"政府负责"事实上已经达到了一个全新的高度，并成为当代边疆治理格局的主导性力量。不过，由于边疆社会发育迟滞等原因，"民主协商""社会协同""公众参与""法治保障"却依然存在上升空间。

　　当代边疆治理格局的民主协商、社会协同、公众参与和法治保障是边疆公众参与意识、规则意识和协商能力的外在折射。参与意识指涉的是"公众是否愿意参与"。规则意识指涉的是"公众参与是否遵循既定的规则"。协商能力指涉的是"公众参与能否有效地影响政治议题的设置与公共政策的产出"。

　　在当代边疆国民意识培育中，我国要借助国家一体化的教育体系，逐步完善具有中国风格、中国气派的教育体系；要针对边疆区域的文化差异，不断丰富具有中国特色、边疆特点的国民教育课程，使得国民意识贯穿和浸润着整个初等教育和高等教育过程。在边疆教育持续推进之外，边疆治理的民主协商、社会协同、公众参与和法治保障还有赖于以文化为基础的政治操练。进而言之，当前边疆治理要充分彰显中国特色社会主义民主制度的优势，发挥人民代表大会制度、政治协商制度、民族区域自治制度的效能，拓展边疆各民族政治参与的渠道，充分激励和吸纳各民族、各阶层理性参与边疆公共事务治理。

　　其四，均衡一体：边疆渐进共享的转向。

　　我国传统发展模式是一种分类而渐进的发展，即区域梯度式发展、族际补缺型发展、城乡分离式发展。这种发展模式在特定时空情境中具有十分正当的历史合理性，不过在时代变迁中也容易产生一些预料之外的外溢效应。有鉴于此，当前我国边疆治理应该逐渐调整分类割裂式渐进发展思路，而采取区域、族际、城乡均衡一体的渐进发展模式，实现区域协调发展、族际包容发展和城乡融合发展。

---

　　① 《习近平谈治国理政》，外文出版社 2014 年版，第 56 页。
　　② 本报评论员：《"两会新语"铺陈中国大文章》，《光明日报》2018 年 3 月 17 日，第 1 版。
　　③ 格里·斯托克：《作为理论的治理：五个论点》，《国际社会科学》（中文版）1999 年第 2 期。

区域协调发展、族际包容发展和城乡融合发展，大体可以划分为"基础"和"进阶"两个渐进发展阶段。在基础阶段，区域、族际、城乡均衡一体发展要实现基本公共服务趋于均等、基础设施通达程度总体均衡、人民生活水平大体相当。"基本公共服务趋于均等"是指边疆与核心、民族区域与非民族区域、城镇与乡村都能机会均等、公平可及地获得大体同质的基本公共服务，即公共教育、劳动就业创业、社会保险、医疗卫生、公共文化等公共服务水平大体平衡。"基础设施通达程度总体均衡"是指国家各个区域的基础交通网络与交通设施水平大体相当，整个国家形成一体化的现代交通网络体系，南北通畅，东西贯通。"人民生活水平大体相当"是指国民生活水平和生活质量的差距大体控制在合理范围，各区域人均 GDP、人均财政收入和人均财富水平并无特别明显差异。整个社会中产阶层不断壮大，区域整体性贫困得以消除。

在进阶阶段，区域、族际、城乡均衡一体发展要侧重区域互动的强化、民族互惠的推进、城乡融合的深化。"区域互动的强化"指的是加强区域之间、各区域内部之间的联动。它以核心区域创新引领为基础、边疆开发开放为依托，致力于贯通边疆区域与核心区域的通道建设[1]，彰显其承东启西、联南通北、区域联动、轴向聚集的地理效应。"民族互惠的推进"是指边疆治理要逐渐调适基于族别身份的差异化治理，立足民族交往交流交融，强调民族互惠共赢，侧重边疆区域不分民族的底层群体的特殊救济，不断推进边疆各民族群体福祉的普惠性增长和包容性发展。[2]"城乡融合的深化"是指改革传统城乡二元分治格局，逐渐废除影响城乡融合发展的体制机制障碍，推进以工哺农、以城带乡，促进资源要素的双向流动和城乡功能的对接，形成"工农互促、城乡互补、全面融合、共同繁荣"的新型工农城乡关系，最终实现城乡一体共享改革发展的成果与红利。

On the Theoretical Interpretation and Practice of Sharing Development in Border Areas

Zhu Bibo

Abstract：Sharing development is the core issue of good life in the border areas. The sharing development in the border areas has rich and profound connotations. The border areas need to promote sharing development. However, sharing development in the border areas face many difficulties. At present, sharing development requires the development of the border areas and enhance the people's happiness index. In addition, sharing development in the border areas must be coordinated and co – governed to achieve inclusive development.

Keywords：Border Governance; Good Life; Shared Development

---

[1] 徐黎丽：《通道地带理论——中国边疆治理理论初探》，《思想战线》2017 年第 2 期。
[2] 朱碧波：《民族互惠：中国民族理论体系建构的拾遗与补正》，《思想战线》2016 年第 6 期。

《西南边疆民族研究》第 28 辑

第 11 ~ 26 页

© SSAP，2019

西南边疆山地民族族际共生空间研究：基于云南的多尺度实践*

许 斌 卢菁菁 苏 朗 周智生**

摘 要 云南以沿边、山地的地理特点和多民族聚居的特点在西南诸省中很有代表性，其少数民族空间体系是一种基于立体地形，立体气候所形成的民族立体分布格局。不同的山地民族基于自然条件和资源的差异形成了以依赖和互助为主的族际共生关系。研究基于地理学和人类学学科交叉的视角，采用田野调查、地理信息系统 GIS 空间分析技术和民俗地图法等研究方法，从区域、族群与家庭的三个尺度探讨了云南山地民族族际共生空间及其机制。

关键词 西南边疆；山地民族；族际共生空间；空间机制

DOI：10. 13835/b. eayn. 28. 02

一 引言

（一）理论基础

"共生"（symbiosis）原本是生物学中的一个重要的基本概念。关于共生的研究最初起源于 1859 年达尔文（Charles Robert Darwin）在其著名的《物种起源》中描述了田间植物、田鼠和猫之间复杂的相互依存和制约关系，这便是最早的关于物种之间共生关系的研究。第一个提出共生概念的是德国生物学家德贝里（Anton de Bary），他于 1879 年提出了"共生"的概念，"共生"指不同生物种属按照某种物质联系在一起，是生物在长期进化的过程中，逐渐与其他生物走向联合，共同适应复杂多变的环境，互相依赖，各自能取得一定利益的生物与生物之间的联系。[①] 我国的《辞海》把"共生"定义为"共生是生物间普遍的一种种间关系，泛指两个或两个以上的有机体生活在一起的相互关系，一般指一个生物在另一个生物体内或体外共同生活互为有利的关系"[②]。

后来社会科学家把"共生"引入到社会科学领域，提出了"民族共生""文化共生""社会共生"

---

* 本文系国家民委研究项目"西南边疆地区多民族族际共生空间形成及演化机理研究"（2018 – GMD – 014）、国家社会科学基金重大项目"滇藏缅印交角地区交流互动发展史研究"（15ZBD112）、广西民族大学"中越跨境旅游重点研究基地"成果。

** 许斌，广西民族大学管理学院讲师，研究方向为民族地理、旅游地理和文化地理；卢菁菁，广西大学艺术学院讲师，研究方向为民族文化；苏朗，广西大学艺术学院讲师，研究方向为民族文化。通讯作者：周智生，《云南师范大学学报》编辑部教授，研究方向为边疆地理和边疆史。

① A. E. Douglas, *Symbiotic Interactions.* Oxford：Oxford university Press，1994，p. 3.

② 辞海编辑委员会：《辞海》，上海辞书出版社 1989 年版，第 253 页。

等学术构想。袁纯清较早地把生物学的共生概念及其相关理论向国内的社会科学引申，并提出共生不只是一种生物现象，也是一种社会现象；不只是一种自然状态，也是一种社会可塑形态；不只是一种生物识别机制，也是一种社会科学研究方法。[1] 受其启发，民族学学者们把共生概念引入到民族关系研究中，认为各民族文化的多元性和差异性形成了多民族共生互动关系的前提[2]，分布空间以散杂居为主要特征的我国多民族共生过程就是各民族的共同互助、互补等优化发展过程，也是特定时空条件和政治经济条件下的必然过程。

而地理学者则认为"共生"是指共生单元之间在一定的共生环境中按照某种共生模式形成的空间关系。其中，共生单元是构成共生体或共生关系的基本能量生产和交换单位，是形成共生体的基本物质条件；共生环境是共生单元以外所有因素的总和；共生模式是共生单元的相互作用方式或相互结合的形式。因此，共生空间可以定义为共生单元在某种或多种共生环境下按某种共生模式形成的关系空间。空间单元是多尺度的，既可以是全球性的、全国性的，也可以是地方性的。空间模式可分为三种，即寄生共生空间、竞争共生空间、合作共生空间，其所对应的本质关系是绞杀、袭夺、互惠。[3]

传统地理学曾把空间现象视为几何学现象，将人类及其空间形态简化为点、线、面，然后给予量化和分析。地理学家莫里尔（Richard L. Morrill）强调人文地理学的核心要素是空间、空间要素、空间中的变化。空间有五大要点：距离、可接近性、集聚性、大小规模、相对位置，并且将距离、方向、联系性作为空间组织模式的核心要素，人类只有立足于空间的自然特征才能组织起社会与社会空间。[4] 由此可见，传统地理学强调了空间的物质性，对于空间的社会与文化要素解释力不足。而对于族群空间以及族际共生空间，除了要有社会与文化要素，还必须思考族群关系要素。一定的社会关系（包括族群关系）对应一定的社会空间，社会关系既是社会空间的重要组成，也是社会空间组织、生长的重要依据，社会关系的演化在一定程度上代表着社会空间的演化，在不同文化背景下便形成了各种关系空间。[5] 所谓关系空间，就是区别于单纯的物质空间、在物质空间生产过程中所结成的各种各样的社会关系所组成的非物质空间。[6] 空间在生产的过程中，不仅改变了物质空间，也形成了各种各样的关系空间。在空间建构的过程中，广泛的"关系"在空间实践中不断地进行着"关系"的生产和再生产[7]，族际交往产生的共生空间也不例外。特别是 20 世纪 60 年代以来，在列斐伏尔（Henri Lefebvre）、福柯（Michel Foucault）、哈维（David Harvey）等社会思想家的影响下，地理学以外的原本忽视空间存在的诸多学科也意识到空间应该介入到对社会经济、政治和文化等领域的研究，应该成为一个不可或缺的思辨维度。列斐伏尔在其经典著作《空间生产》的开篇第一章中便指出"社会空间是社会产物"，进而他确立了"空间就是社会"的基本论断。[8] 之后社会科学研究呈现明显的"空间转向"[9] 和"关

---

① 袁纯清：《共生理论：兼论小型经济》，经济科学出版社 1998 年版，第 1～3 页。
② 许宪隆、张成：《文化生态学语境下的共生互补观——关于散杂居民族关系研究的新视野》，《中南民族大学学报》（人文社会科学版）2011 年第 5 期。
③ 彭翀：《城市化进程下中国城市群空间运行及其管理》，东南大学出版社 2011 年版，第 51～53 页。
④ 刘卫东：《共经济地理学思维》，科学出版社 2013 年版，第 115～116 页。
⑤ 刘润、杨永春、李巍等：《基于社会关系网络视角下宗教旅游地社会空间演化研究》，《人文地理》2014 年第 2 期。
⑥ 吕拉昌：《城市空间转向与新城市地理研究》，《世界地理研究》2008 年第 1 期。
⑦ Holloway, J., "Enchanted spaces: The séance, affect, and geographies of religion," *Annals of the Association of American Geographers*, 1, 2006, pp. 82 – 87.
⑧ Lefebvre, Henri, 1991, *The Production of Space*. Oxford UK & Cambridge USA: Blackwell, pp. 145 – 189.
⑨ 吕拉昌：《城市空间转向与新城市地理研究》，《世界地理研究》2008 年第 1 期。

系转向"① 的特征，越来越多的学者，开始跨学科思考"空间"与"社会"、"空间"与"关系"的互动关系。

因此，鉴于上述理论背景，"空间转向"和"关系转向"视野下的"族际共生空间"概念的提出成为必然。故将族际共生空间定义为：族际共生空间是不同民族或族群之间发生共生交流互动的场域与载体，既包括自然空间也包括社会空间，在这一场域与载体中，不同的空间要素与能量得以传导，从而推动共生空间的发展与演化。族际共生空间既承载着族际共生与互动的行为与社会关系，也会随着族际共生与互动的行为与社会关系发展而进行时空演化，形成一定的空间因素、空间特征、空间格局与空间机制，最终在族际共生关系上实现空间响应。

在逻辑框架上，族际共生空间的定义有机地把空间与社会结合在一起，族际间互动的民族关系离不开空间作为载体，也离不开其地域社会作为背景，而民族关系则是空间运行的核心内容。族际共生空间的主体是族群及族群成员，彼此之间是双向互动的。客体是物质要素与非物质要素，通过要素的流动才能实现主体之间的共生。不同的空间环境表现出族际边界、共生点、共生带和共生圈层等不同的空间形态（见图1）。

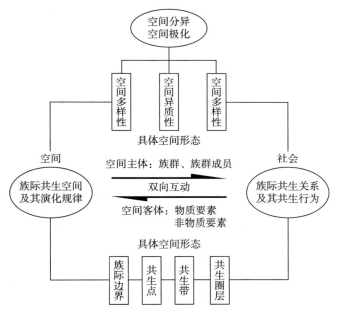

图 1　族际共生空间结构

具体而言，根据族际共生空间的定义，判断空间主体之间是否具有共生性质时，可以从以下四个方面考虑。（1）空间主体是否具有共性或互补性。同类空间主体的相似程度或异类空间主体的互补程度决定共生方式。同类空间主体之间可以强化共同的优势，提高产品层次，在合作基础上重新分工定位；异类空间主体之间可以取长补短、优势互补。（2）空间主体之间是否具有地理或社会关系的邻近效应。空间主体之间的地理邻近和社会关系邻近可增加联系的便捷性，降低联系的成本。（3）空间主体之间是否按某种方式和规则进行物质、能力流、情感流和信息流的交流。而这通常由空间主体内在联系的亲近度、同质度或关联度所决定，如血缘、地缘、宗族、风俗习惯、邻近位置甚至宗教信仰等。（4）空间主体之间是否以利益共享和义务共担为前提，在市场风险中共进退、共同发展、共同适应，

① 苗长虹：《变革中的西方经济地理学制度、文化、关系与尺度转向》，《人文地理》2009 年第 4 期。

寻求双方或多方的共存、互惠和共享，从而获得全方位整体的最大利益。①

（二）相关研究现状

抗战时期随着国内许多高校因战火内迁，许多名家大师便云集在西南，开展多种多样的西南地区民族调查研究，主要涉及社会学、人类学和历史学等学科，主要有林耀华的《凉山彝家》，江应樑的《云南两个摆夷民族的经济社会》《摆夷民族之家族组织及婚姻制度》，田汝康的《芒市边民的摆》，李景汉的《摆夷人民的生活程度与社会组织》等。他们的研究中有大量边地特征明显和涉及民族关系的考察结论，为后人的研究奠定了扎实的基础。

尹绍亭在 20 世纪 80 年代末就撰文探讨了云南特殊地理位置和自然条件所导致的民族源流的多元性、民族分布的复杂性、民族经济文化的多样性和民族社会发展的差异性，根据自然条件和历史渊源的差异在空间上把云南划分为寒温带文化区域、北亚热带文化区域、中亚热带文化区域、南亚热带文化区域。② 龙东林分析了云南长期存在的多民族共生现象，并从地理因素、政治制度等方面分析了这种多民族共生现象的成因。③ 伍雄武分析了云南民族如何形成多元一体结构的历史经验，认为云南各个历史时期的民族关系没有出现大冲突的经验就是对民族多样性的宽容，其中的原因就在于云南自古处于多种文化圈的交汇点，不同文化背景的民族或世居，或迁徙到云南，并且各民族在各自的地理、气候等条件制约下"安其居，乐其俗"，从不轻易侵占其他民族的领地，即便是中央王朝对云南的统治也由于地理上和多民族复杂格局的限制多采取羁縻、土官制治理的模式。④ 朱映占则从民国时期西南民族的种类、分布情况、社会文化变迁和民族关系等几个方面对民国政府民族政策进行反思，进而探讨民族建构在西南地区的实践、西南民族的身份建构与认同、西南民族与国家的整合等问题。⑤ 何生海认为基于一定地域范围内活动的具有共同文化认同的人的共同体才能称为民族，人种特征、地方性格特征、地域文化特征等地理因素塑造的差异性对民族关系有重要的影响，并且提出地理因素背后的生态污染、资源争夺、发展空间的分配等因素会深刻影响民族关系。⑥ 周智生等对"藏彝走廊"地区各民族从古至今的族际共生现象进行了大量深入的研究，认为各民族之间通过文化传播与互动、民族接触与融合、族际交往与经济开发等途径形成了共享互补型的共生关系，为地方社会治理与民族团结奠定了基础。⑦

西南地区地形比较复杂，民族成分多样，从古至今的边疆与西南的关系、西南与中原腹地的关系、西南的民族研究等一直是学界关注的热点，自抗战时期的"边政"研究⑧，到新中国成立初期的民族识别工作，再到 20 世纪 70 年代末提出并延续至今的"藏彝走廊"⑨，21 世纪提出的"大香格里拉"区域研究，直至今天我国政府提出的"一带一路"倡议，西南之"声"不绝于耳。云南有沿边、山地和多民族聚居分布的三个特点，在西南地区有一定代表性，研究云南边疆山地民族从古至今在交往中形成的共生机制无疑对边疆地区的开放和开发，科学探析民族文化对地方发展的响应，乃至对我国目前

---

① 苗长虹：《变革中的西方经济地理学制度、文化、关系与尺度转向》，《人文地理》2009 年第 4 期。

② 罗庆、李小建：《基于共生理论的农户群发展研究——以河南省孟寨村农户群为例》，《经济经纬》2010 年第 2 期。

③ 龙东林：《云南多民族共生现象背后的历史因素与制度安排》，《云南社会科学》2006 年第 1 期。

④ 伍雄武：《多元一体——论云南民族关系的历史经验之一》，《云南师范大学学报》（哲学社会科学版）2005 年第 6 期。

⑤ 朱映占：《民国时期的西南民族》，云南大学博士学位论文，2012。

⑥ 何生海：《论地理因素与民族关系》，《中央师范大学学报》（哲学社会科学版）2009 年第 1 期。

⑦ 周智生：《明代纳西族移民与滇藏川毗连区的经济开发——兼析纳藏民族间的包容共生发展机理》，《思想战线》2011 年第 6 期。

⑧ 白兴发：《二十世纪前半期的云南民族学》，民族出版社 2011 年版，第 51～52 页。

⑨ 石硕：《交融与互动——藏彝走廊的民族、历史与文化》，四川人民出版社 2014 年版，第 2～8 页。

"一带一路"倡议中西南沿线民族安定团结因素的考量都具有重要意义，本研究没有遵从侧重于经济、管理和政治的研究定式，而是尝试从地理学空间角度分析山地民族族际共生发展的空间特征和机制，特别是运用 GIS 地理信息系统的空间技术进行多尺度研究，借鉴人类学田野调查与文化深度分析上的优势，为民族地理学视野下的西南边疆族群研究提供借鉴。

二 研究方法与资料来源

（一）研究方法

1. 田野调查法

深入实地调查河谷、平坝、半山和高山 4 类地貌特征的村落，了解了不同海拔和气候条件下的生计方式与文化惯习，调查了不同民族之间的共生互动关系，并使用 GPS 定位仪在每个调查的村落记录经纬度、海拔等地理信息。通过地貌和植被特征明显的景观记录建立解译地物标志，为 GIS 地理信息系统制图与空间分析做准备。

2. 3S 技术

利用 GPS 定位测量和记录少数民族村落的地理坐标并建立解译地物标志。采用 ArcGIS 10.0 软件平台提取 DEM 高程影像的海拔高度数据和坡度数据并转换成栅格图像，根据 Google Earth 上 RS 遥感图像的坐标信息把研究区域地图矢量化后进行配准，把不同民族的少数民族村落以点状数据的形式叠加至高程影像中形成 GIS 图像数据库。再通过 GIS 的距离分析功能和栅格运算功能进行计量空间分析，模拟出 GIS 演示图。

3. 民俗地图法

这是指在田野调查中，运用各种符号标示民俗事项的类型、数量、形态等民俗特性，并且记录其变迁规律等信息数据的地图。[①] 民俗地图法并不源于民俗学科，而是源于地理学的一般地图。欧洲民俗学界吸收地理学方法的最初尝试是在德国，一开始是把农村调查问卷整理后绘制在地图上，以区分农耕的区域分布变化规律。[②] 后来民俗学者再把民间故事、神话传说等内容与地图进行标注关联并取得了很好的研究效果，自那以后民俗地图法便在欧洲得到推广并被传入日本，随即被日本学术界运用于民俗研究当中并且形成完整的研究体系。日本的第一张民俗地图是由学者柳田国男于 1927 年绘制的。日本民俗学界丰富了民俗地图法，提出了记述型民俗地图、研究型民俗地图、点式民俗地图、线式民俗地图等类型并形成了理论体系。[③] 民俗地图法强调在田野报告中不再是单纯的文字叙述，而是多运用照片、表格、示意图等对研究对象进行直接立体的描述，把研究内容可视化，如地点示意图、位置示意图、社会关系结构图，还有某一民俗现象的变迁图、分布图、异同图等，都被统称为"民俗图表"。民俗图表不仅能够帮助读者清晰地理解研究者的思路，更重要的是其图示化和数字化的效果也能够帮助研究者。民俗地图法的运用不限于民俗研究，而且在地理学、文学、人类学、社会学等学科研究上有很好的表达效果。[④]

（二）资料来源

①调查数据来自入户调查和访谈，并根据调查对象口述内容绘制示意图。

---

① 栗文清：《侗族节日与村落社会秩序建构》，民族出版社 2015 年版，第 145～146 页。
② 何彬：《民俗地图的学科依据——"民俗地图"与"文化传承图"体系系列论文之一》，《民族艺术》2010 年第 1 期。
③ 何彬：《民俗地图的学科依据——"民俗地图"与"文化传承图"体系系列论文之二》，《民族艺术》2010 年第 2 期。
④ 何彬：《民俗地图的学科依据——"民俗地图"与"文化传承图"体系系列论文之三》，《民族艺术》2010 年第 3 期。

②地理矢量数据来自 1∶400 万国家基础信息数据库中的县级行政区划矢量图，再根据乡级行政区划图进行配准。

③空间高程数据（DEM）来自中国科学院地理空间数据云网站的免费下载数据，并依据县级行政区划图和卫星影像进行配准和裁剪，最终建立空间数据库。数据标准为 UTM 投影、WGS84 坐标系。

三 云南山地民族族际共生空间的多尺度特征与机制

地理环境作为民族形成的必要条件，能深刻影响一个民族的发展。这主要表现在，地理环境中的高大山脉、河川大湖、海洋与荒漠等，是人类交往的巨大障碍，极大地限制了人类的迁移活动，自然成为民族的天然分界线。对此，西方学者也做了深刻的论述。如美国地理学家森普尔认为"山岭抵御人口之传布，而此种抵抗久已排斥移民。攀登崎岖之山岭，穿越淋潦的森林，为事良难。尽足以挫人志气。但除此之外，土壤之晓确，耕地之稀少，气候之严酷，交通之困难，每令生活上之根据甚为有限。……故人类占据山岭为时较晚"[①]。在这些地理障碍之内的区域，人类则可以自由交往，不断融合，使民族的各种要素萌芽、发展并趋于稳定，最终形成新的民族共同体。空间以及在空间上运行的人、族群及相互关系是地域性的，不同尺度下的空间成员能积极适应地理环境的差异及其社会关系的调试，因此云南各族人民在宏观到微观的多尺度空间下表现出地域与文化特征迥异又互补联系的族际共生空间实践。

（一）区域度的族际共生空间

云南省是我国少数民族最多的省份，除了汉族，还有壮族、瑶族、回族、哈尼族、彝族、基诺族、苗族、布朗族、拉祜族、佤族、德昂族、景颇族、傣族、傈僳族、怒族、独龙族等 25 个人口在 5000 人以上的少数民族，形成了大杂居、小聚居、各民族交错杂居，并且多分布在边疆地区的民族分布格局。总的来看，傣、壮两族主要居住在河谷地区；回、白、纳西、蒙古等民族主要聚居在坝区；哈尼、拉祜、佤、景颇、基诺等民族主要居住在半山区；苗、怒、独龙、藏、普米等民族主要聚居在高山区。山地民族种类占云南少数民族种类的 60%；山地民族人口占云南少数民族总人口的 70% 以上。[②] 在宏观尺度上，山地民族族际共生关系在不同的空间条件下的发展有其独有的特征。

1. 以山坝结构为基础

云南省的地貌以高原和山地为主，可以说是"地无三里平"。由于盆地、河谷、丘陵、低山、中山、高山、高原等相间分布，各类地貌之间差异很大，类型多样复杂。全省地势西北高、东南低，国土面积按照地形来分，山地占 84%，高原和丘陵约占 10%，坝子（含盆、河谷）仅仅占 6%。[③] 一般是坡度≥8°、地形起伏度 >200m 的地区可以称为山区，[④] 本研究中将视山地等同于山区。而"坝子"的直观定义是山间的一块地势平坦的小平原，也就是山间小盆地。[⑤] 其实在我国西南的许多地区，老百姓常称山间小盆地等相对平坦的地段为"坝子"，散布于高原、山地中相对平缓及低洼的地段，

---

① 森普尔：《地理环境之影响》，陈建民译，商务印书馆 1937 年版，第 705 页。
② 尹绍亭：《试论云南民族地理》，《地理研究》1989 年第 3 期。
③ 童绍玉：《云南山区与坝区农业利用划分方法探析》，《贵州农业科学》2010 年第 3 期。
④ 陈国阶：《2003 中国山区发展报告》，商务印书馆 2004 年版，第 1 页。
⑤ 童绍玉、陈永森：《云南坝子研究》，云南大学出版社 2007 年版，第 20 页。

且多为盆地与河谷。坝子的面积或大到几百平方千米，或小到不足一平方千米。^① 因此，"山坝结构"指的是西南地区的自然环境中山区与坝区存在的自然、文化和社会等方面的差别及其相互影响的社会结构，^② 其基础是自然地理上的差异，其表现是社会经济文化的差异与互补。于是，生活在山区和坝区的人们也基于自然环境的差异形成了山坝有别且互通有无的要素流动系统。

因此，"山坝结构"有着明显的地域特征和民族特色。地域特色表现为坝区多为汉族、傣族、壮族、回族等民族的聚居地，他们以稻作生产为主，有一定规模的商业和手工业。而山区多为苗族、瑶族、布朗族、哈尼族和基诺族等的聚居地，他们以游耕和狩猎为主。坝区民族和山区民族经常会进行产品交易，如西双版纳坝区的勐遮市场，主要出售大米、蔬菜、肉类和瓜果等，出售的山鸡是傣族商人从山上的哈尼族那儿收购下来的，食盐、铁质农具、小商品等百货是汉族客商从昆明、景洪、普洱等中心城市运来的。山区的勐海西定街市场里，哈尼族在街市上卖茶叶、药材和山鸡以获得货币再去购买傣族人卖的大米、食盐、布匹和蔬菜等，这样的交易格局与市场已经延续了很长的一段时间并保持到现在。即便是同一民族，也会因为所处的地理空间不同而导致资源要素禀赋不同，也会形成交易与交换的体系。比如居住在山地的彝族，多以种植玉米、荞麦、土豆等山地作物为主，而坝区和河谷地区的彝族多种植水稻、花生、甘蔗等作物。当山地作物成熟之际，坝区和河谷的作物尚未成熟，山地彝族在收获后会送一些农产品给坝区和河谷的彝族亲戚家，后者则会在收获后送一定的物品给前者，既实现了产品的互补，也巩固联络了人情。^③ 可见，以地域性、民族性为主要内容构成了自成体系的山坝社会空间结构。

2. 以地缘关系为核心

西南地区的许多少数民族，特别是处于边疆地区的民族，其居住空间是由大山、大江阻隔形成的封闭和破碎的空间体系。有着以族缘与血缘关系为基础的地缘格局影响着当地人的生产关系、社会距离和民族心理。长期以来，各民族的活动基本局限在基于地缘和血缘关系维系的聚落圈层之内。当地人的流动性和互动互助频率都在很有限的范围内，经济空间表现出经济关系上商品性弱、社会性强的特点。社会空间具体表现在生产互动和生活交往主要以族际族内的情感、宗法和血缘为纽带的依附关系，相互利用和竞争的成分不高，而社会关心和合作的意识极强。山地的少数民族社区长期以来的经济关系主要是简单地以物易物，他们有重农轻商、重情轻利的思想，社会关系上是民风淳朴、与世无争、竞争意识不强。即便是同一族群的不同支系，如果受阻于地理阻隔而且空间距离较远，其之间联系的紧密和频率并不如附近有边界关系的其他族群。对于山地民族而言，地缘关系的临近性超越了血缘关系，这也应验了"远亲不如近邻"的古话。所以，这种基于地缘关系的空间结构和社会系统是族际共生空间的核心机制。

3. 以垂直分异为主要表现

云南山地民族在山区的垂直分布，是西南边疆山地民族杂散居最富有代表性的地区。以云南南部地区为例，傣、汉、回等民族主要分布在海拔 500～800 米的河谷平坝地区；基诺、哈尼、拉祜、布朗、佤、瑶、彝等山地民族则主要分布于海拔 900～1600 米的高海拔丘陵山地，形成了极具特色的山地聚落和生态景观（见图 2）。聚居地的垂直分异也带来了生计方式的垂直分异。

---

① 方芳：《高原山地城乡垂直空间分异研究——以大理宾川县为例》，云南大学硕士学位论文，2014。
② 郭家骥：《地理环境与民族关系》，《贵州民族研究》2008 年第 2 期。
③ 赵世林、伍琼：《傣族文化志》，云南民族出版社 1997 年版，第 249～250 页。

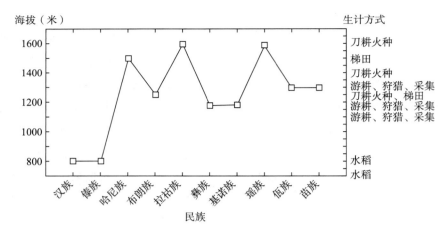

图2 云南少数民族空间和生计方式的垂直分异

(二) 山地民族族际共生空间的微观分析

众所周知，地理环境是人类赖以生存并获取生产与生活资料的基础，一定区域内的地理环境，对于民族的形成与发展具有极为重要的影响。不同的地理环境决定了不同地区人类的生产方式与生活方式，也决定了不同的经济形态。受土壤、降雨量、气候、地形等地理要素的持久影响，不论人类如何改良生产技术、如何提高土地利用的效率，在开展生产活动时，最终还是要采取适应自然的方式，根据所在地自然条件，种植适合当地生长条件的农作物，进而形成自己的经济形态与生活方式。一般而言，在温暖肥沃的低地平原，适于农耕生产，不可能产生牧业；在高原草地，适于放牧，也不可能出现发达的农耕业。地理环境也是民族发展过程赖以展开的舞台，对于民族的形成与发展具有直接和间接的影响。气候在许多方面决定服饰和住宅的特点，决定了农耕工具和交通工具等。土壤、地形和湿度影响劳动的性质、农村居民点的布局等。天然界线（山脊、荒漠、水障等）起着确定民族边界的作用。[①] 受地理环境的影响，长期生活在一个固定区域内的人群，在与周围族群不断地交融发展中，最终会形成共同的价值取向与共同的心理认同，而且这些稳定的特征即族群性并不会因为日后的迁移而改变，但是族群边界与族际关系会随着土地资源等人地关系的变化而发生流变。不同的空间主体都会积极地适应这种流变。[②]

社会关系中的事件是通过空间形成的，也是受空间制约的，还是受到空间调解的，距离、交通、水系、海拔、坡度等"空间摩擦力"可以影响人们的出行、劳作、交往等空间行为。[③] 因此，作为社会关系的一种，民族地区族际共生关系必然受到空间环境的影响。我国西南边陲的崇山峻岭中，有着特征迥异的垂直立体气候，这里的诸多民族自古以来也积极地适应气候环境，形成了垂直立体的多民族共生空间格局，[④] 他们根据不同地域特征，积极适应当地环境，把人地关系、社会关系与族际关系有机地结合起来，形成了多种族际共生空间模式，在族群尺度和家庭尺度上都有表现。地处祖国西南边疆的云南诸山地民族用自身的空间实践为此做了很好的印证。

1. 族群尺度的族际共生空间模式

并非所有人类群体都遵循"经济人"的理性假设，西方经济学理论无法用于解释非西方社会的经

① 布朗利：《民族及其环境》，《民族译丛》1991年第6期。
② 刘祥学：《壮族地区人地关系过程中的环境适应研究》，云南民族出版社1997年版，第249～250页。
③ 保罗·诺克斯、史蒂文·平奇：《城市社会地理学导论》，柴彦威、张景秋译，商务印书馆2005年版，第7页。
④ 邓祖涛、陆玉麒、尹贻梅：《山地垂直人文带研究》，《地域研究与开发》2005年第2期。

济现象。① 经济学家对生产方式的分类远远没有穷尽人类所有生产方式的类型，特别是前工业社会，其社会形态完全不同于市场理性的组织原则。对于人类学家而言，其都在有意无意地寻找市场经济与经济理性以外的另一种可能。② 而地理学家则在寻求人与自然、人与人之间关系的空间表达。人类社会的空间组织原则是多样的，每个社会群体都会根据他们所处的生态环境与历史传统衍生出一套合理的空间组织原则。位于云南省红河州元阳县的哀牢山腹地的多民族聚居地区的"牛马亲家"就是颇具特色的多民族和谐共生的典型，既体现了山地民族劳动创造的科学成分，也蕴含了他们原生态文化中以人－地关系为依托的和谐族群关系的思想。红河沿岸的哀牢山区沿着不同的海拔高度立体分布着傣族和哈尼族的聚落，低海拔的河谷坝区多居住着傣族，高海拔山区则聚居着哈尼族（见图 3）。两个民族在长期的农业生产活动中结成了相互依存的"牛马亲家"的共生模式，其空间互动机制是垂直分异格局下山坝族群关系和谐相处的代表。这是除了哈尼梯田以外，山区另一种体现和谐民族关系的模式。

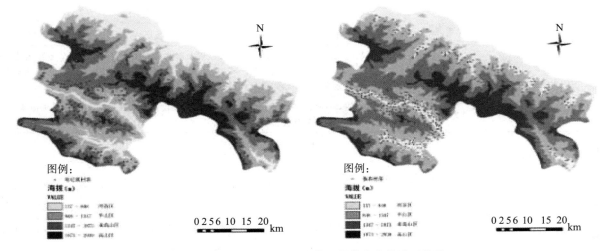

图 3　哀牢山腹地哈尼族和傣族村落分布的地形差异

在图 3 中，利用地理信息系统软件 ArcGIS 10.0 把从中科院地理空间数据云网站上获得的哀牢山腹地的数字高程图使用 ArcGIS 10.0 中的图形代数法的自然断裂法（natural break），进行海拔高度和坡度的提取并进行空间聚类分析，得到四个等级的不同海拔高度图形特征，并对应为河谷区（海拔在 157～848 米）、半山区（海拔在 848～1347 米）、亚高山区（海拔在 1347～1873 米）和高山区（海拔在 1873～2939 米）。根据田野调查中使用 GPS 测量到的村落经纬度，把哈尼族和傣族的村落叠加到数字图形中，得到哀牢山腹地哈尼族和傣族村落分布的地形差异图。再通过地理信息系统软件平台 Arc-GIS10.0 的重分类（reclassify）功能把海拔高程重分类成 4 级（见表 1），让每级的被赋值带上栅格数量等属性功能，通过栅格计算功能（raster calculate）计算出不同海拔带上的土地面积的比重，及各民族在不同海拔带上村落的比重，可以发现分布在高海拔地区的哈尼族村落的比例高于傣族。可见，人居环境、资源与土地利用方式也随着海拔的不同呈现垂直分异（见表 2）。

---

① 温士贤：《家计与市场：滇西北怒族社会的生存选择》，社会科学文献出版社 2013 年版，第 7～9 页。

② 黄应贵：《反景入森林：人类学的关照》，中国林业出版社 2001 年版，第 49～53 页。

表 1　地形海拔分级与民族村落分布点关系

分级号	海拔高程划分（米）	地形描述	栅格数	各海拔高程带上的土地面积比重（%）	各海拔高程带上的少数民族村落比重
1	157 ~ 848	平坝河谷	56855	21	傣族村落 66% 哈尼族村落 7%
2	848 ~ 1347	半山区	92290	33	傣族村落 14% 哈尼族村落 35%
3	1347 ~ 1873	亚高山区	88768	32	傣族村落 15% 哈尼族村落 43%
4	1873 ~ 2939	高山区	38678	24	傣族村落 5% 哈尼族村落 15%

表 2　人居环境、资源与土地利用方式的垂直梯度效应

海拔高度变化	地理位置	人居环境、资源与土地利用特点
低 ↓ 高	红河河谷地带	地势较为平坦，土质较好，土层肥厚，适合植物生长，稻作农业发达，大部分耕地都聚集于此，气候春夏干热，秋冬暖湿，适合人类居住
	红河两岸的台地、坡地，哀牢山缓坡地带	地势较陡，随着海拔的升高、山地坡度以及降水的增加、气温的降低，这些地方不太适合农业生产，耕地面积逐渐减少，从事农业生产的人口也较少，居民点布局分散，多围绕耕地呈团状、带状分布
	哀牢山高寒陡坡地带	有丰富的森林资源和草场资源，具备较好的农牧业条件，牛、马等畜牧资源丰富，居民点少，呈零星状分布

（1）"牛马亲家"的生产功能

在哀牢山，无论对于山下坝区的傣族，还是对于山区的哈尼族，牛和马都是重要的农业生产工具。而在过去，由于客观条件的限制，傣族村落和哈尼族村落的牛马数量都十分有限，无法满足农忙时节的生产需要。但是，由于哈尼族和傣族处于不同的海拔地区，地理环境和气候差别很大，其农忙时节就因此而不同，时间得以交错，当地人就想到了错开农忙时间借牛马的方法以解决农耕畜力的不足，于是便有了"牛马亲家"的现象，族群双方互相借牛马，相当于亲家的关系（见表 3）。"牛马亲家"一般以居住在河谷坝区的傣族为一方，居住在山区的哈尼族为另一方，双方为适应当地立体地形、立体气候所带来的农时节令的差异及基于有利于牲畜的繁殖的考虑，经相互协商而结成。于是这种互借牛马的关系确定下来后，山区和坝区不同民族的两户人家便像亲戚一样频繁交往，这种通过牛马的互借形成的跨民族、跨家庭的亲密关系就叫作"牛马亲家"。每年初春，河谷坝区气候温和，青草嫩绿，正是傣族播种之季，于是结成"亲家"的哈尼族家庭就会把自家的牛和马带下山由傣族"亲家"使用。河谷丰富的草业资源也使得哈尼族愿意把牛马带下山，因为他们知道傣族"亲家"肯定会用上好的草料喂饱自己的牛马。到了每年的 4 ~ 5 月，坝区傣族农闲，而山区哈尼族正是犁田栽秧的农忙时节，傣族也会带着自家的牛和马上山交由哈尼族"亲家"使用。到了 6 ~ 7 月，哈尼族插秧完毕，坝区的傣族又要开始栽种晚稻，哈尼族"亲家"便又把牛马带下山归傣族"亲家"使用和管理。到了 8 月，晚稻栽完，河坝炎热无比，而山区气候凉爽，草木青青，傣族"亲家"会把自家的牛马和所借用的牛马带上山避暑养肥，由哈尼族"亲家"照料。进入 10 月，山区气候转冷，草叶枯萎，而河谷和坝区则气候湿润温和，哈尼族"亲家"便会把牛马带下山来由傣族"亲家"管理饲养过冬，保证牛马有足够的草料和适宜的生存气候。这种牲口的借用方式克服了自然条件的约束，巧妙地运用了山地自然环境的垂直分异性与气候差异性，最大化地发挥牲口的生产力，也通过变化生产和饲养空间保证了牲

口在合适的时令、在合适的地理环境生长，相互的信赖和依赖使得傣族和哈尼族形成了互补共生的民族关系。

表 3 "牛马亲家"的时空特征

时间/季节	牛马流动方向	目的地特征	使用民族	所发挥的功能
2~3月/初春	山区→坝区	坝区地势平坦、适宜发展种植业、气候温润	傣族	傣族使用牛进行春耕，使用马运输物资；哈尼族处于农闲季节
4~5月/春季	坝区→山区	山区海拔高、坡度陡，多为梯田	哈尼族	哈尼族使用牛耕耘梯田，使用马运输物资；傣族处于农闲季节
6~7月/初夏	山区→坝区	坝区进入夏季后气候炎热，降雨丰富，合适农作物生长	傣族	傣族使用牛进行晚稻生产，使用马运输物资；哈尼族处于农闲季节
8~9月/盛夏	坝区→山区	山区因海拔高，在夏季是气候凉爽，适宜人畜消暑	哈尼族	傣族晚稻生产结束后处于农闲季节，把牛马拉至山区避暑养肥，由哈尼族照料；哈尼族处于农闲季节可以安排牛马避暑
10~12月/秋冬季	山区→坝区	坝区因海拔低，在秋冬季温暖湿润，保证了草场不会干枯，不会出现极端低温天气，适宜人畜过冬	傣族	哈尼族为了能在秋冬季让牛马有适宜的温度和足够草场，把牛马拉至坝区给傣族照料养肥；傣族处于农闲季节可以安排牛马过冬

本文在大尺度空间分析研究上，利用地理信息系统平台软件 ArcGIS 10.0 的距离分析功能（distance analysis）认为，平面上的要素运动方向是直线的，路径阻力是均质的，可达性是均等的。但在中微观尺度下，特别是在山区要素流动的线路不会是直线的，会根据地形、河流和气候等条件选择阻力最小的路径流动。因此，引入成本加权距离（cost weighted distance）的概念和技术以取代空间直线距离来计算牛马在山区和坝区之间的活动范围。在 ArcGIS 10.0 中，成本（cost）可以理解为要素流动中的阻力和其影响因子的大小。计算成本加权距离的前提是形成研究区域的影响要素流动的因子，再予以加权赋值。

本研究中采用研究区域的地形、气候、资源等因子进行牛马活动区域的空间分析，作为成本加权距离分析的影响因子，ArcGIS 10.0 会根据影响因子的大小，选择最佳路径和最佳的活动范围，这便是牛马活动区域空间分析的原理。在数据来源和处理上，首先利用中科院地理空间数据云网站下载的数字海拔高程 DEM 数据在 ArcGIS 10.0 软件平台上用三维分析模块（3D analysis）提取研究区域海拔和坡度的信息，并重分类（reclassify）得到地形因子贡献值。气候因子是通过田野调查中获得气候条件实测温度数据和感知意向评估等级值，形成山区和坝区不同民族村落的气候因子值。资源因子也是通过田野调查获得的草场、耕地和林地等资源的数据和感知意向评估等级值，形成不同村落的资源因子值。本研究根据现有研究文献给地形、气候和资源这三个影响因子赋予的权重为 0.4、0.3 和 0.3，[①]这样就能够通过 ArcGIS 10.0 的栅格计算器（raster calculator）计算加权后的影响牛马活动范围的因子大小，最后应用 ArcGIS 10.0 的 spatial analysis 模块的 cost weighted distance 模拟计算哈尼族村落和傣族村落之间的牛马互动范围，这是更接近于地物特征的活动范围（见图 4）。颜色深的区域离村落最近，

---

① 李巍、毛文梁：《青藏高原东北缘生态脆弱区城镇体系空间结构研究——以甘南藏族自治州为例》，《冰川冻土》2011 年第 6 期。

地形条件最好，草料条件最好，是牛马活动的核心区域，并且随着距离的向外增加，活动减少，呈渐进的晕轮牛马活动圈层，牛马活动的区域的背后实则是哈尼族和傣族两个族群的交往互动空间。

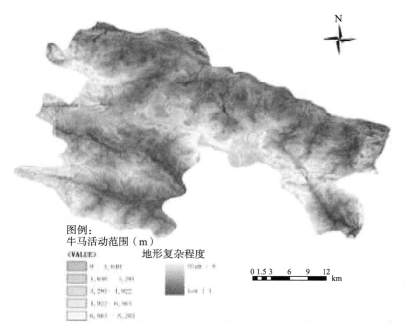

图 4　研究区内牛马活动范围的 GIS 模拟效果

（2）"牛马亲家"的社会功能

建立在生产上的"亲家"关系也把互助传统延伸到了双方的日常生活中，带来了族际之间更为深刻的社会交往，面对大自然的挑战以求得生存要素的共同需求，使得来自不同族群和地缘的家庭超越了地缘与族缘关系建立起的共生的共同体。① "牛马亲家"除了有生产制度，还有相应的资源分配制度：哈尼族家庭和傣族家庭一旦结成"牛马亲家"，母畜生产的牛犊和马驹就属于双方家庭的共有财产，凡是出卖或宰杀都要经过对方同意且要相互平分，这是长期以来约定俗成的另一种共生传统。"牛马亲家"合理的生产与资源分配制度既有利于生产发展和牲畜繁殖，也符合自然科学发展规律，更是把不同民族的原本没有血缘关系的两家人联结成长年交往、相互依存的"一家人"。由于建立了良好的信任关系，除了牛马互借，其他日常生活领域也体现了互助共生的关系。比如，坝区自然条件优越，地势平坦，良田较多，土壤肥力也好，傣族每年以种双季稻为主，粮食比较宽裕，可是由于坝区树林少，木柴资源有限，有时候甚至烧火做饭都存在困难，而山区林多地少，哈尼族粮食生产不高，但是烧火的木柴则多有剩余。于是，傣族"亲家"常常送米上山找哈尼族"亲家"换柴。同样的，哈尼族"亲家"常常送柴下山找到傣族"亲家"换米，双方就是在山坝之间通过要素资源的流动实现了共生发展。实物交换避免了货币交易产生的功利化对民族传统和民族感情的冲击，物品实体凝聚着山区和坝区两个不同民族的相互信任与支持，所内含的情感道义因素在维系族际关系中扮演着极其重要的角色。②

2. 家庭尺度族际共生空间的模式

在云南省普洱市的孟连、澜沧、西盟等县，许多乡村都是傣族、拉祜族、佤族、汉族等各民族混居的聚落，在空间格局上多呈山区和坝区不同海拔和气候条件的垂直分布格局。长期以来，傣族与周

---

① 梁川、杨福泉、王建青等：《农业景观变化与少数民族地方制度建设》，《云南社会科学》2012 年第 7 期。
② 郭家骥：《文化多样性与云南多民族和谐社会建设》，《云南社会科学》2016 年第 5 期。

围的民族形成了一种叫"宾弄赛嗨"的民族关系。"宾弄赛嗨"系孟连傣语，"宾弄"意为亲戚，"赛嗨"意为朋友，指传统上傣族与周边其他民族在日常生活中结交的像亲戚一样密切的朋友关系。这是以不同民族的家庭为基本单元，基于日常的家庭生产生活需要而自发结交的一种互助模式，[①] 并且能代际相承。以孟连县景信乡为例，几乎家家都结有"赛嗨"关系，许多甚至不只结交一户"赛嗨"，可以多达七八户。往往一户家庭除结交傣族的"赛嗨"，还同时结交拉祜族、佤族、汉族、哈尼族等家庭的"赛嗨"，其族际共生格局呈多项参与的模式。景信乡附近的娜允镇，几乎所有拉祜族人家都结有其他村寨的傣族友好家庭，并称这种关系为"亚搓"，意为朋友。而佤族人家则把结交的友好家庭用佤语称为"跨婆波嘛"，意为娘舅一样亲的朋友。[②] 这说明了在长期的共同劳动生活中，为了克服地理环境的制约，寻求经济发展的互惠互利，增强人与人之间的情感交流，各民族都会主动地、自发地与周边民族缔结互助友好关系，并且都形成了相应的民族语称谓，这是一种最朴素的人地关系思想。

缔结族际共生互助关系，经济因素是最初的动机和主要内容，但随着关系的建立，现实因素逐渐被情感因素代替。在云南腹地的广大山区，相邻民族由于地理条件不同，禀赋资源不同，生计方式也随之不同，这为建立这种共生互助关系提供了基本条件。在当地就有这样一种景象，"山上缺粮、缺物找坝子的人（指傣族），坝区缺草料、烧柴找山上的人（指拉祜族和佤族）"。这既区别于以物易物，也不同于商业中常见的赊账行为。这种互通有无的行为表面上是实现了生计的互补，更深层次上则是形成了相互信任的民族感情。调查中发现，在多种民族共生关系中以坝区傣族为主体的"宾弄赛嗨"共生模式发展得较为充分，由于傣族多居住在坝区，平地多，稻作产业发达，因此其他山地民族基本上都会与傣族结成互助友好关系。虽然傣族所处的地理环境可以种植双季稻，粮食充裕，但有时也会因各种原因缺粮，如在三年困难期间和"文革"时期就发生过粮食短缺后傣族背着钱和金银去山区找粮食换苞谷的事情，最后靠山区拉祜族、佤族的"赛嗨"们的帮助，他们才渡过了当时的难关。所以逢年过节，傣族人一定要带上米、酒、肉、糖果等去山里"串亲戚"，感激他们当年的救命之恩。同样，山里的拉祜族、佤族"赛嗨"们也会下山来走动，给傣族带来野果、野菜、蜂蜜、猎物等各种坝区难得的野味，以至于许多老族人说起最艰苦时期的族际互助情景还会动情流泪，[③] 感谢其他民族"赛嗨"们当年的善举，因而常常教育本族的年青一代不要忘记其他民族"赛嗨"们的恩情，可见这种血浓于水的民族感情已经渗透到山区各民族群众的文化和血液里。如同法国人类学家莫斯所认为的：物质上互通有无的实质是全面和整体的政治、社会、伦理和宗教的秩序关系。[④] 交换的背后是更大范围的地域共同体的形成，礼物的背后是集体记忆延续与传承。[⑤]

以"宾弄赛嗨"模式为代表的山地多民族共生关系是一种星型聚落分布。即在此类关系中的民族、家庭、生产、村落分布等层次上，都会表现出某种"中心与周边"的结构特点，形成了一个地理空间和社会空间的拓扑网络。

第一，共生关系模式的总体特征。这表现为一个家庭结交若干个各友好民族家庭，形成以该民族家庭为中心，连接不同地方、不同民族甚至同一民族的多个家庭的星形家庭共生网络，采用民俗地图法绘制共生互助关系的网络图（见图5）。图中箭头线长短表示家庭间空间位置的远近，三个大的椭圆

① 刘军：《"宾弄赛嗨"：族际互助传统的当代价值》，《中国民族报》2012年6月15日。
② 刘军：《"宾弄赛嗨"：族际互助传统的当代价值》，《中国民族报》2012年6月15日。
③ 刘军：《"宾弄赛嗨"：族际互助传统的当代价值》，《中国民族报》2012年6月15日。
④ 马塞尔·莫斯：《礼物》，汲喆译，上海人民出版社2002年版，第26～28页。
⑤ 郑宇、曾静：《仪式类型与社会边界》，中国社会科学出版社2013年版，第78页。

表示不同的村寨，结交的民族家庭可以分布在不同的村寨。

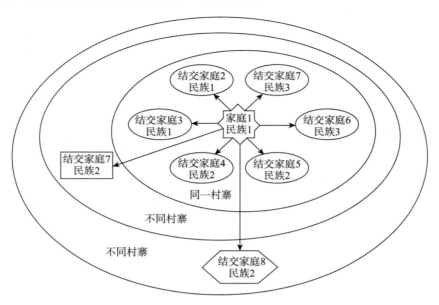

图 5　一个家庭与其他民族家庭形成共生互助关系的网络

第二，共生关系模式的族群特征。这表现为强调各民族为主体的星形友好家庭共生网络。如"宾弄赛嗨"以傣族为中心，"亚搓"以拉祜族为中心，"跨婆波嘛"以佤族为中心（见图6）

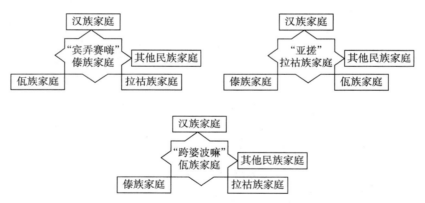

图 6　不同民族家庭之间的友好共生关系网

第三，在村寨层面，表现为中心村寨向周边村寨的辐射（见图5）。地理条件相对优越，经济发展好的村寨其中心性较为突出，甚至成为小范围内的微型经济中心，其每个家庭的"赛嗨"关系覆盖了周边所有村寨。需要强调的是，如前文所述，缔结族际共生互助关系，经济因素是最初的动机和主要内容，但并非全部，现实中不乏情谊超越空间距离的案例。比如最远的"赛嗨"关系需要两天的路程，彼此间深厚的友谊是经受过时间的考验的，是维系两个民族家庭关系的重要因素，这种朴素的民族感情是山地以外的人们无法想象的。在云南，民族分布密集的区域，民族家庭间的友好拓扑网络常常是彼此关联、嵌套的，当其发展到一定程度，就会自发形成一张错综复杂的民族共生网络，这是一种社会自组织现象，民族特征显著，而且是超越村寨边界、民族边界、行政区划边界，甚至跨越国界的[1]，社会交往范围不再局限于血亲、姻亲等有效的地缘关系，这可以帮助人们把原本分裂的群体重

---

① 苗长虹：《变革中的西方经济地理学制度、文化、关系与尺度转向》，《人文地理》2009 年第 4 期。

新结合在一起，使人们认识到应当建立新的社会关系。[1] 西方经济学理论往往无法充分解释非经济理性的社会行为，实际上少数民族从家庭到族群的社会关系网的建立是对族群发展的主动适应，是整合资源、重构社会秩序的策略，这样使得家族或族群的内聚性和外延性相互结合，进而获得更多的发展空间。[2]

四 结论与讨论

从经济理性的角度来看，人们应该从市场上选择最优的合作伙伴，而不是脱离地理邻近性而跨地域、跨族群地选择外族的合作伙伴。然而，少数民族的实践，特别是边远封闭地区的少数民族用其自身的实践证明了并非所有人类群体都遵循"经济人"的理性假设，西方经济学理论无法用于解释非西方社会的经济现象。[3]

在他们看来，非理性交往行为往往以互惠、交换、换工等方式创造出更大的价值，这也许是许多域外人作为"他者"无法想象得到的。事实上，作为域内的"我者"，少数民族自有一套地方性知识：首先，自然条件差异、资源互补、社会历史背景和文化的积累是产生各种族群交往共生行为的基础；其次，交换、互惠和缔结友好关系的共生行为对于他们来说，通过彼此的相互信任而降低了交易和生产的成本；再次，除了经济上的互惠，共生行为所带来的情感上的互惠与巩固也是少数民族非常看重的结果。无独有偶，西方理论界在对地理学研究"计量革命"的反思与批判中逐渐认识到非经济因素特别是文化、社会和情感因素在人类经济活动的动力与机制上发挥着重要的作用。吸收人类学等学科的特长，研究文化等非经济因素在空间经济活动中的作用已经成为地理学研究的焦点。[4] 强调文化的差异特性与相互作用，可以更好地标示不同意义与价值体系的社会群体及其他们在多元文化背景下的空间经济行为。[5] 从这个意义上讲，多尺度的空间研究特别是向微观与主体空间的研究深入，是多元化的、特定社会情形构成下文化经济地理学研究的必然趋势。[6]

云南山地民族族群交往的模式是丰富多彩的，从"牛马亲家"到"宾弄赛嗨"等作为少数民族传统族际交往的"活化石"，皆为各民族根据自身所处的地理环境所创造出来的空间智慧与空间实践，并且孕育了浓郁的地方特色的人–地关系文化，这已经不是通用的经济学理论能够解释的，其背后的民族文化内涵和族际交往传统是使人深思的，[7] 但若从族际共生关系发生的地理学空间视野来分析，则不失为一种新的思路。列宁曾指出："地理环境的特性决定着生产力的发展，而生产力的发展又决定着经济关系以及在经济关系后面的所有社会关系的发展。"[8] 当前，国外人文地理研究也经历着由过去注重环境过程到注重社会–文化过程的转型，集空间与社会的结合为一体，更加重视与社会学、人类学等人文学科的交叉及对其的借鉴，人与族群关系开始成为空间研究关注的焦点，将空间性、物质性、精神性和社会性统一起来，[9] 从多层面、多视角展开，逐渐形成了地理学社会论。[10] 族际关系特别是民

① 雷蒙德·弗思：《人文类型》，费孝通译，华夏出版社 2002 年版，第 146 页。
② 郑宇、曾静：《仪式类型与社会边界》，中国社会科学出版社 2013 年版，第 78 页。
③ 温士贤：《家计与市场：滇西北怒族社会的生存选择》，社会科学文献出版社 2013 年版，第 7～9 页。
④ 苗长虹、魏也华、吕拉昌：《新经济地理学》，科学出版社 2011 年版，第 89～92 页。
⑤ Mike Crang：《文化地理学》，王志弘、余佳玲、方淑惠译，巨流图书有限公司 2006 年版，第 57～76 页。
⑥ Jackson, P., "Commercial Cultures: Transcending the Cultural and the Economic," *Progress in Human Geography*, 2002, 1, pp. 3 – 18.
⑦ 王文长：《民族视角的经济研究》，中国经济出版社 2008 年版，第 142～143 页。
⑧ 中共中央马克思恩格斯列宁斯大林著作编译局：《列宁全集》第 38 卷，人民出版社 2008 年版，第 456 页。
⑨ 爱德华·W. 苏贾：《后现代地理学：重申批判社会理论中的空间》，王文斌译，商务印书馆 2004 年版，第 57～59 页。
⑩ Agnew, J., Livingstone, D. N., Alisdair, R., 1999. *Human Geography: An Essential Anthology*. New York: Basic Books, pp. 192 – 200.

族共生也是一种社会关系,[①] 其受地理空间特别是自然环境的影响是显而易见的, 反之, 族际关系的演变也会重塑其所在的地理空间特别是人文空间。因为任何民族的生息繁衍都有其特定的自然环境和生存空间。从族际共生的角度建构少数民族发展的空间机制, 远非施坚雅基于汉族农村地区的"基层市场共同体"理论所能够解释的。[②] 而且, 目前在一定空间框架下的社会关系研究多集中在社会化大生产与资本充斥的城市空间研究, 比如新马克思主义者列斐伏尔把空间看成一种社会关系, 认为空间弥漫着社会关系, 空间生产着社会关系, 社会关系也生产着空间; 哈维则把大城市看成时空压缩的工具;[③] 斯卡特则把网络社会运用到了分析人类社会空间的领域。[④] 这些理论在分析我国西南边疆民族的空间发展机制方面未免存在着不足, 至少理论的产生的时空背景与少数民族不同, 没有考虑到城市以外的农村甚至遥远的边疆地区的各个民族发展的历史背景和地理特征, 城市中心主义有余而乡土气息特别是民族气息不足, 这就为民族地理学特别是西南民族地理学研究预留了空间。在当前人文社会研究"空间转向"的影响下,[⑤] 将少数民族传统交往行为与现代学术理论相结合, 基于空间视角来研究西南山地民族族际共生的特征和机制可以说是一种尝试, 以云南为代表的西南少数民族族际共生的空间智慧与实践是少数民族传统社会经济行为的"活化石", 加强这方面的研究可以弥补现有社会空间理论在农村研究、民族研究和边疆研究中的不足。

The Study on Ethnic Symbiosis Space among Mountainous Ethnic Groups of Southwest Borderland in China: Yunnan Province Spatial Practice

Xu Bin, Lu Jingjing, Su Lang, Zhou Zhisheng

Abstract: Yunnan province is a representative area in the southwest provinces of China , which has geographical features of border, mountains and multi – ethnic settlement. Its spatial system of ethnic groups is a three – dimensional distribution pattern based on three – dimensional terrain and climate. Based on the differences of natural conditions and resources, different mountain ethnic groups have formed ethnic symbiotic relationship, which mainly relies on the helps each other. The research is based on the interdisciplinary perspective of geography and anthropology , adapts various research methods such as field survey, GIS spatial analysis technology and folklore map method, probes into the mountainous ethnic symbiosis space and its mechanism Yunnan Province from three scales of region, ethnic group and family.

Keywords: Southwest Borderland in China; Mountainous Ethnic Groups; Ethnic Symbiosis Space; Spacial Mechanism

---

① 廖杨:《民族关系与宗教问题的多维透视: 以广西为考察中心》, 民族出版社 2004 年版, 第 63 ~ 75 页。
② 施坚雅:《中国封建社会晚期的城市研究》, 王旭译, 吉林教育出版社 1990 年版, 第 157 ~ 159 页。
③ 孙江:《"空间生产": 从马克思到当代》, 人民出版社 2008 年版, 第 52 ~ 54 页。
④ 包亚明:《现代性与空间生产》, 上海教育出版社 2003 年版, 第 48 ~ 49 页。
⑤ 柴彦威:《时空间行为研究前沿》, 东南大学出版社 2013 年版, 第 1 ~ 2 页。

《西南边疆民族研究》 第 28 辑

第 27～34 页

© SSAP，2019

城市边缘散居民族认同研究

——昆明西郊白族的案例*

王　俊**

摘　要　本文在田野调查的基础上，以白族研究中较少关注的昆明西郊白族为例，探讨城市边缘散居民族①认同问题及其意义。研究表明，昆明西郊白族认同的建构，基于文化，叠合多重利益博弈和话语，在特定的时空场景中呈现，并依靠文化策略进行维持和强化，表现出"原生性""工具性""场景性"等多重特点。

关键词　城市少数民族；散居民族；民族认同；白族

DOI：10. 13835/b. eayn. 28. 03

白族是中国南方历史悠久、文化灿烂的民族。学界有关中国白族的研究基本上集中在白族聚居分布的大理白族自治州，少数文献涉及丽江、怒江及湖南桑植等地的白族。昆明是白族的分布区域之一，但在白族研究的视野中，还较少所涉及。本文通过史料、口述和语言使用情况，梳理昆明西郊白族的祖源记忆与民族认同的关系，考察民族识别及其随后建立的民族优惠政策对民族认同的影响，探讨民族认同如何在祖源记忆与资源博弈中交织、叠合。

一　城市边缘的散居民族：昆明西郊白族

全国约有 80% 的白族聚居于云南省大理州，此外在昆明、丽江、怒江、迪庆、保山、玉溪、楚雄、文山、临沧等州、市，以及贵州毕节、六盘水，湖南张家界，湖北恩施等市、州也都有分布。兰坪县和桑植县是大理州之外，白族人口规模最大的两个地区。除大理白族自治州和兰坪白族普米族自治县，各地设置的白族乡或与其他民族联合的民族乡均属于散居民族地区。昆明市的白族全部属于散居民族，相对集中于原来的四个民族乡，即团结彝族白族乡、谷律彝族白族乡、沙朗白族乡和太平白族乡。② 这四个

---

　*　本文系云南省社会科学院"云南城市民族问题研究"创新团队阶段性研究成果。

　**　王俊，云南省社会科学院民族文学所研究员。

①　"散居民族"是相对于"聚居民族"而言的。敖俊德提出散居少数民族包括：居住在民族自治地方以外的少数民族；居住在民族自治地方以内，但不是实行区域自治的少数民族。其所称散居民族包括建立民族乡的少数民族。从散居民族的居住区域对其进行分类则其包括：城市散居民族、民族乡散居民族和农村星散散居民族三类（参见敖俊德《关于散居少数民族的概念》，《民族研究》1991 年第 6 期）。

②　王俊：《城市民族社区民族艺术的建构与传承——基于昆明西郊白族社区的研究》，《贵州民族研究》2018 年第 8 期。

民族乡原先分属于西山区和安宁市，地处昆明西郊一带，地域连片，为简洁行文，本文将上述分布区域的白族统称为西郊白族。随着城市化进程的不断推进，成立于 1988 年的安宁市太平白族乡于 2001 年改为太平镇，2011 年改为太平新城街道办事处；分别成立于 1988 年和 1987 年的西山区团结彝族白族乡与谷律彝族白族乡于 2005 年合并为团结镇，2009 年改为团结街道办事处；成立于 1988 年的五华区沙朗白族乡于 2009 年改为沙朗街道办事处，2011 年与厂口街道办事处合并成立西翥生态旅游实验区管委会，加挂西翥街道办事处的牌子。[①] 民族乡撤乡建镇（并镇）、改办后，昆明西郊白族变更为城市社区中的散居白族，但白族人口占比仍较高，且与周边的汉族、彝族、苗族等少数民族杂居，均处于城市化背景下，是昆明白族整体情况的典型代表。

二 祖源记忆：昆明西郊白族认同的历史因素

从历史人类学的角度来看，作为一种重要的集体历史记忆，祖源传说反映了一定社会情境下人们的民族认同。昆明西郊白族对其祖源的认识，主要有以下一些不同的说法：南京来源说、滇池土著说、大理迁入说。

（一）南京来源说

南京来源说是对昆明西郊白族来源的一种认识。关于沙朗的白族是从南京迁来的说法，东村人张志发曾说："有家住南京柳树湾的父子二人被充军到了沙朗，父子二人为了策反，创立了白子话，让别人听不懂。"沙朗东村人张国昌于 1924 年撰写的本家族族谱中，对于他的家族以及东村的由来，有更为具体的记载：余祖籍江南应天府柳树湾高石坎人氏。至明初，随从傅公友德，沐公英，蓝钟礼、蓝钟秀等诸公，率雄兵平南……我祖不知何时何人，落籍于昆明县外北乡沙朗堡西村……自清初雍正年间，而我祖由沙朗西村，迭分三支出境。一支迁于迤东巧家所属三江口方静地方。一支迁于嵩属邵里散旦德侉沙营廖营等村，到今各处均有名人出专。一支迁于本境东隅。有吾祖张连举，辟草莱，拓土地，始成东村。[②] 沙朗东村人张志发的口述和张国昌在 1924 年撰写的本家族族谱中，表明其家族是从南京迁来的。来自南京柳树湾的说法，其实也是云南不少汉族在讲到自己的祖源时经常提到的。如果是这样，那么这些随沐英南征而来的南京人，在进入云南之后有的还保留了自己的汉族身份，有的则被当地居住的白族所同化。某些现在身份是白族的东村人，可能他们的父母辈均是汉族，但是到他们这代，在民族身份上，都成为"白族"了。这些人在和当地人的日常交流中也使用白语。[③]

（二）滇池土著说

滇池土著说是对昆明西郊白族来源的另一种认识。这种说法认为白族乃庄蹻之后，从秦汉时期起就一直分布在滇池一带。据《西山区民族志》载："白族是滇池地区的土著民族。"[④] 据东村张国启的说法："沙朗白族应是土生土长的民族。后来历朝历代的各民族（主要是白族）不断地迁入，连续不断地进行着民族间同化融合，经过长期的发展变化，逐渐形成了现在的沙朗白族。"[⑤] 关于这方面的问

---

① 王俊：《民族乡撤乡建镇、改办的思考——基于昆明市 6 个民族乡的案例研究》，《云南民族大学学报》（哲学社会科学版）2015 年第 4 期。

② 张国昌：《清河世代族谱》，转引自张国启、雷虹《沙朗白族风情录》（上册），云南民族出版社 2008 年版，第 110 页。

③ 郭建斌、冯济海：《沙朗东村》，光明日报出版社 2012 年版，第 26～31 页；张国启、雷虹：《沙朗白族风情录》，云南民族出版社 2008 年版，第 110 页。

④ 《西山区民族志》编写组：《西山区民族志》，云南人民出版社 1990 年版，第 77 页。

⑤ 张国启、雷虹：《沙朗白族风情录》（下册），云南民族出版社 2008 年版，第 73 页。

题，从事民族史研究的专家已经进行过很多考证，并且这里还涉及一个白族和彝族之间或许也有某些共同来源方面的问题，不再赘述。[①]

(三) 大理迁入说

在实地走访调研中，大部分昆明西郊白族群众认为祖先来自大理洱海地区，但这种观点在时间上也存在分歧，主流的观点认为是从元明时期分批迁入定居的。

一是认为元代迁入。团结乡《龙潭志》记载："元代大理总管段功，曾对昆明几次用兵。在几次战争过程中，从洱海地区迁来白族在昆明西岸大小鼓浪居住，后子孙繁衍，部分白族迁往龙潭，多为李姓。"[②]《龙潭志初稿》载："龙潭白族代代相传，说他们原是大理白族的一部分，远祖是从洱海边搬迁来的。龙潭白族与大理白族同出一宗是无可置疑的。"[③] 龙潭白族群众世世代代自称是大理白族的一支，始祖系从洱海边搬来。龙庆头、二村白族老人张正华、张忠，大桃花村老人李益三、张福，小桃花村杨子辉等均认为他们的始祖是元朝忽必烈带兵征伐云南时，随忽必烈的兵到昆明附近落户谋生的。

二是认为明代迁入。民国《昆明县乡土教材》记载："民家族，据称其始祖系随明将沐英平滇由大理、鹤（庆）丽（江）诸县迁至今所——滇池西岸大小鼓浪、阴临谷等处。"沐英家族镇守云南二百余年，战事连连，也是从沐英开始，开启了中央王朝对云南的"屯垦"制度。关于白族称为"民家"，据说也和那种半军事化的"军屯"有直接的关系。据《西山区民族志》载：民家这一族称，源于明初，但是白族地区广泛实行"军屯"，汉军屯户和白族人民杂居，联系密切，相互融合，白族称汉军为"军家"，汉军屯户称白民户为"民家"。[④] 安宁浸长办事处浸长村袁泰、张闰认为其始祖是随明将沐英平滇由大理、鹤庆、丽江迁来的。妥乐、始甸、安灯的白族老人李加才、姜纯、王绍周认为是明代随沐国公南征来的。[⑤]

三是认为唐代迁入。除了以上几种关于祖源的说法，还有学者提出西郊白族是唐代从洱海迁入的。2017 年 5 月，廖德广刊于《白族学研究》（第三辑）的署名文章《沙朗白族及地名由来考》一文，从樊绰《蛮书·名类第四》的记载入手，对《新唐书·南诏》中关于"诏"的解释加以考释，在实地考察的基础上提出：沙朗白族的祖先，"本西洱河人"即洱海之滨人，被称为"河蛮"。沙朗地名，因贞元十年（公元 794 年）沙朗白族祖先"河蛮"从"三浪诏"迁来而得名。作者认为沙朗是"三浪"的汉字记音。[⑥]

王锋研究员综合以上书面文献和口碑资料，认为昆明西郊白族从元代起分期分批从大理迁来是较为可信的，到明代已定居于今沙朗等地。依据有如下几点。一是至迟在明代，现昆明白族聚居区都已有行政设置，并已有人定居，其居民无疑都为白族。二是从迄今所见的各种金石材料看，未发现元代及元代以前之物，较早的金石材料属于明代，而以清代最多。这些金石材料也证明，西郊白族在明代已定居于今西郊各地，但时间不早于元代。即使元代已有白族定居，但尚未形成一定的规模。三是从以上传说及史料看，西郊白族从大理迁入并非一时一地之事，而是在不同的历史时期从大理各地陆续迁入的。西郊白族的语言特点，各地白语相互之间又有明显区别，可能是各村的先民来自大理的不同

① 郭建斌、冯济海：《沙朗东村》，光明日报出版社 2012 年版，第 27 页。
② 《西山区民族志》编写组：《西山区民族志》，云南人民出版社 1990 年版，第 80 页。
③ 《龙潭志初稿》编辑室：《龙潭志初稿》，内部资料，1986 年版，第 14～15 页。
④ 《西山区民族志》编写组：《西山区民族志》，云南人民出版社 1990 年版，第 79 页。可参见杨勇《明代白族分布及历史源流探析》，云南师范大学硕士论文，2013。
⑤ 安宁县民族宗教事务委员会、安宁县宗教局编《安宁县民族宗教志》，云南民族出版社 1995 年版，第 102 页。
⑥ 廖德广：《沙朗白族及地名由来考》，《白族学研究》（第三辑），云南民族出版社 2017 年版，第 267～270 页。

地区，迁入的时间也各有不同，在语言上还没有完全统一，也可印证这一认识。[①]

对于汉族祖源认同，在大理地区部分白族中也有"汉族祖源"问题，许多白族大姓把自己的祖先追溯到了"南京应天府"。对这一现象，李东红教授指出："这种改变的意义在于白人对汉文化的认同，是随着中央王朝政治中心的迁移而发生改变的。说明白人对汉文化的认同及其汉族祖源叙述，更具有国家认同的意义。"[②]而部分大理白族的"汉族祖源"认同观念是在与汉族为主的互动关系中逐渐形成的。[③]"汉族祖源"之说，与明代汉族大量入滇后引发的汉族融入各民族的历史密切相关。据陈庆德教授在滇中民族田野调查中所见谱牒、碑铭等资料，明代汉族移民融入当地藏、哈尼、傣、白等民族中的现象是很普遍的。[④] 明代进入云南的汉族带着自己南京的祖源，在融入当地少数民族的过程中，也把祖源的文化记忆留在了他们的记忆中。

虽然在昆明白族的来源问题上尚存在着南京来源说、滇池土著说、大理迁入说等多种不同的说法，且没有达成完全统一的共识。但是通过史料梳理、语言运用分析，白族从元代起分期分批从大理迁来，到明代已定居于今沙朗等地的说法，在实际的田野调查中得到更多当地白族的支持。笔者认为，当下昆明西郊白族的汉族祖源认识，是受到大理地区白族汉族祖源认识的影响而形成的，但这并不是当地祖源认同的主流，当地更多的受访者认为其祖源是来自大理洱海地区的白族，仍持有大理白族祖源认同。

关于大理白族祖源的历史记忆，意义在于证实昆明西郊白族作为一个群体的存在，共同的祖先来源、共享的历史文化是昆明西郊白族共同坚信的，它们相互印证，形成了一个有机的统一体，为昆明西郊白族的民族认同提供了基础和精神上的慰藉。加之 20 世纪 80 年代之后，由于我国对少数民族文化保护与传承的重视及大力支持、联合国教科文组织和我国对"非遗"保护的推动、民族政策的实施对少数民族和民族地区在发展上给予优待和倾斜，大理白族地区经济发展、文化繁荣、社会和谐的正面形象通过各种媒体和途径不断对外传播，使得昆明西郊白族认同"白族祖源"成为主流。

三　资源博弈：昆明西郊白族认同的现实考量

现实利益的考量在民族认同中是一个不可忽视的重要因素。在现代背景下，民族认同与民族识别工作以及随之而来的民族优惠政策密不可分，[⑤] 从某种意义上，可以说民族身份与利益相关，并在整个社会中不断强调，使得民族优惠政策"强化"或"固化"了民族认同。[⑥] 对于昆明西郊白族而言，"白族乡""白族"可能使得当地政府和白族群众获得更多资金倾斜与政策照顾，为地区发展、个人晋升和生计发展等提供便利，这无疑有利于强化白族认同，实现从部分精英到普通民众的一致认同，[⑦]并在与历史性因素的合流中得到巩固。

（一）基层政府

作为解决国内民族问题的基本政策，民族区域自治是在国家的统一领导下，各少数民族聚居的地

① 王锋：《昆明西山白族的历史与现状》，《大理文化》2001 年第 2 期。
② 李东红：《云南凤羽白族村历史人类学研究》，云南大学博士学位论文，2009，第 219 页。转引自王文光、张曙晖《利益、权利与民族认同——对白族民族认同问题的民族学考察》，《思想战线》2009 年第 5 期。
③ 王文光、张曙晖：《利益、权利与民族认同——对白族民族认同问题的民族学考察》，《思想战线》2009 年第 5 期。
④ 毕芳：《金沙江中下游傣族的民族认同研究》，《西南边疆民族研究》2010 年第 2 期。
⑤ 李良品：《近六十年我国民族识别研究述评》，《云南民族大学学报》（哲学社会科学版）2011 年第 5 期。
⑥ 明跃玲：《民族识别与族群认同》，《云南社会科学》2008 年第 2 期。
⑦ 周大鸣：《从"客家"到"畲族"——以赣南畲族为例看畲客关系》，《西南边疆民族研究》2009 年 5 月。

方实行区域自治，设立自治机关，行使自治权。中国各民族基本是"大杂居，小聚居"分布，以自治区、自治州、自治县三级行政区域建立的自治地方，仍然不可能完全保障部分散居少数民族的合法权益，因此在少数民族聚居的乡镇一级行政区域又设立了民族乡，作为民族区域自治制度的补充。① 1993年8月，经国务院批准，国家民委发布《民族乡行政工作条例》。1992年5月，云南省第七届人大常委会第二十四次会议通过了《云南省民族乡工作条例》，2004年7月云南省第十届人大常委会第十一次会议通过了修订的《云南省民族乡工作条例》，在修订的《云南省民族乡工作条例》中规定了政权建设、经济建设、社会事业等方面的具体优惠和倾斜政策。

云南省曾建有197个民族乡，数量在全国位居第二。昆明市西郊的太平白族乡、沙朗白族乡、团结彝族白族乡、谷律彝族白族乡自建立以来，经济社会发展势头良好，群众生活水平显著提高。在民族团结示范村建设中，民族乡下辖的有代表性的村寨得到了优先、合理的资金和项目安排，较为贫困的民族乡被纳入扶贫攻坚计划中，小集镇建设中也充分考虑民族乡镇，实行整乡整村推进的新农村建设，也有不少民族乡、村受益，民族乡普遍建立起了民族中学，普及了九年义务教育，民族特色文化村建设也对有代表性的民族乡辖区的民族村给予倾斜，省、区、市等各级民族工作部门还可以根据实际情况给予民族乡安排民族机动金，用这一被民族地区群众称为"连心钱"的民族工作专项经费解决民族乡发展过程中的急、难、小等特殊问题。同时，民族乡成立以后不久，云南省委民族工作部、省民委即组织民族乡干部群众外出考察学习，配合组织人事部门，加强对民族乡领导干部的培训。

借力"民族牌"效应发展地方经济是基层政府在争取资源、凸显文化时往往会考虑的有效途径。挖掘、开发地方的民族文化、民族艺术，将其与旅游、文化产业等结合，促进地方知名度提高和经济社会发展，也使得民族艺术在"主流文化"和"现代文化"的规约和影响下完成重构与再造。

2009年沙朗乡撤乡改设办事处以前，是昆明市五华区唯一的白族乡，其宣传定位是昆明城边上的"金花之乡""小大理"。2011年5月西翥生态旅游实验区正式挂牌成立，其提出要打造集民族文化、生态文明于一体，商、旅、文互动的"西翥"文化品牌，构建昆明主城"一小时生态旅游经济圈"和昆明新的经济走廊。五华区对两个片区进行了新的规划，其中，沙朗片区因白族文化特色而将自己定位为建设昆明近郊的省级白族特色旅游度假区。② "团结农家乐"可谓是昆明人家喻户晓的知名品牌，通过建设白族民居休闲园、大河千亩果园等配套旅游景区景点，同时推出文艺活动和油葵观赏、水果采摘等活动项目，成为云南省首个"全国农业旅游示范点"。③ 作为昆明市"3015行动计划"的推进者，团结街道还积极推动"民族风情旅游小镇"项目进程。太平街道以建设少数民族特色村寨、民族团结示范村为契机，打造具有白族特色的少数民族文化村落。2017年，太平桥头小组民族团结示范村顺利通过验收。

昆明西郊白族地区的所有民族乡在发展中都经历了撤、并、改的过程。这一过程也使基层政府在

① 杨剑波：《当代中国民族区域自治制度的确立及其与民族乡的关系》，《今日民族》2006年第1期。
② 五华区沙朗分区位于昆明市西北部，距市中心15公里，辖区总面积138.99平方公里，其中包括东村大村、桃园、龙庆三个片区。规划中，东村大村分区是沙朗分区的行政、经济、文化中心，街道办事处驻地，它以体验白族民族风情为主的温泉假日旅游和旅游地产开发为主导，建设昆明近郊具有白族特色和良好人居休闲环境的省级特色旅游度假区；桃园分区是以自然山水、民族风情旅游、研发创意及无污染新型产业为主体功能的城市综合片区；龙庆分区则将以"自然与田园风光的观赏、果蔬种摘的参与、城乡文化的交流"为主题的系列农业观光休闲活动为主（武艺漩：《昆明沙朗拟建设为云南省级白族特色旅游度假区》，《生活新报》2010年2月24日；王俊：《城市民族社区民族艺术的建构与传承——基于昆明西郊白族社区的研究》，《贵州民族研究》2018年第8期）。
③ 袁丽萍：《团结彝族白族乡——依托城市迈向协调发展之路》，《今日民族》2004年第8期。

争取民宗委等上级的项目、经费等资源时需要另辟蹊径地突出民族特色，各地在定位设计本地的发展思路和进行招商引资的时候，也需要充分利用当地的民族文化优势，借"民族牌"发展旅游等产业，以重新进行资源和利益整合。随着昆明西郊白族地区旅游开发的影响辐射到当地社区和群众社会生活的方方面面，白族认同对于地方利益和经济发展的重要性凸显，在前所未有的场景和舞台中推动着文化复兴和民族身份的再建构。

（二）精英阶层

在地方中总有一群人在地方事务中拥有特殊的权力和威望，这些人可以控制物质资源、影响人们的活动和决定，在他们所处的地方或社会生活中占据重要地位，受到人们的重视，这群人被称为"民族精英"或"地方精英"。民族精英是民族社会生活中表现杰出的一部分人，其功能的充分发挥，是民族社会生活顺利开展不可缺少的社会动力。[1] 民族乡实施的优惠政策中有关干部晋升、提拔、任用方面的条款，很多都是在精英阶层中实现的。民族乡主席团成员和政府配备工作人员，应有建乡民族和其他少数民族人员，尤其特别规定了民族乡的乡长由建立民族乡的民族公民担任，由两种以上少数民族建立的民族乡应当配备除乡长以外的建乡少数民族公民担任副乡长；少数民族妇女干部等也有更多机会得到锻炼和任用；等等。在昆明白族地区任职的白族领导，除少部分是从大理白族地区交流到任的，大部分是当地白族进入当地机关事业单位（含民族乡）后，在不同的岗位上担任了领导和主要负责人。

李芳是上述白族领导干部之一，也是团结彝族白族乡山区经济发展的带头人。他不仅带领全乡各族人民群众开拓进取，一步一个脚印，走出了一条民族山区经济社会发展的致富之路，[2] 而且被国务院授予"民族团结进步模范"称号。团结彝族白族乡也被评为全国、全省民族团结进步模范乡。作为白族，李芳还积极推动当地白族文化与旅游结合，以强烈的民族认同感投入到家乡的经济文化建设中："我当书记的时候就提出建设团结白族旅游度假村，彝族旅游度假村和苗族旅游度假村。20 世纪 90 年代，为推动白族旅游度假村的建设，我鼓励群众建盖白族民居，每家每户可以补贴 1 万元。我作为领导，不管去哪里，特别是到外面开会，我都是一身白族服装，带头说白族话，我认为自己是白族地区成长起来的白族干部，党的民族政策好，我才有机会成为领导，也想为家乡经济社会发展多出一点力。"

李芳只是当地白族干部中的一个缩影，作为民族群体的一员，他们在民族意识和民族生活方式方面表现出高度的认同感。白族身份可能使其得到更多锻炼和任用机会，而在自己的领导岗位上，其又会通过自己的言行，以民族共同情感和现实考量为基础影响普通民族群众对民族文化的认同感。

（三）白族群众

中国的民族识别以及民族区域自治制度为每一社会成员在法律上都提供了特定的民族身份，而这一身份的现实意义之一便是对少数民族成员在政策上有一定程度的优待。正是由于这种身份与现实利益相关，因而在整个社会中不断强调。[3] 在新的生育政策实施之前，有的村民为了合法生育两胎，或者为孩子升学时能有加分等政策性照顾，往往会在现实利益的考虑中，对民族身份显得更加敏感。

城市周边旅游作为昆明西郊白族地区发展定位之一，成为推动民族互动和交流最有效的途径，于

---

① 徐佳晨：《散杂居少数民族族群认同的变迁——以江西抚州金竹畲族乡为例》，中南民族大学硕士学位论文，2013。

② 中共西山区委：《民族山区发展经济的带头人——记团结彝族白族乡党委书记李芳同志》，《民族工作》1994 年第 7 期。

③ 孟永强：《论多族群村落中的族群认同与交往》，兰州大学硕士论文，2012。

此过程中的文化张扬、恢复、重构也会成为当地白族群众对外来文化的回应手段，进而激发和强化民族认同。

沙朗白族乡"农家乐"在十几年的发展过程中，在当地经济发展和对外形象塑造方面，起到了重要的推动作用。弘扬白族文化带来的现实利益，引发了当地人对自我文化的重新认识，民族自信和认同增强，文化自觉提升。沙朗推出以"沙朗年猪饭"为特色的白族餐饮和购物、观光为一体的"白族一条街"，接待游客量明显增加，服务质量明显提升。白族风情成为当地"农家乐"的一大特色和亮点，全乡约70%的"农家乐"经营户是白族经营户。游客大多来自昆明市区，体验白族的文化是许多游客选择沙朗"农家乐"的原因。① 在"农家乐"旅游的发展中，当地白族文化成为一种资源，有市场需求，能进入市场交换领域实现经济价值。拥有这些文化的白族群众不断发现自己的文化价值，在餐饮上极力地展示白族风味，早已被压箱底的白族传统服饰也有游客想要购买，这能带给白族群众直接的经济利益，对白族认同也可起到推动作用。

民族群体中的普通成员，更加看重实际生活中的教育、医疗、生育方面的利益，一部分从事与民族文化相关行业的群众，由于生计需求，也会更加彰显民族文化元素，认同民族身份及其带来的经济利益。

基层政府、民间精英和白族群众，各自从自己不同的角度出发，在权力、利益、资源的分配和博弈中，对白族地区、白族身份、白族文化的不同需求，强化了当地人的白族认同，在不同的场景中与地方发展、个人晋升、维持生计形成相互交织的关系。

四　结论：昆明西郊白族认同的意义

民族认同是民族学和人类学研究中的重要内容。随着社会政治、经济、文化格局的变化和人口流动的加快，民族间的互动更为频繁，民族分布散居化的趋势日渐凸显，散居民族认同研究的学界关注度与日俱增，在整个民族研究工作中也更加重要。

历史记忆也可称为集体记忆，就是在一个社会的"集体记忆"中，有一部分以该社会所认定的"历史"形态呈现与流传，人们以此追溯社会群体的共同起源（起源记忆）及其历史流变以诠释当前该社会人群各层次的认同与区分。② 正如王明珂所说，对于过去有许多集体记忆，它们以族谱、传说、历史记载、古墓、祠堂、手札、碑刻等种种面貌存在着。③ 从历史人类学的角度来看，作为一种重要的集体历史记忆，祖源传说反映了一定社会情境下人们的民族认同。民族认同、祖源传说产生于一定的社会情境，同时也受社会情境变化的影响。祖源叙事虽然不能被简单地等同于民族认同，但是在一定程度上确实与族群认同密切相关。昆明西郊白族在祖源认同上认同是从洱海迁入的白族，反映出其认同白族的历史性因素。共同的祖先和来源是昆明西郊白族认同中不可或缺的原生性因素。其积极梳理历史，追溯文化渊源，在与大理白族的互动中，不断强化民族认同感。

民族乡的建制以及其所附属的政治、经济、文化、教育、干部使用等一系列具体的优惠政策，其中实现"一块牌子""一个位子""一顶帽子"是具体且可操作的，其他规定虽较为泛化，但毕竟建立

① 尤佳：《对农家乐引导下的文化变迁的思考——以沙朗白族乡为例》，云南大学硕士学位论文，2009。
② 刘相平：《论历史记忆的重构与台湾的"去华夏化"——兼论"文化台独"者的思维逻辑及路径选择》，《台湾研究》2017 年第 3 期。
③ 刘晓艳：《宗族文化中的历史记忆和族群认同——以桑植县白族为例》，《咸宁学院学报》2012 年第 4 期。

了民族乡与民族工作部门的直接联系，基层地方政府在发展地方经济的过程中，可以享受《云南省民族乡工作条例》所规定的各项优惠政策，还可以直接从上级民族工作部门获得开展民族工作的机动金等一些资金和项目。少数民族地区的干部群众从民族机动金的特殊安排和使用中，直接感受到了党的民族政策的温暖。民族乡往往都在参与市场的过程中，充分利用当地的民族文化优势和特点，对当地发展定位做出判断，以"民族牌"在资源博弈中分得资源和利益的一杯羹。在当地重要的政治和经济活动后面，往往是民族精英的推动，他们也是民族认同中敏感的人群，民族身份使其获得更多发展空间和更大前景成为可能。民族群体中的普通成员，更加看重实际生活中的教育、医疗、生育方面的利益，一部分从事与民族文化相关行业的群众，由于生计需求，也会更加彰显民族文化元素，认同民族身份带来的经济利益。因此，出于争取更多政策照顾和经济社会发展资源的需要，基层政府、民族精英和普通群众都在有意无意地借用当地民族文化的优势和特点，通过"民族牌"在资源的分配中进行博弈，极力重构传统文化，强化民族认同。这种民族认同的强化，虽然与外力推动和利益导向有关，但并非完全脱离民族的原生情感，而是在原生情感的基础上进一步衍生并逐渐增强的。

昆明西郊白族认同既有"原生的""根基的"的因素，也和外界力量的推动和利益的考量有关，有可能成为资源博弈的方式之一，但这并不完全脱离民族的原生情感，而是在原生情感的基础上进一步衍生并逐渐增强的。可以说，原生性和建构性在昆明西郊白族认同中的双重叠合，正是当今昆明白族为何认同自己为白族的缘起。

The Research of Scattered Ethnic Minority Group Identity in Urban Fringe：A Case Study on Bai in the Western Suburb of Kunming

Wang Jun

Abstract：Taking Bai in the western suburb of Kunming as an example, the thesis mainly discusses the ethnic minorities' identity and its meaning in urban fringe based on conscientious field work. This thesis shows that identity construction of Bai in the western suburb of Kunming is based upon culture, related to benefits, presented in particular way, strengthened by cultural strategy and influenced by native and implemental purpose as well as different scenes. The identity of Bai in the western suburb of Kunming should be propitious to promoting national cohesion, advancing community harmony and inheriting ethnic culture.

Keywords：Urban Minority Group；Scattered Ethnic Minority Group；Ethnic Identity；Bai

《西南边疆民族研究》 第 28 辑

第 35~43 页

© SSAP，2019

"一带一路"背景下中国陆地边疆的特征、功能与治理[*]

薄辉龙[**]

摘　要　在"一带一路"倡议下，道路的连接性和移动性对空间关系与边界的"封闭性"有所改变，所以"中心-边疆"空间关系和边界成为认识边疆变化的两个核心要素。在此效应下，边疆呈现空间关系视域下的中心化凸显、文化双向互动性增强以及边界交错复杂化和弥散化的特征。在"一带一路"刺激贸易发展背景下，边疆成为连接内外贸易的经济活跃区，文化双向互动性使其成为教育交流的带动区和旅游互动的核心区，边界的交错性、弥散化也使其成为周边外交合作的着力区。因此，在"一带一路"倡议下的陆地边疆治理，要从经济发展的治理取向出发处理好"中心-边疆"之间的空间关系，增强边疆与中心地区的文化互动，从安全的治理取向出发构建"密林边疆"。

关键词　"一带一路"；中国陆地边疆；特征；边疆治理

DOI：10.13835/b.eayn.28.04

边疆作为一个地理空间概念，其范围大小由边界决定。在历史的进程中，内外边界处于一种移动的状态，但内外两侧则呈现不同的影响因素，对外主要以政治主权因素影响边界的形态与位置，对内则是文化、经济等因素制约边界的形态和位置。"一带一路"倡议的提出会推进资本、人口、物质、信息流动，导致跨界流动频繁发生，改变边疆内外边界的位置与形态，也深刻影响着边疆的空间地位（中心与边缘相互转换）[①]。目前，学者们注意到这一动向，研究成果的主要贡献可以归纳为以下三点：阐明了边疆观在"一带一路"倡议下的新发展[②]，突出了边疆在"一带一路"倡议中的地位[③]，注意到边疆地区在"一带一路"倡议下的新发展[④]。"一带一路"倡议之于边疆的影响首先体现在道路"连接性"对空间关系的影响以及道路"流动性"对边界形态的改变上。因此，在边界和空间关系两个视角下，"一带一路"倡议下边疆将呈现出怎样的特征，以及在此情形下边疆应当如何进行功能定位等问题还需继续深入探讨。基于此，笔者试图分析"一带一路"视野下的边疆在空间关系和边界两个核

---

[*] 本文系国家社科基金重点项目"中国边疆学原理研究"（17AZD018）的阶段性成果；同时受四川大学研究生科研创新基金（2018YJSY041）资助。

[**] 薄辉龙，四川大学中国西部边疆安全与发展协同创新中心博士研究生，研究方向为民族社会学、边疆社会学。

[①] 麻国庆：《跨界的人类学与文化田野》，《广西民族大学学报》（哲学社会科学版）2015 年第 4 期。

[②] 许建英：《"一带一路"倡议与中国新疆观》，《云南师范大学学报》（哲学社会科学版）2018 年第 5 期。

[③] 高永久、崔晨涛：《"一带一路"与边疆概念内涵的重塑——兼论新时代边疆治理现代化建设》，《中南民族大学学报》（人文社会科学版）2018 年第 2 期。

[④] 熊坤新、平维彬：《超越边疆：多民族国家边疆治理的新思路》，《中国边疆史地研究》2017 年第 3 期。

心要素上呈现的特征以及新的功能定位，并结合"一带一路"倡议提出一些对陆地边疆治理的反思。

一 "一带一路"视野下的陆地边疆内涵发展

边疆是人们对于地理空间分类知识的一种认知，而这种认知是基于互动过程中的主观认知而形成的。由于互动过程中影响因素的不同，边界和空间关系都会有不同的状态，边疆内涵也各不相同。

古代边疆主要以文化内涵为主，本质上是不同文化之间互动形成的结果，故主要以文化和民族为标准划定边疆范围。中原王朝一直秉持"内诸夏外夷狄"的边疆观念，根据与中原文化的相似性将边疆分为熟番和生番，分别采用羁縻和朝贡的治理模式，并将边远地区看作中心区域的附属。因此，清以前边疆呈现出"双边疆"且"有边疆、无边界"的状态，"边疆与核心区域之间分界线时常变化，边疆的外沿线更是处于变动之中"①。

及至清末，随着西方资本主义的发展，其势力在全球蔓延，殖民主义拥有主导全球历史的话语权。虽然殖民侵略过程涉及西方国家与中国在资本、文化等不同因素方面的碰撞，但本质上还是一种政治主权的博弈。对于当时处于清王朝统治下的中国，康有为如是描述："方今俄筑铁路于北，而迫盛京；法规越南于南，以取滇、粤；英启滇、藏于西；日伺高丽于东。四邻皆强敌，而谋我，危逼极也。"②在英、法、俄、日等政治势力入侵中国藩部（外边疆）和内边疆的过程中，中国逐渐失去外边疆，并被迫开始采用明晰的国家"边界"这一概念。在政治博弈的过程中，边疆研究开始关注"边界"这一概念，学者们运用人种学、地图学、探测学的视角明晰了边疆、界与部分国界，明确了国家边界及与这种边界紧密相关的国家主权。③与此同时，顾颉刚等一批学者注意到外国势力利用民族这一因素企图分裂中国，开始强调"中华民族是一个"的理论以保卫国家的统一，实则是从文化的角度解释边疆与内地的关系。但与外来政治势力博弈的过程直接影响了边疆形态的转变，双边疆转变为单边疆，基于威斯特伐利亚体系以"边界"这一概念来明晰、塑造中国陆地边疆，并强调边界的封闭性；对内则强调边疆地区与中心地区密切的文化互动和边疆的保卫功能。

对于边疆再次产生重大影响的便是全球化。自 20 世纪 90 年代以来，全球化就已经开始以其不可阻挡的形势对国际社会产生重要影响。现代主权国家作为国际社会的基本组成单位，首当其冲地受到全球化影响。全球化对国家这一主权实体最显著的影响便体现在空间压缩性与跨界流动性等特征上，经济因素的跨界流动改变了对新中国成立以来主权笼罩下边界阻隔性与对抗性的关注。因此，学界主张对于当前边疆的研究要聚焦于边境研究和边界研究④，注意观察跨界流动形成的范围不一的跨越边界的邻近区域，有学者甚至主张用"边境"的概念来代替早已变化了内涵的"边疆"。⑤这两种研究都关注全球化带来的跨界互动，关注于跨界互动形成的异质性整体区域。这主要源于全球化带来的流动导致的国家安全方面的矛盾关系，以及全球化带来地域均质化的推进。因此，在全球化的语境下，随着内地与边疆一体化进程加快，边疆范围实际上是在缩小，边界也呈现出开放性和保卫性双重特征。

①　周平：《中国边疆观的挑战与创新》，《云南师范大学学报》（哲学社会科学版）2014 年第 2 期。
②　康有为：《与徐荫轩尚书书》，载姜义华、张荣华《康有为全集》第 1 集，第 171 页。转引自王鹏辉《康有为的边疆建设方略研究》，《中国边疆史地研究》2015 年第 4 期。
③　周卫平：《论中国边疆研究的特点及面临的困难》，《暨南学报》（哲学社会科学版）2016 年第 12 期。
④　赵萱：《全球流动视野下的民族国家转型——基于海外边界人类学政治路径的研究》，《中央民族大学学报》（哲学社会科学版）2018 年第 1 期。
⑤　曹亚斌：《全球化时代边疆政治思维困境及应对之道》，《教学与研究》2017 年第 2 期。

"一带一路"倡议的提出契合了全球化的形势，也成为重新塑造中国陆地空间关系的外在因素。《推动共建丝绸之路经济带和21世纪海上丝绸之路的愿景与行动》明确提出："共建'一带一路'顺应世界多极化、经济全球化、文化多样化、社会信息化的潮流，秉持开放的区域合作精神，致力于维护全球的自由贸易体系和开放性的世界经济。"[①] "一带一路"倡议将中国分为西北、东北、西南、内陆以及沿海和港澳台地区，指出要充分发挥西北、东北、西南、沿海及港澳台等地区的区位优势，发挥其窗口作用等，加强联动内地与边疆区域的铁路、航空和信息通道建设。因此，"一带一路"是积极顺应全球化的中国智慧，对国家之间和国家内部各地域之间都产生了重要影响。从国家内部看，由于道路连接性带来的时空压缩，区域之间的整合性特征更加明显，边疆超越"边远"的地理维度、"缓冲地带"的政治维度、"落后"的经济维度以及"他者"的文化维度，[②] 因此，"边疆－中心"逐渐成为边疆研究的一个重要关注点，如边疆内地一体化[③]、民族关系等；从国际的视角看，道路"移动性"使边界呈现出弥散和交错复杂化的特征，同时也促使边疆空间位置发生转变。"一带一路"一定程度上突破了边界的阻隔性，使边疆被置于一个更大的空间中。因空间范围的变化，边疆由"边缘"转换为"中心"，由此，学界主张加强对边疆空间政治[④]、文化边疆[⑤]、边疆语言[⑥]、边疆经济[⑦]、利益边疆等方面的研究。在"一带一路"语境下的中国陆地边疆呈现出较全球化语境下更为显著的空间内涵，不是全球化视野下边疆研究对边境、边界情有独钟，而是双向视角下空间关系的研究，是空间视野扩大视角下对边疆内涵的研究，既包括"边疆－内地"的关系，也包括"边疆－边疆"和"国家－国家"的关系以及受此影响的边界问题。

综上，可以确定边疆是一种随着时代需要而建构起来的地理空间，有学者称之为"时空统一体"[⑧]。不同时代对于地理空间存在不同的认知，这体现了时代的要求。边疆的内涵、特征、结构功能也因时而异，但都基本涉及"空间关系""边界形态"两个核心概念的演变。因此，边疆特征变化可以从"空间关系"和"边界形态"两个层面进行把握。

二 "一带一路"视野下中国陆地边疆的特征

边疆是一个不断变化的空间分类范畴，所以每一时期的边疆形态和特征都存在差异。本文并非探讨时空演变过程中边疆特征的普遍规律，而是着眼于"一带一路"视野下中国陆地边疆的特征。在道路联通性和移动性的影响下，边疆在空间关系以及边界两个要素上呈现出一些新特征。

（一）空间关系视野下中心化凸显和互动性增强

1. 空间中心化凸显

边疆首先是一个地理概念，指国家统治的边缘部分。[⑨] 在国际法明确国家边界的情况下，学界对

① 国家发展改革委、外交部、商务部：《推动共建丝绸之路经济带和21世纪海上丝绸之路的愿景与行动》，2015年3月30日，http://zhs.mofcom.gov.cn/article/xxfb/201503/20150300926644.shtml.
② 熊坤新、平维彬：《超越"边疆"："一带一路"视野下的边疆社会发展》，《社会科学文摘》2018年第1期。
③ 朱金春：《"一带一路"视域下的边疆内地一体化》，《中央民族大学学报》（哲学社会科学版）2018年第3期。
④ 赵超：《"一带一路"建设中边疆治理的空间政治分析》，《探索》2017年第6期。
⑤ 乔纲：《"一带一路"背景下的"文化边疆"》，《湖北民族学院学报》（哲学社会科学版）2018年第5期。
⑥ 朝克：《一带一路建设与边疆地区民族语言规划》，《中国社会科学报》2017年12月13日。
⑦ 吴楚克：《现代社会分工背景下的边疆经济与边疆社会治理》，《北华大学学报》（社会科学版）2018年第3期。
⑧ 孙勇、王春焕：《时空统一下国家边疆现象的发生及其认识——兼议"边疆建构论"与"边疆实在论"争鸣》，《理论与改革》2018年第5期。
⑨ 郑汕：《中国边疆学概论》，云南人民出版社2012年版，第2页。

一国之内的边疆区域形成了一定的共识。有学者将边疆定位为靠近两国边界的带状地域，但带状宽度不一。有的学者认为边疆应当包括边境县，有的学者认为边疆应当包括邻近边界线的省和自治区，还有的学者认为边疆应当包括虽不与边界相邻却与边界相近的省份。对于边疆界定标准不同，边疆的范围也就不同，但这些界定无不认为边疆是一个国家统治范围的边缘性地理空间。与地理边缘化相对应的则是经济落后的含义。因此，在边疆学的建构过程中也有学者提出"边疆经济学"的概念，强调了在发展主义视野下，边疆经济落后的事实与问题，也指出中华人民共和国成立以来对于边疆地区经济发展做出的一系列尝试与探索。①"一带一路"倡议提出，再次将边疆地区的经济发展向前推进。随着"一带一路"倡议的提出，边疆地区成为基础设施建设的着力点，这也带动了大量的民间投资。甚至有许多中国企业走出国门投资生产，大量边民也跨越边界发展跨境贸易。双边在互惠互利的基础上协同发展，推动双方边境地区经济的发展。因此，传统地理学仅将边疆局限于一国之内的视野已经不足以充分认识边疆的特征。在此背景下，边疆应被放到更广阔的场域中，传统"中心－边缘"的二元空间概念也将得到修正。从更大的利益空间来看，边疆处于国家中心地区和邻国边疆区域的中间，具有中间性，成为中国与周边国家推动基础设施建设、经济协作的区域。需要强调的是，边疆地区经济空间地位的转变是"一带一路"所倡导的"利益共同体"理念促生的变化。在双边经济互惠合作的基础上，边疆地区成为国家与国家之间经济贸易的中心。

这种空间地位的转变是在道路流动性和边界的相对阻隔性综合作用下的效果，是边疆这一地理空间在经济因素与政治因素博弈过程中出现的变异。

2. 双向互动性增强

互动是人们基于经济发展和再生产的信息交流，并在交流基础上形成一定的网络。在互动的过程中，时空和政治是两个重要的影响因素，在不同时期分别起着重要作用。在传统的王朝国家时期，边疆始终作为一个边缘的地域空间存在，限于空间距离的影响，"边疆－中心"互动受到极大的阻碍。因此，封建王朝框架内形成了极具象征意义的"朝贡"制度。虽然丝绸之路的兴盛促进了边疆与中原地区商品的流通与传播，但始终无法将对于异域文化的具体体验普及，绝大部分人还是处于对异邦的想象当中。因此，边疆地区多与具有相似的地理环境、人文环境以及边境贸易联系的邻邦地区有着密切的互动。中老茶路地处边陲，与内地联系不便的云南和山水相依的东南亚高地保持了持续的连通和互动。这主要是因为交通体系的不发达所造成的物理空间距离。因此，在中华人民共和国成立以后，现代交通技术的发达使中国内地与边疆地区实现了时空距离的压缩。正如杨庆堃《中国近代空间距离之缩短》一文中提出空间对人事关系的隔离作用将随着现代交通、运输、通信的发展而逐渐弱化。②除此之外，互动关系的维系还受到多种社会资本的重塑，其中政治资本是最具有重塑力的社会资本。古代丝绸之路的盛衰、改道往往归因于地方政权的更迭。民族国家建立以后，边疆地区的互动方向发生了重要的变革。由于民族国家对于国家主权的强调以及国际关系的影响，边疆地区与周边国家的互动关系受到不同政治因素的影响。例如，中老茶路就在民族国家建立的进程中一度中断。随着"一带一路"倡议的提出，道路移动性和资本要素的流通促进了内地与边疆地区的互动，同时也加强了边疆地区与周边国家的联系，边境口岸、自由贸易区吸引了双边商人的投资以及游客的购物，促进了边疆

---

① 杨明洪：《边疆经济研究的学科逻辑》，《中国图书评论》2015 年第 12 期。
② 杨庆堃：《中国近代空间距离之缩短》，《岭南学报》第十卷第 1 期。转引自熊坤新、平维彬《超越边疆：多民族国家边疆治理的新思路》，《中国边疆史地研究》2017 年第 3 期。

地区社会双向互动，展现了边疆在"一带一路"倡议下双向互动的空间关系特征。

（二）边界的交错复杂化和弥散化

1. 边界的交错复杂化

人类学对于边界的研究涉及多层面的关注，既有对以认同为内涵的文化边疆的关注，也有对以政权为标志的地理边疆和界定社群成员资格的边疆的关注。[①] 人类学的边疆研究有时侧重于其中一个层面，有的时候则会将三者视作一个边疆的三个不同层面。陆地边疆不仅具有地理空间分界的内涵，也涉及生活在这一地理空间中的人及其组成社会的分界。现代主权国家体系建立后，学界研究多关注以主权为代表的政治边界，而忽略了社会边界和族群边界。罗群、林曦就强调边疆研究中的人本主义取向，认为应体现出人之于边疆的本质性和重要性。[②] 陆地边疆的边界研究涉及领土边界、人群边界、社会边界三个层面。在实际的边疆研究中，我们发现领土边界和社会边界之间、民族边界和领土边界之间经常出现错位的现象。何明曾就民族国家三要素之于边疆的错位状况指出，领土与民族并非完全契合，在历史的长期互动和人群迁徙过程中形成了一个民族分布于多个国家的情况。[③] 从人类学的边疆研究所关注的层面来看，这也体现为领土边界与文化边界之间存在的错位现象，也是民族学研究领域对跨界民族现象的另一种表述。在中国 2.28 万公里的陆地边境线周围生活的边民在历史上曾与周边国家的边民进行着广泛的互动，或基于生态环境的差异性而导致经济贸易，或基于战争等原因而导致人口迁徙，这些历史的互动使当地社会形成了或紧密或松散的社会网络体系。我国华南地区与东南亚在历史上形成了复杂的族群交流和社会交往，推动了环南中国海区域社会的整合，形成了跨越民族、国家的不同层次的社会单位。[④] 但历史上建立起来的社会网络联系一度由于民族国家的建立、国际关系的紧张而中断，跨界民族的文化也在不同政治、经济制度的影响下产生差别。但随着政治关系的缓和、经济要素的活跃，一度中断的社会网络联系因应贸易的兴起开始恢复甚至再生产。随着"一带一路"倡议的实施，资本要素推动社会网络的复苏与建立将更加明显。跨界民族也将在"一带一路"倡议的推动下作用凸显，文化的共同性因联动的增强而产生更多的共同点。因此，在"一带一路"倡议的推动下，边疆不仅存在民族分布与领土边疆的错位，还存在社会边界与领土边界的错位、领土边界与社会边界的错位、民族边界与社会边界的错位。

2. 边界的弥散化

弥散是指扩散的意思。边界的弥散性主要指，随着"一带一路"倡议下人口、货物、资金等的流动，边界也具有多层次性、扩散化特征。中国是一个地域辽阔的陆地国家，分别与朝鲜、俄罗斯、蒙古、哈萨克斯坦、吉尔吉斯斯坦、塔吉克斯坦、阿富汗、巴基斯坦、印度、尼泊尔、不丹、缅甸、老挝、越南 14 个国家相邻，以边境县为标准计算边疆面积，边境地区面积 212 万平方公里，约占中国陆地总面积的 22%。中国周边国家的经济发展程度也不一样，社会稳定情况也各不相同，这就使得边疆地区周遭发展环境与一国的中心地区有着本质性区别。中国与俄罗斯、蒙古在经济发展、军事合作方面具有良好的互动，形成了良好的氛围。哈萨克斯坦、吉尔吉斯斯坦、塔吉克斯坦、阿富汗等国与我国西北边疆地区毗邻，历史遗留下来的"三股势力"对该区域的稳定和发展造成了极大的冲击。南亚地区，印度作为一个逐渐发展的国家，与中国在边界的问题上形成诸多分歧，严重影响了南亚区域的

---

① 黑斯廷斯·唐南、袁剑、刘玺鸿：《边疆人类学概述》，《民族学刊》2018 年第 1 期。
② 罗群、林曦：《"民为邦本，本固邦宁"——论边疆研究中的人本主义历史建构》，《中国边疆史地研究》2018 年第 3 期。
③ 何明：《边疆特征论》，《广西民族大学学报》（哲学社会科学版）2016 年第 1 期。
④ 麻国庆：《跨区域社会体系：以环南中国海区域为中心的丝绸之路研究》，《民族研究》2016 年第 3 期。

经济合作与发展；巴基斯坦成为中国的睦邻友邦，在经济合作方面发展良好，有利于当地的发展。东南亚地区，主要与我国的云南、广西接壤，该区域边境线较长且历史上遗留下许多民间通道，形成边疆区域人口非法流动、毒品泛滥的环境，对我国西南地区形成了较为强烈的影响。曾有学者在对中尼边境夏尔巴人考察的基础上指出："生活于边疆地区的民族，特别是跨界民族，在长期的边地生活逻辑中都有着跨界流动的文化惯习或现实需求，他们将国家边界视作跨界性社会互动的多层次空间。"[1] 随着"一带一路"倡议的推动，流动性成为边疆地区最显著的特征，边界在经济、网络信息、生态安全等诸多领域变得越来越模糊。无论是生态环境还是国际环境、经济利益、网络信息、生态安全，都使得边界存在许多孔道。正如费孝通描述的江村水道在入河口处的铁栅栏，既有阻隔的作用，但同时也存在许多孔道。在"一带一路"倡议的推动下，道路等基础设施的连通、边境自由贸易区的建设促进了边境地区人口的跨界活动，并形成多层面的社会关系网络。因此，无论生态环境、国际环境的蔓延性，还是人口的跨界流动性，都增强了边界的弥散性。

三 "一带一路"倡议下中国陆地边疆的功能分析

涂尔干在《社会分工论》的开篇部分对"功能"一词的两种内涵进行了界定："功能一词有两种不同的用法。有时它指的是一种生命运动系统，而不是运动本身的后果。有时它指的是这些运动与有机体的某种需要之间相应的关系。"[2] 拉策尔的"边疆有机体"理论采纳了涂尔干对"功能"的第二种定义，将国家看作一个发展的有机体，边疆是国家有机体的一部分。边疆作为一种以空间为载体的认知范畴，是依据其区别于其他省区的特征而存在的时空统一体，在国家的发展、安全与对外关系方面发挥着不同的功能。随着"一带一路"倡议的提出，边疆内涵将会超越"中原中心主义"、经济发展缓慢、文化落后的内涵，摆脱国际紧张环境下的拱卫功能，而成为"一带一路"贸易的枢纽，文化交流的活跃区；在此情形下边界也呈现出交错性和弥散性的特点，成为国家开展与周边外交合作的着力点。

（一）经济功能：联结内外贸易的经济活跃区

边疆地区的中心化特征是在"一带一路"倡议基础上空间关系转变的重要体现。边疆地区成为人口、货物、能源等对外经济贸易不可逾越的区域和"一带一路"贸易中的枢纽，是发挥了经济效益"在地化"作用的区域。在进行对外经济贸易的过程中，边疆地区具有主体性，是连接中外贸易的经济活跃区，成为经济链条中必要的一环，而不仅仅具有"桥梁性"的跨越式流动作用。古有边贸互市的场所，如兴于唐宋、盛于清明的茶马古道使四川、西藏、云南等边区成为经济繁荣的区域。石硕、邹立波指出明末清初时期，打箭炉商贾云集、店铺鳞次栉比，是川藏贸易的枢纽。[3] 今有通商口岸：辽宁省丹东；吉林省开山屯、南坪、三合、临江、珲春、圈河、集安、图们；黑龙江省绥芬河、东宁、密山、虎林、黑河、逊克、同江、漠河、抚远等；内蒙古满洲里、二连浩特、珠恩嘎达其布其、呼玛室韦等；甘肃马鬃山；新疆老爷庙、乌拉斯台、塔克什肯、红山嘴、吉木乃、巴克图、红旗拉甫、阿拉山口等；西藏樟木、普兰、吉隆、日屋、亚东；云南瑞丽、河口、磨憨、思茅、景洪等；广西凭祥、

---

[1] 王思元：《时空变迁下的流动：中尼边境夏尔巴人的跨界生活与国家认同》，《思想战线》2016 年第 6 期。

[2] 埃米尔·涂尔干：《社会分工论》，渠东译，三联书店 2000 年版，第 13 页。

[3] 石硕、邹立波：《近代康区陕商在汉藏互动与文化交流中的角色》，《四川大学学报》（哲学社会科学版）2011 年第 3 期。

友谊关、水口、东兴。在"一带一路"贸易中,口岸成为货物进出口的集散地,自然会带动边境地区物流、仓储、商贸、酒店等产业的发展,成为辐射边疆经济发展的源头。基于边疆在对外贸易中发挥的客观作用,决策者、学者纷纷阐述边疆的地缘区位。例如,新疆被定位为"丝绸之路经济带的核心区",学者也从"亚洲中心"的概念强调新疆在"一带一路"中的区位优势;"海南、福建等沿海省区学者也力证其海上丝绸之路的枢纽地位"[①];西藏成为连接中国西南地区与南亚的通道。

(二)文化功能:教育交流的带动区和旅游互动的核心区

"接触地带"这一概念最早由 Mary Pratt 提出,意指在殖民空间中,强势文化与弱势文化在持续互动中产生不平等的压迫关系。随着全球化的发展,"接触地带"的内涵逐渐改变,多指在多元文化相遇的边界地带呈现出文化交融的状态。文化的交融推动人类形成共同认知,进而推动地方性知识的产生,维持地方社会秩序。从中外文化交流的历史作用来看,边疆地区对中外文化交流的"在地化"作用极为明显。即在传播的过程中,文化具有逐步性、交融性和变异性,被边疆地区吸收、改变并传播。在互动—文化传播—吸收的循环过程中,边民积累的大量生计知识、行为规范、互动交往知识、宗教信仰知识成为"一带一路"贸易中必不可少的要素,也是构建中华民族共同体和人类命运共同体的关键。在文化双向互动的基础上,陆地边疆发挥着保障边疆各民族文化交流、边疆安全稳定的功能。[②]因此,在"一带一路"倡议的带动下,边疆地区应当重新挖掘文化融边的功能,创新文化融边的载体。教育、旅游、多媒体成为当前边疆地区充分发挥文化互动功能的重要形式。教育是传承、传播文化的重要手段,对内加强边疆与内地文化的交流,消除偏见和刻板印象,促进文化的交融;对外可以促进国际文化交流,吸纳先进的文化元素,更可以推广中华文明,增强中国在国际上的话语权和中华文明的影响力,并促进双方互信。当然这些都需要借助新的载体,如孔子学院在中亚地区的开办、衡水中学在云南和新疆开设分校、多媒体等通信手段的使用,这些都充分发掘了边疆文化融边的功能。此外,边境旅游的发展也增进了边疆地区与内外双方文化的交流,使双向文化互动具体化,推动了文化载体——人的参与度,更能推动边疆发挥其文化安边、融边的功能。

(三)政治功能:周边外交的着力区

在"一带一路"倡议的推动下,边界正呈现出极强的弥散性和交错性。边界在"一带一路"的背景下越来越"网络化""密林化",并不是一堵密不透风的墙。边界的弥散化和交错性也彰显边疆地区的整体性加强,因此边疆地区合作的必要性似乎显得越来越重要。在这一边界交错的复杂地带,边民通过经济交换、社会交往、文化交流、生活互动形成了一个共享自然生态环境、社会经济网络与文化体系的边域。[③]无论是气候、生物等自然因素,还是文化、疾病、政治等人文因素都对边民生存环境具有波及性,这就要求加强边疆地区之间的合作。新疆与中亚国家共同面临的暴力恐怖主义威胁,中国与周边的哈萨克斯坦共和国、吉尔吉斯斯坦共和国、俄罗斯联邦、塔吉克斯坦共和国、乌兹别克斯坦共和国等国家加强区域之间合作,为中亚乃至南亚地区的稳定做出了巨大贡献;此外,为推动区域经济发展,中国在边疆地区积极推进中蒙俄经济走廊、新欧亚大陆桥走廊、中亚西亚经济走廊、中巴经济走廊、孟中印缅经济走廊、中国-中南半岛经济走廊,以及中国-东盟命运共同体等重大合作倡议。[④]这些都需要加强边疆地区治理的合作,强调边疆地区的合作性和互惠性,改变传统的"以邻为

① 许建英:《"一带一路"倡议与中国新边疆观》,《云南师范大学学报》(哲学社会科学版)2018年第5期。
② 徐黎丽、王悦:《中国西北边疆跨国民族地方性知识功能探析》,《广西民族研究》2018年第2期。
③ 邹吉忠:《边疆·边界·边域——关于跨国民族研究的视角问题》,《中央民族大学学报》(哲学社会科学版)2010年第1期。
④ 邢广程:《周边、周边外交与中国边疆》,《中国边疆史地研究》2018年第3期。

垦"、零和博弈模式的外交，构建人类命运共同体。因此，边疆的特殊区位使其必然承担起和边的功能，其人文环境也为这一功能的实现提供了保障。

四 "一带一路"倡议下中国陆地边疆治理的对策

（一）注重区域平衡发展，增强边疆经济建设力度

"一带一路"倡议是国家根据当前经济发展形势提出的具有长远意义的举措，其根本就是整合国内、国际资源，推动中国经济持续增长，带动周边国家经济发展，在此基础上实现边疆地区的发展，推动边疆与内地经济实现同步发展。因此，在新一轮的边疆经济发展的进程中，要处理好边疆与中心之间经济发展的关系。这种中心与边疆地区之间的空间关系实际是经济利益在人口户籍空间上的一种投射，并非内地与边疆区域之间各项经济指标的对比，而是聚焦于边疆地区这一空间内边民与内地经商人员之间收入的比较关系。在人口流动的时代，区域经济发展往往会忽略或掩盖区域内部各主体之间利益的分配问题。市场经济对利益分配的公平性和调节性存在弊端，可能导致经济发展进程中群体分化、矛盾激增的问题。因此，在"一带一路"倡议实施推动下，在边疆经济发展的进程中，需要加强国家在经济发展红利分配中的主导作用，防止市场主导下边民发展的边缘化，合理配置产业链条中的利益分配机制，推动构建和谐民族关系。此外，政府还应促进边疆地区基础设施的完善和经济分工，为边疆地区经济发展打下坚实的物质基础，充分发挥陆地边疆的通边功能。

（二）推动文化良性互动，推动中华民族共同体构建

古代边疆观具有明显的"中原中心主义"色彩，认为边疆文化是未开化的文化，边疆的人也未被教化。因此，古代边疆治理注重对人的治理。随着现代民族国家体系的建立和"中心－内地"均质化的进程，领土开始作为国家组成的三要素之一被视为边疆治理的主要对象。因此，学界开始出现"族际治理"与"区域治理"的争论。"一带一路"倡议下边疆地区将超越传统的边疆内涵，加速边疆一体化的进程。但这个过程还处于进行时，而非完成时，仍需要注重"边疆－中心"的文化交往关系。因此，对于边疆地区的治理，除了经济层面的发展外，还要统筹好文化层面的互动关系，加强中心区域与边疆区域文化的交流和互动，通过信息、道路、经济等多种因素和渠道推动中心与边疆的文化融合，筑牢中华民族共有精神家园，增强中华文化的辐射作用，强化陆地边疆的安边固疆功能。

（三）注重边疆与周边的政治合作，推动边域建设

边疆涉及与其他政治主权遭遇的问题。在"一带一路"倡议下，边界作为主权相遇的空间，具有交错性和弥散性的特点。边界的这一特性使周边国家的发展和稳定环境对中国社会发展与稳定造成不同程度的影响。在中亚地区有"三股势力"所带来的威胁，西南边疆地区也存在边民日常活动带来的非传统安全的影响，如跨界民族认同问题、非法人口流动问题、毒品偷运和贩卖问题、生态安全问题、环境保护问题等。这意味着单方面强调边疆的封闭性无法保证边疆地区的稳定，而需要加强国家之间和区域之间的合作与协作，增强边疆地区治理的合作性和协同性。无疑，区域性的国际合作组织已经在国际反恐、生态安全保护以及防治毒品泛滥等方面发挥了积极作用。随着"一带一路"倡议的推进，边域的经济合作增强、文化交流增多、人口流动性频繁必然给边疆地区治理带来新的挑战。边域的发展促使人类对边界概念进行新的认知，应摒弃边界封闭的理念，塑造"孔道边界""密林边界"，推动并主导边域建设，发挥边疆在国家周边外交中的和边功能。

五 结论

随着现代化的扩展，专注于某一个案的研究逐渐显现出其缺陷。因此，人们开始注重对区域甚至跨区域的研究，出现"环南中国海研究""流域研究""走廊研究""路学研究"等。这些研究都关注"道路"带来的区域内部或区域之间的联系性，以及区域之间的边界性，将区域研究放置到更广阔的视野中来。边疆作为一种特殊的地理空间概念，尤其在全球化盛行的时代，需要放到更广阔的范围内来把握。道路是切入的重要视角，也是空间生产的重要途径。"一带一路"倡议的推进深刻改变着"边疆－中心"的空间关系，边疆经济地位的中心化、文化的双向互动性，推动着空间建构的进程，是国家现代性的重要体现，也是解决民族发展不均衡问题的重要举措；道路的移动性使边界由封闭性向弥散性的转变促使边域概念的产生，这一概念不将跨界民族视为一种问题、麻烦，而将其视为"一带一路"贸易和周边外交中的优势、资源。边疆地区以及生活在这片领土上的民族在"一带一路"倡议中发挥着通边、融边以及和边的功能。因此，边疆在"一带一路"的影响下成为"中国看世界"和"世界看中国"的窗口，是集发展与安全为一体的区域，故在边疆治理中应当坚持发展与安全共存的价值取向，推进边疆地区一体化的进程，建构安全、畅通的弹性边界，使边疆的特性逐渐消失，也推进中国与世界接轨的进程。

Characteristics, Function and Governance of China's Land Frontier under the Background of "The Belt and Road"

Bo Huilong

Abstract: Under the influence of "The Belt and Road", the connectivity and mobility of roads will change spatial relationships between centre and frontier as well as the "sealing" of boundary. Therefore, the "central – frontier" space relations and boundary have become the two core elements for understanding frontier. There are some changes including characteristics of centralization and interaction in the perspective of the spatial relations between frontier and center, as well as the dispersion and interlacing of boundary. The centralization of economic development has made the frontier an economically active area connecting domestic and foreign trade, and cultural interaction has made it a driving area for educational exchanges and a core area for tourism interaction. The intersection and dispersion of the boundary make it a focus area for neighboring diplomatic cooperation. Therefore, in the process of border governance, we should correctly grasp the relationship between the two elements of frontier and the value orientation of border governance, deal with the relationship between frontier and center from the perspective of development governance orientation, strength cultural interaction between of them, construct "dense forest boundary" from the perspective of security governance orientation, and give full play to its functions of linking, mixing and harmonizing.

Keywords: "The Belt and Road"; China's Land Frontier; Characteristics; Border Governance

《西南边疆民族研究》第 28 辑

第 44 ~ 52 页

© SSAP，2019

外籍学生跨境就读行为选择的主体性特征及制度困境[*]

——以云南为例

刘方林^{**}

摘　要　边境地区外籍学生跨境就读的产生，不仅与宏观的全球化、国际化与社会环境因素有关，更与边境地区跨疆界传统小社会及其内部孕育的非正式制度等紧密相关。国家和政府制定的跨境教育政策法律法规是基于履行社会职能和监管教育质量等角度设计的，在一定意义上保护了外籍学生的合法权益并实现了正常有序的人员流动。然而非正式制度影响下的边境地区跨境教育与正式制度之间存在不可逾越的张力，使得边境地区外籍学生跨境就读遭遇一系列制度窘境。为此，应基于"一带一路""人类命运共同体""文化理解"等视域提出改进与完善的政策建议。

关键词：外籍学生；制度困境；主体性特征；跨境教育

DOI：10. 13835/b. eayn. 28. 05

跨境教育是一个涉及多学科的教育热点议题。国外对于跨境教育的研究成果较为成熟。自从加拿大的简·奈特（Jane Knight）教授于 2003 年首次提出"跨境教育"是"教师、学生、项目、机构/办学者或课程材料在跨越国家司法管辖边界情况下开展的教育活动"[1] 后，联合国教科文组织（UNESCO，2006）、经合组织（OECD，2006）、简·奈特（2008）等分别从性质与分类、功能与目标、外延与其他概念辨别等维度对跨境教育进行了深度阐释。综观国外跨境教育已有研究，高等教育是其研究的重点领域。相对而言，对于边境地区中小学生跨境教育的研究比较薄弱。20 世纪 80 年代外籍学生跨境就读中国边境学校的现象就已存在，但缺乏统计数据。官方数据表明，云南 2000 年才正式公布了边境地区外籍学生数量，2003 年才以官方形式正式招收外籍学生。由此外籍"留学生"才引起专家学者的重点关注。尤其是 2005 年我国实行"两免一补"等优惠政策以来，边境地区外籍中小学生数量的迅速增加引起学术界的广泛关注。已有研究成果多从安全[2]、认同[3]、文化[4]等层面分析外籍学生跨境就读

---

*　本文系国家社科基金一般项目"'一带一路'背景下跨境民族教育的发展路径研究"（18BMZ077）的阶段性成果。

**　刘方林，温州大学教育学院特聘副教授，教育学博士，主要研究方向为跨境民族教育。

①　兰格林：《跨境高等教育：能力建设之路》，江彦桥等译，高等教育出版社 2010 年版，第 8 ~ 9 页。

②　关晓琼：《国家认同视域下边境教育安全现状研究》，云南师范大学硕士学位论文，2015，第 1 ~ 3 页。

③　黄健毅、王枬：《边境地区国家认同教育的困境与对策——基于对中越边境学生的调查》，《广西师范大学学报》（哲学社会科学版）2014 年第 4 期。

④　王艳玲、殷丽华、董树英：《中缅边境地区缅籍学生跨境入学现象研究——基于云南省德宏傣族景颇族自治州的调查》，《学术探索》2017 年第 12 期。

的现实状况、现存问题及原因。① 还有文献分析了义务教育阶段来华留学生教育遭遇到的政策困境②，并就如何完善提出了对策。③ 总体而言，已有外籍学生跨境教育的研究多集中于"现状—问题—对策"的探究，兼顾强调经济要素、国防安全、学生迁移、社会稳定等对跨境教育的影响，对基于跨疆界传统的小社会影响跨境教育的非正式制度方面较为欠缺。国家和政府制定的跨境教育政策法律法规是基于履行社会职能和监管教育质量等角度设计的，在一定意义上保护了外籍学生的合法权益，并实现了正常有序的人员流动。然而非正式制度影响下的边境地区跨境教育与正式制度之间存在不可逾越的张力，使得边境地区外籍学生跨境就读遭遇一系列制度窘境。

一　外籍学生跨境教育的"社会事实"及特征

云南省拥有 16 个跨境民族，约占我国 31 个跨境民族的"半壁江山"。伴随教育国际化和"一带一路"的推进与深化，边境地区人口跨境流动日益频繁，尤其是外籍学生跨境就读成为一种普遍的社会现象。从现实而言，外籍学生跨境就读在数量规模、来源国、就读类型与区域特点等方面已呈现出新动向与新趋势。

（一）外籍学生跨境教育的"社会事实"

法国社会学家埃米尔·迪尔凯姆（Émile Durkheim）将"社会事实"（social fact）作为社会学的研究对象。他认为，社会事实存在客观性、强制性与普遍性等特性。④ 作为产生于边境地区的外籍学生跨境就读虽然诞生于边境地区这一特殊的社会场域，地域性特征较为突显，不过就实际来说，外籍学生跨境学习符合社会选择的典型特征，不再是微观层面单个个体的行为选择。若以杜尔凯姆"社会事实"相关理论为分析基础，外籍学生跨境教育呈现出如下特点。其一，边境地区外籍学生跨境入学是我国边民"司空见惯"的社会历史现象，不存在对其的主观臆造或猜测，这反映出外籍学生跨境就读的客观性；其二，外籍学生跨境就读从 20 世纪 80 年代零星的、个别的社会现象演变为云南 25 个边境县（市）的"社会公众议题"，并凸显其自身的"社会性"与"公共性"。从外籍学生跨境就读的数量、规模乃至衍生出来的边境教育问题而言，云南边境地区外籍学生跨境入学的普遍性、客观性与公共性等特点，已然成为一种"社会事实"。

云南边境地区的外籍学生"来华留学"是一个历史事实。依据 2017 年笔者在云南省调研的数据以及 8 个边境市州的反馈资料，外籍学生在云南边境地区幼儿园、中小学、高中中职就读人数超过 11000人。云南省外籍学生跨境教育有如下几方面特征。从学段上看，外籍学生主要分布在义务教育阶段，学段分布不平衡。云南省外籍学生在云南边境就读学校类别以小学、初中为主，义务教育阶段占了81.2%。就读地域而言，外籍中小学生主要分布在德宏、临沧、西双版纳、普洱、保山、文山、怒江、红河 8 个边境市州，数量占比高达 96.5%。其中德宏、临沧、西双版纳、普洱 4 个边境市州均接受超过 1000 名外籍中小学生。按照外籍学生来源国来看，主要来源于缅甸、老挝等国，约占 98% 的比例，

① 尤伟琼、张学敏：《云南边境地区周边国家跨境就读外籍学生管理问题研究》，《云南师范大学学报》（哲学社会科学版）2018年第 3 期。
② 李芳：《边境地区义务教育阶段来华留学生教育政策困境与创新——以云南省德宏傣族景颇族自治州为例》，《云南民族大学学报》（哲学社会科学版）2016 年第 6 期。
③ 曹贵雄：《滇越边境地区教育现状及优惠政策比较研究——以云南金平县和越南莱州省为例》，《内蒙古师范大学学报》（教育科学版）2015 年第 8 期。
④ 埃米尔·迪尔凯姆：《社会学方法的规则》，胡伟译，华夏出版社 1998 年版，第 5 页。

少量来源于越南，约占 2%。按照外籍学生跨境就读类型主要划分为六类。第一类，边境线相邻的村寨或区域，每天"早上出国，下午回国"、4 次越过边界线的"走读"外籍小学生，或者寄宿在我国边境学校的外籍适龄儿童。这一类约占总数的 60%。第二类，跨境婚姻造成的外籍儿童，或与我国边境地区有血缘关系、姻亲关系的外籍学生，抑或寄宿在亲戚家的外籍学生。第三类，随着父母务工进入边境地区学校的外籍随迁子女。第四类，由于深受中国文化与教育质量的影响，外籍家庭愈来愈重视儿女的教育，尤其是以华人、华侨为主的家庭希望孩子在中国接受教育，为将来的就业与生活打下良好的基础。第五类，为躲避战乱或动荡而进入我国边境地区的学校就读的外籍学生。譬如，缅甸边境地区地方武装与中央武装的多次冲突造成大量的缅甸人民群众进入我方边境地区。第六类，为了更好学习职业技术，谋取更好的人生发展，而进入我国边境地区学习职业技术的外籍学生。

（二）云南外籍学生跨境教育的特征

云南位于中国西南边境，其独特的区域优势与人文优势，使得云南跨境教育具有跨境性、边缘性、复杂性等特点。

1. 独特的地缘条件

一是云南在地理条件上处于东亚与东南亚、南亚次大陆的接合部，与缅甸、越南、老挝等周边国家具有"山同脉，水同源"的亲缘地理关系。二是边境线长，通商口岸多。云南国境线长达 4060 千米，约占我国陆地边境线的 20%，其中，中缅段边界长达 1997 千米，中越段边界 1353 千米，中老段边界 710 千米。已开通 12 个国家一类口岸、8 个二类口岸以及 100 条左右边境通道。三是云南省地势地形波动较大，对教育尤其是边境教育产生了很大的影响。山地、高原分别占全省总面积的 84%、10%。

2. 复杂的人文环境

一是云南跨境少数民族居多，与相邻 3 个国家部分民族具有文化同源、民族同宗的"文化圈相似性"特点。譬如，缅甸佤邦、缅甸果敢民族、缅甸掸族、缅甸克钦族分别与我国的佤族、汉族、傣族、景颇族等具有同宗同源的性质。二是云南边境地区少数民族居多，边境县没有一个单一的民族县，形成了汉族与少数民族广泛杂居，各民族呈现出"大杂居，小聚居"的民族分布格局。三是云南边境是禁毒防艾、反分裂和维护国家安全的前沿哨所。特别是缅甸各民族地方武装派别对中国边境教育安全与国防稳定产生了重大影响。

二 边境地区外籍学生跨境就读行为选择的主体性制度

主体性行为选择视角主要是考察跨疆界传统小社会的外籍学生跨境民族教育。"跨疆界传统小社会"是指生活于国境线两侧的边民在同源同流的文化影响下形成的多维交往时空，该交往时空存在有形、无形以及多元交织的时间和空间。目前，外籍学生跨境学习的动因较多，多数研究聚焦于外籍学生跨境教育产生的宏观的社会生态和全球环境。一是跨境民族教育"推拉"合力的主因是边境两侧发展的极大差距。在边境地区，中国云南相对较好的发展态势和教育发展水平是构成邻国边境学生跨境读书的拉力，而邻国相对落后的经济发展与低下的教育质量，构成该国学生跨境入学中国边境学校的推力。推力与拉力形成的合力牵引着境外学生的教育选择。二是境外局势的影响。如缅甸佤邦、缅甸掸邦果敢地区等不安定动乱因素很多，促使边境地区部分学生愿意到中国边境学校读书，他们需要安定和平的教育和生活环境，以期获得更好的人生发展。三是由教育投入严重不足引发的区域间教育与经济发展失衡是跨境民族教育形成的深层次社会动因。在邻国一些边境贫困地区，由于教育资源的有限性与师资力量薄弱，适龄儿童未能在当地寻找到合适的教育机会，越来越多的外籍学生通过直接跨越边境地区或借宿亲戚家等方式在我国边境入学，这是外籍学生流入我国边境学校的主要动因。

（一）外籍学生跨境就读行为选择的非正式制度探析

基于传统小社会场域，外籍学生做出跨境就读的主体性行为选择。事实上，非正式制度在影响外籍学生跨境就读中占据重要位置。其中，模糊的国家边界意识是外籍学生跨境就读产生的地理意识前提，共同的民族和宗教文化是外籍学生跨境就读产生的内部动因，边境传统小社会形成的特殊社会网络是外籍学生跨境就读强有力的动力资本。

首先，紧邻国家边界是跨疆界传统小社会存在的实践场域，也是外籍学生跨境就读产生的地理前提。调研发现，云南省与邻国缅甸边境线上村庄较为密集，人口较多。在中缅部分边境地区存在"一寨跨两国""一院两国"，这是由于边境线从村寨穿过而形成的独特现象。譬如，云南瑞丽姐相乡银井寨与缅甸的芒秀寨就是"一村两国"的典型。两村寨只相隔一条小河，鸡犬之声相闻。边境线两侧均是傣族村寨，亲缘血缘关系混杂，跨境婚姻普遍，来往交流密切，两寨之间的日常交流与交往更是频繁。形成这种边境线两侧独特的跨疆界传统小社会，一是历史因素影响。"二战"期间，中国远征军应英美等国的要求，同时也为了保护中国西南对外的国际通道畅通，于1942年开始支援英属殖民地缅甸，协同对抗日本军队。战争结束后，有一部分人员留在该地成为海外华人。由于受祖辈影响，其后代亲近中国文化，自愿到中国接受教育。二是中缅划界因素。在1960年中缅两国划分边界时，有些村寨被一分为二，但其社会、经济和文化等相同，国界线对村民的影响并不明显，况且边界相对模糊，边境通道较多，两国居民来往非常频繁。由此，在这种特殊的跨疆界传统小社会的实践场域中，边境两侧居民的生活和学习等方面存在许多交织，尤其是外籍边民的后代自愿前往中国边境接受教育就显得顺理成章，符合社会发展的历史逻辑。

其次，共同的民族和宗教文化是外籍学生跨境民族教育产生的内部动因，也是跨疆界传统小社会存在的人文基础。事实上，云南16个跨境少数民族与东南亚部分国家的民族具有文化同源、宗教同根、民族同宗等特征。这种同宗同源的亲缘血缘民族关系，关乎我国边疆的长治久安。研究发现，云南的跨境民族与东南亚的跨境民族虽然属于不同国家，却有着良好的和平跨居历史现象。实际上，语言相同、风俗习惯相似、宗教节日庆典等同源的跨境民族，自然为双方的良好沟通与交往合作打下坚实的人文基础。譬如，云南普洱市的西盟、孟连、澜沧等边境县的佤族与境外缅甸佤邦的佤族共同信仰"司岗里"，每逢重要民族节日庆典，边境双方的佤族都要举行大型的互访仪式。又如，边境两侧的跨境民族傣族共同举行"泼水节""采花节"等民族节日活动。更重要的是，随着国与国间各民族文化的交流互鉴日趋频繁，汉族地区的"春节""中秋节"等节日活动日益成为边民互动的节日庆典。由此，跨境民族节日与文化的交流互鉴已成为跨境民族教育发展的重要外部因素。

最后，超越跨疆界传统小社会的边境地区形成了特殊的社会网络，为外籍学生跨境就读提供了强有力的动力资源。基于文化认同、民族认同建构起来的边境传统小社会是一个半熟人社会，涵盖族群关系、亲缘关系、熟人关系等要素。从边境两侧的跨境教育效果而言，边境两侧长期的教育交流与互动进一步加强了边境双方跨境民族同宗同源的关系网络。通过这种独特且相对封闭的社会网络和文化纽带，跨境民族往往倾向于选择与文化传统、宗教信仰等相同或类似的同宗同源民族进行交往，即使双方不属于同一个国家，他们仍然强烈地认为彼此同属于一个民族，尤其是在心理认识、身份认同以及民族归属感等方面。这从笔者调研中得到证实，无论是我国边境的普通民众还是教师都认为，双方都是同一个民族。譬如，西盟佤族自治县娜妥坝小学距离中缅边境线约 50 米，据说，该校自建校起，缅甸佤邦学生就开始跨境入学。截止到 2017 年 12 月，该校招收的外籍学生绝大多数是佤族学生，占该校外籍学生的近 80%。当然，这是一个联系紧密的社交网络，这种由各种关系编织而成的社会网络为外籍学生跨境就读提供了动力。总而言之，这种传统封闭的社会网络关系具有信息量大、资源丰富、信任度较高等特点，这也为跨境民族教育的发展提供了信息流、资源流和人脉资源。与此同时，随着边境贸易的迅速增加，大量外籍民众跨境务工和经商，外籍父母的随迁子女教育迁移增加，加之部分外籍学生已在中国边境地区跨境就读的"示范效应"，外籍学生跨越边境到中国就读呈现日益蓬勃发展的态势。

从制度视角而言，地缘文化、跨境民族认同、宗教信仰等构成了影响外籍学生跨境就读的非正式制度因素。跨境民族共有的独特的语言、文化、信仰和生活方式等社会网络因素，使生活在边界两侧的跨境民族群体产生了较强的民族团结感，进而有力地促进了跨境民族教育发展。

（二）外籍学生跨境就读行为选择的正式制度解析

依据新制度主义理论观点，"制度"包括正式制度和非正式制度。其中法律、法规、规则等是正式制度，非正式制度有道德、习俗、礼仪、行为准则等。正式制度和非正式制度规范或影响着人们的行为和生活方式，从而推动社会的变迁与改革。在正式制度方面，国家和地方政府相继出台相关政策文件，主要是指导跨境留学生服务与管理的指导性文件，这些文件也是地方政府履行社会控制职能的政策依据，对边境地区的外籍学生跨境就学的有效管理与秩序构建产生了较大影响。

从国家层面看，边境地区两侧的两国边民构成了边境地区跨境教育的主体。2017 年之前，边境地区外国留学生的管理制度主要依据的是 1999 年《中小学接受外国学生管理暂行办法》与 2000 年《高等学校接受外国留学生管理规定》。2017 年 7 月 1 日之后，按照 2017 年 3 月 20 日颁布的《学校招收和培养国际学生管理办法》（以下简称《办法》）施行。依据新《办法》，"实施学前、初等、中等教育的学校，其对国际学生的招生、教学和校内管理，按照省、自治区、直辖市的规定执行"。这就意味着专门针对中小学阶段来华外籍学生跨境就读的法律文本消失，新文件成为指导我国新时代中小学阶段来华留学生的专门唯一的政策文件。《办法》立足于我国新时代国家战略高度，其核心要义是宏观性、全面性、战略性，然而无法直接指导边境地区来华留学生的实践制度安排。

从地方层面而言，由于相关立法滞后，缺乏相应具体管理的政策文件，边境地区外籍学生跨境就读人员，在入学、升学、工作等方面的相关权益并不明确，各边境县（市）各行其是。譬如，2003 年云南省颁布的《云南省接受外国学生管理暂行办法》对外国学生在云南读书入出境、居留管理、学习时间以及权益保障等方面予以了界定。不过云南省的管理办法距今已有十多年的时间，对于不断发展变化的边境地区外籍学生跨境就读缺乏有效的应对之策。基于此，云南部分边境县（市）依据自身实际出台了针对边境地区外籍学生管理的规定文件。例如，M 市出台了《关于做好 M 市无国籍人员子女受教育权利等有关政策落实的通知》，从保障无国籍人员子女受教育权益的角度出发，安排他们就近入学并享受中国"两免一补"等优惠政策。C 县颁布了《C 县关于加强外籍学生管理的通知》，要求健全和完善外籍学生同等接受义务教育工作机制，规范外籍学生入学就读办法。为了方便外籍学生优先出入境，R 县某边境国门小学联合边境检查站为"缅籍小学生"办理"出入境优先候检卡"，使外籍学生享受优质便捷的通关政策等服务。由此不难看出，正式制度为边境地区跨境民族教育的有效管理与服务提供了政策依据与法规保障。

三　边境地区外籍学生跨境就读行为选择的制度困境

国家为履行社会控制与管理职能制定的外籍学生相关政策、法律法规，在一定意义上有序地管理了外籍学生跨境教育。然而，国家层面的政策法规多是针对大中城市的，缺乏具体针对边境地区外籍学生跨境就读的政策。截至 2017 年 12 月，云南省基础教育阶段外籍学生迅速增加给基础设施薄弱的边境教育带来严峻的挑战。缅籍适龄儿童自发地跨越国界进入我国边境沿线学校上学，并未办理留学手续，这是一种特殊形式的来华留学教育。导致这种特殊的来华留学现象的原因主要有如下几个方面。

（一）非正式制度带来的思维惯性

中缅边境两侧是民族同根、文化同源的跨境民族。缅籍学生语言上没有障碍、风俗习惯相同等原因，为他们跨境入学带来了极大便利。中国边境地区学校教师、当地家长等普遍认为，对面都是佤族、傣族等民族，与自己民族都是同宗同源。在调研中发现，边境两侧通婚现象比较普遍，亲戚走动较为频繁，这为外籍家长送孩子过来读书提供了便利。譬如，素有"中国第一所边防小学"之称的银井小学就位于"一寨两国"的银井村，这所小学缅籍学生的比例多年来一直在 43% 以上。[①] 且缅籍学生多为傣族学生，与我国傣族学生在生活习惯、民风民俗等方面相同。由此可知，正是非正式制度影响下形成的边境地区"重民族情谊"的朴素观念使得外籍学生跨境入学成为可能，并且成为一种趋势。同时我国边境地区民众对此现象也习以为常。

（二）正式制度设计的滞后性

2017 年国家层面制定的《学校招收和培养国际学生管理办法》以及 2003 年云南地方层面的《云南省接受外国学生管理暂行办法》是控制外籍学生流动与保护学生合法权益的制度保障设计。尤其是 2017 年的《学校招收和培养国际学生管理办法》取代了 1999 年的《中小学接受外国学生管理暂行办法》，目前暂无接受外籍中小学生的具体法规政策。况且云南省的暂行办法没有与时俱进，也没有依据现有边境地区外籍学生跨境就读存在的突出问题予以相应有针对性的解决措施。体现在外籍学生边境入学管理方面，外籍来华学生就读存在政策难、落户难、入学难、保学难、升学难"五难"。此外，在义务教育阶段，外籍学生同样受惠于中国"两免一补""营养餐"等教育政策，也享受中国的"国民待遇"。这无疑加大了边境地区的地方财政压力。况且云南跨境民族地区大多为国家级贫困县或贫困乡。边境地方政府财政收入有限，教育投入的严重不足显然不利于边境地区教育质量的提升，这需要统筹加大国家和省级财政对边境县财政的支持力度，尽快出台针对边境外籍学生入学的具体政策和规章制度，以此扩大边境教育的对外开放，增强边境教育的影响力和辐射力。

四　边境地区外籍学生跨境就读行为选择的改进策略

《兴边富民行动"十三五"规划》强调，要优先发展边境地区教育事业，提升边境学校教育质量。云南外籍学生跨境就读是一个客观历史的现象，也是一个无法绕开的社会问题。随着云南"辐射中心"角色的战略升级，云南将进一步加大对外开放与教育交流的力度，边境地区外籍学生跨境就读引

---

① 王艳玲、苏萍：《中缅边境云南段缅籍学生跨境入学的影响因素分析》，《民族教育研究》2018 年第 3 期。

发的社会问题日益凸显。而有效解决外籍学生跨境教育与管理问题关乎国家文化安全与国家利益。因此，对外籍学生跨境就读我国边境学校的行为选择现象，需要提升到我国"一带一路"倡议、"人类命运共同体"与"文化理解"的高度，为此，应从国家、云南省及相关边境州市县等多主体层面加强对边境外籍学生跨境就读的管理，给予边境外籍学生妥善合理的解决。

（一）探索外籍学生跨境就读管理新理念

在对外籍留学生教育方面，国家肩负着顶层设计的使命，应根据跨境教育的发展实际与社会需求，制定实施外籍留学生的发展战略。然而，在科层制管理下，信息沟通不畅，国家很难从顶层设计方面及时应对边境外籍学生教育实践诉求。伴随新时代边境外籍学生教育发展矛盾性转移，边境外籍学生教育政策表现出信息不对称下的政策滞后性。因此，需要国家明确边境外籍学生教育管理功能定位，完善支持系统建设。

1. 力争把云南外籍学生管理作为国家边境外籍学生管理创新试验点

到目前为止，云南省边境地区外籍学生跨境学习主要发生于我国边境县、乡镇和村寨。面对外籍学生日益增多的发展趋势，国家需要明确基本立场，盲目乐观或完全否定的态度均不可取。需要遵循"先行先试"原则，依据科学化、规范化的路径，提升边境地区跨境教育管理理念，合理构建边境地区外籍学生管理制度体系。实际上，边境外籍学生跨境就读的合法化、有序化能够加强与邻国教育的交流与合作，深化睦邻友好合作，支持国家面向南亚、东南亚辐射中心的人类利益共同体诉求。为此，建议相关部门协调并将云南边境地区外籍学生跨境就读纳入国家边境管理创新的重要内容，同时给予相应的专项经费项目、政策倾斜等优惠措施。本着具体问题具体解决方案原则，制定切实可行的先行先试管理创新政策，努力探索外籍学生跨境就读的新路径与新模式。

2. 建立与周边相关国家政府的交流合作磋商机制

立足"一带一路"倡议，本着"共商、共建、共享"理念，探究与缅、老、越等周边国家进行外交、司法协调并共同磋商跨境教育问题。需要依据地缘、国情等优势，具体问题具体分析。尤其是缅甸特区与地方政府的特殊情况，需要在充分与缅甸中央政府协商沟通的基础上，与缅甸地方政府当局协商形成中国、缅甸和缅甸特区政府三方具有共识的政策文本。与有关国家形成定期的磋商机制，签署边境地区跨境教育与管理的合作协议，实现边境学生流动与交流法律制度的有机对接。明确双方应该履行的权、责、义，积极为边境人员跨境学习提供法律依据，简化外籍学生跨境学习的相关法律手续，有效消除非法跨境学生就读。

（二）建议出台外籍学生跨境就读管理新法规

作为需要独立管辖学前、初等和中等教育外籍学生的地区，云南省有必要依据新形势与新情况的变化出台适应边境地区外籍学生跨境学习的地方性法规，统筹协调各部门之间合作，以促进边境教育又好又快的可持续发展。

1. 尝试制定云南省关于边境外籍学生教育的地方性政策、法规或条例

在严格执行国家和各部委等法律法规的同时，云南省应积极尝试制定出台关于新时代外籍学生跨境教育的地方性政策法规、条例等，妥善解决外籍学生上学难、升学难以及高中学籍等问题。基于边境地区跨境民族教育的特殊性，应基于与周边国家"人类命运共同体"视角统筹外籍学生跨境就读的管理创新体制。一是借鉴参考国际成熟的惯例及优秀经验，以我国法律为基础，创新性、单独出台具体针对边境学生入学要求、学习内容、学籍认定与规范以及升学等"一揽子"的政策。二是建立边境学校教育质量保障及提升机制,[①] 构建多层次、立体化、双方互认的"小学—初中—高中—大学"贯通的人才培养机制。[②] 三是实现边境教育外籍学生管理的联动机制,统筹协调司法、公安、教育、边防、民委、外事办等多部门合作,使外籍学生出入境管理、健康防疫、学籍以及侨务外事等管理制度有效便捷化、规范化与常态化。

2. 积极争取边境教育对外开放与交流的倾斜政策

目前,云南省作为对外辐射的区域性地位愈加彰显。作为民心相通的边境教育更需要提升自身对外开放水平。其一,边境教育是集政治、国防、军事和经济政策为一体的共和国"新长城"。边民教育"不必求有旦夕之明效,但求影响所及,足以裨益于国际边防而已足"。[③] 因此,除继续实施"兴边富民"的国家战略重点外,要进一步加大对边境教育的倾斜与扶持力度。积极争取中央及部委对边境教育的专项财政支持,出台面向边境教育的优惠政策。其二,创新国际学校合作发展联盟模式。一方面,可开设一批国际友好学校,吸引外籍学生就读,积极与缅甸、老挝、越南等建立睦邻友好的教育合作交流关系。另一方面,积极探索产教城融合、地方企业与周边国家大型企业合作共赢的机制,解决边境地区职业技能型人才匮乏的瓶颈,以此构建互惠互利的跨境职业教育发展新模式。其三,建立健全外籍学生信息采集和信息资料库,完善外籍学生跨境入学的人口统计制度,实现外籍学生管理规范化。需要增加对外籍学生"跨境就读"的教育财政经费投入,并给予更多教育后勤保障,使得边境教育质量得到提高。

(三) 积极探索创新外籍学生跨境就读管理新模式

云南边境地区外籍学生主要分布在8个州市的边境25县(市)。县(市)作为管理外籍学生的主体,应依据边境教育发展实际诉求,积极探索外籍学生教育管理的创新模式。

1. 探索制定外籍学生管理的相关条例文件

一是涉边州市县可以国际通行惯例与相关法律法规为依据,结合本地区的教育发展实际与管理权限,切实制定本辖区外籍学生教育管理制度文件。譬如,将跨境婚姻带来的子女纳入人口管理,发放具有中国籍的户口证,明确跨境婚姻子女接受教育的权利与义务。二是做好外籍学生跨境教育的相关法律法规政策宣传。要积极告知外籍学生跨境到我国边境学校接受教育所需的证件和相关程序,尽可能简化手续,积极宣传各级政府出台涉及外籍学生的有关政策文件。

2. 探索掌握情况—及时疏导—跟踪服务—规范管理的外籍学生新型管理模式

一是下放权限到乡镇一级,这样便于乡镇核实外籍学生身份、年龄、健康情况和社会往来等基本信息,做好本乡镇外籍学生跨境就读的具体情况掌握工作,同时也做好相关政策的宣传工作。二是形成完整的外籍学生信息报送制度。各个边境学校定时向乡镇、县一级统计人员做好报告,县级统计人员定时向市级和省级报送外籍学生报告,为进一步对外籍学生实施治理奠定基础。同时,各有关行政部门加强对外籍学生的管理,做好外籍学生的档案的动态管理,实现时时登记、平时跟踪、发现问题及时疏导、专项治理的外籍学生科学有效的管理模式。

(四) 建构外籍学生跨境就读的整合课程体系

事实上,秉持"文化理解"跨境视域,建构边境地区跨境教育的整合课程体系。联合国教科文组

① 李芳:《边境地区义务教育阶段来华留学生教育政策困境与创新——以云南省德宏傣族景颇族自治州为例》,《云南民族大学学报》(哲学社会科学版)2016年第6期。
② 尤伟琼、张学敏:《云南边境地区周边国家跨境就读外籍学生管理问题研究》,《云南师范大学学报》(哲学社会科学版)2018年第3期。
③ 徐忠祥:《云南与周边的三国边境教育比较研究》,云南民族出版社2013年版,第2页。

织特别强调"文化多样性是激发人类创造力与实现财富的最大源泉，文化多样性提供了多种不同的方法来解决影响我们所有人的问题和评估生活的基本层面"①。教育作为一种促进人和社会进步的社会实践活动，势必要承认和关注文化多样性的教育价值。这就意味着作为教育的核心载体——课程，需要构建文化理解的课程研究范式，确立文化理解的课程角色身份。

就跨境民族教育的课程整合而言，一是做好顶层设计，秉持"和而不同"的课程理念，依据边境教育的特殊性，边境地区课程体系的编制要因地制宜，创设条件，突出跨境民族地区的教育特色。二是充分发挥边境地区主体的文化理解能力，遵循教育发展的特点与规律，编制与研发多元文化课程。三是课程资源开发内容彰显边境国家知识与具体情境，如云南毗邻三国的背景知识，需要大力夯实边境学生在跨境教育方面的优势，掌握其语言、熟悉其历史、理解其文化。事实上，跨境民族教育课程整合不是为了整合而整合，课程整合的出发点与归宿都是为了边境地区学生②、适应边境学生、发展与提高边境教育质量。

The Subjective Characteristics and Institutional Dilemma of Foreign Students' Cross – border Study Behavior Choice: Take Yunnan as an Example

Liu Fanglin

Abstract: The generation of foreign students studying across borders in border areas is not only related to the internationalization of macro globalization and social and environmental factors, but also with the special field that has been formed for a long time in the border area—the traditional small society across borders and its informal system, such as cross – border national culture and religion. The relevant laws and regulations made by the state and the government to perform the functions of state social control are designed from the perspective of controlling the flow of cross – border students and protecting the legitimate rights and interests of international students. In a certain sense, which realizes the orderly management of cross – border education. However, under the influence of informal system, the students of cross – border education are under the influence of the informal system. The tension between the choice of behavior and the function of formal institutional control is difficult to bridge, which makes the cross – border education face a series of institutional dilemmas. Therefore, based on The Belt and Road Initiative, the Community of Human Destiny and the Cultural understanding, we put forward some policies of improvement and perfection.

Keywords: Foreign Students; Institutional Dilemma; Subjective Characteristics; Cross – border Education

---

① 联合国教科文组织：《反思教育：向"全球共同利益"的理念转变?》，教育科学出版社 2017 年版，第 29 页。
② 陈时见、刘方林：《新时期中小学校的有效管理与质量提升》，《教师教育学报》2017 年第 4 期。

《西南边疆民族研究》 第 28 辑
第 53～62 页
© SSAP, 2019

对外贸易与近代云南城乡市场的变化[*]

张永帅[**]

摘　要　对外贸易变化，包括空间格局的变化，往往会引起地方经济社会一系列的变化，影响地方经济发展的空间格局。对外贸易发展带动了近代云南乡村集市、中转市场的变化，促进了全省统一市场的形成；受口岸开放格局和对外贸易发展的影响，近代云南区域市场形成双核空间结构。这是近代云南经济发展的不平衡的空间机制之一。

关键词　对外贸易；近代云南；城乡市场

DOI：10.13835/b.eayn.28.06

随着 1889 年蒙自、1897 年思茅、1902 年腾越等口岸的先后开放，近代云南对外贸易进入了口岸贸易的时代，云南对外贸易呈现前所未有的发展态势。而在滇越铁路于 1910 年通车后，"迨滇越路成，交通称便，于是对外贸易，乃得顺利发展"，[①] 随着运输条件改善，云南对外贸易获得进一步的发展，并由此带动了近代云南经济一系列的变化。对此，已有论者从不同的方面、程度不同地做过探讨。对外贸易发展引起近代云南市场变化的问题，王福明的《近代云南区域市场初探（1875－1911）》[②] 应该说是迄今研究最为深入的成果，但受研究时段限制，该文没有将滇越铁路通车后云南对外贸易发展和市场变化纳入其考察视野，且侧重于对商品和资本的考察，而对市场本身的变化研究则显得不够充分；此外，梁志宏的《蒙自开关与近代云南市场结构变迁》[③] 强调蒙自开关加速了云南传统市场的变迁，促使近代云南市场的产生，但对近代云南市场的发展及其结构变迁并未做出明晰的考察。由此可见，对外贸易与近代云南市场的变化尚有进一步研究的空间。因此，本文在前人研究的基础上，从近代云南乡村集市、中转市场的变化和全省统一市场的形成三个方面分析对外贸易与近代云南市场变化的关系，并引入经济地理学"双核"结构这一概念，对近代云南市场的空间结构进行分析。

---

[*]　本文系国家社科基金一般项目"空间视角下的沿边开放与近代云南经济变迁"（16BZS123）、北京用友公益基金会"商的长城"项目"近代云南地域商帮与社会变迁研究"（2017－YX05）的阶段性成果。

[**]　张永帅，云南师范大学历史与行政学院教授，主要研究方向为中国历史人文地理和西南边疆史地。

[①]　云南省志编纂委员会办公室编《续云南通志长编》卷七十四《商业一》，1985 年版，第 565 页。

[②]　《中国经济史研究》1990 年第 2 期。

[③]　《云南师范大学学报》2005 年第 4 期。

一 对外贸易与近代云南乡村集市的发展

集市是乡村市场的基本形态，可能所有的市场皆从集市而来。"昔黄帝日中为市，令百姓交易而退，各得其所，而市之名以起。降及后世，商贾愈繁，设市愈盛，于是舟车捆载遍天下。中域省分，或名曰集，或名曰墟，或名曰场，或名曰庙会，惟云南则称以为街，总之皆市也。"① 在以自给自足为特征的自然经济社会里，乡村集市起着调剂余缺的作用，是自然经济得以存在和延续的重要条件。但在进入近代以后，随着自然经济的逐渐解体，乡村集市除其原有作用外，还起着将农村与城市联结起来的作用。也正是通过集市，才使得城市与农村的互动与联系日趋紧密，而乡村集市的这一职能转变，则反过来又进一步对自然经济起着侵蚀、瓦解的作用。

近代之前，云南的集市从市场的孕育和发育程度上看，可分为集会集市、常市和定期市三种类型。所谓集会集市，一种为庙会，如大理的"三月街"；一种为一年一度的大型商品交易会，如丽江的"骡马会"。常市即常年开市，每日有集。这种集市只有在云南少数州县城市或较大城市才有。在云南，定期市有以十二地支属相命名者，如马街、狗街、猪街等，街名即表明了开市的日期，其交易周期为 12 天；有以旬为交易周期的，其中又包括旬一日、旬二日、旬三日等不同周期形式；当然，也还有隔日逢集的，但这种隔日集并不是很多见。这几种集市类型在近代都延续了下来，其不同只在于交易的商品发生了些许的变化罢了，最为明显的一点是随着对外贸易的发展，以及国内和云南本地工业的发展，越来越多的外国商品和机制工业品在乡村集市上出现。如在 1876 年，曾为调查"马嘉理案"而到大理三月街的达文波尔就曾说："当我们光顾街市时，唯一的外族人是来自维西和巴塘的'古宗仔'……他们带来自织的毛布求售，而换回食盐。我们看到的唯一的外国商品是洋红布，据说来自长江和广东，还有来自八莫的洋纱和欧洲制造的火柴。在市场上，有大量的当地药材和大批手织棉布，据说大黄产自北边的丽江府。其他的则为普通的日常用品。"② 而随着蒙自、思茅、腾越的开埠，无疑会有越来越多的外国商品出现在各地的乡村集市上。如在昭通各市集之上"滇货以洋纱、匹头为最盛"，保山市集"花纱、洋布、洋杂则来自缅甸"等。③ 不难想象，洋货在各地农村市场的种类、数量和占有率尽管差异很大，但各地市场的洋货无不经过了一个从无到有并随着对外贸易的发展而种类增多、数量增加、占有率提高的过程，也就是说，对外贸易对近代云南农村集市场商品结构的影响不是个别的，而是普遍的。如有关方志对洋货在大理地区的发展的描述就说明了这一点："吾邑风气夙崇俭朴，非庆典宴会罕有衣帛者。泰西虽通商已久，唯吾自咸同以前，初无所谓洋货。光绪初，洋货始渐输入，自越亡于法，缅沦于英，于是洋货充斥。近则商所售，售洋货；人所市，市洋货。数千年之变迁，未有甚于今日者。"④ 换句话说，对外贸易的发展给近代云南农村市场带来的一个最基本的影响乃是市场上商品结构的变化。

对外贸易的发展与各地商品经济的发育程度是相表里的，对外贸易的发展往往促进与之联系地区的商品经济的发展，反过来，这些地区商品经济越发达越有利于对外贸易的发展。集市是农村商品交易的场所，集市数量的增加一定程度上反映商品经济的发展。对外贸易发展的主要影响之一便是在一

① 刘毓珂等：《永昌府志》卷一七《建制志》，光绪十一年（1885 年）刊本。
② 彭泽益主编《中国社会经济变迁》，中国财政经济出版社 1990 年版，第 426 页。
③ 周钟岳、赵式铭等：《新纂云南通志》卷一四三《商业考一》，云南人民出版社 2007 年点校本，第 7 册，第 89~90 页。
④ 周宗麟：《大理县志稿》卷六《社交部》，附论《商务之变迁》，民国五年（1916 年）铅字重印本。

些地区出现了集市数量增加的现象。以大理地区为例，如表 1 所示，明代前期共有集市 27 个；清代前期，商品经济的发展，以及清初为恢复经济所采取的一系列政策为商品经济的发展创造了良好的条件，集市数量随之获得较大增加，为 81 个；而到了清代后期，"尤其是 1840 年鸦片战争后，由于中国的商品经济获得很大发展，大理地区的市场在光绪年间也被卷入了世界资本主义市场体系，近代化经济因素增多，集市也扩至 103 个"。① 近代的大理是云南商品经济发展基础较好的地区之一，在对外贸易发展的带动下，街市数量获得较大增长，由此不难想象那些商品经济发展基础薄弱的地区集市数量的变化必然更为明显和剧烈。以怒江地区为例，其集市最初是民间自行设置的贸易站，在腾越关开发后，外国商品涌入腾越关，各地的土特产品源源不断地从腾越关出口国外，一时间商人奔走往来，与腾越关毗邻的怒江地区成为商人频繁活动之地，于是在怒江地区开设集市，满足当地民族更进一步的交换需要和商人们集散货物的需要，已成为大势所趋，随之而来的则是泸水县第一个商业集市六库街于 1909 年开设，以及各县、局（设治局）集市的纷纷开设。②

表 1　明清时期大理地区集市数量变化

单位：个

时间	太和县	赵州	邓川州	云南县	宾川州	云龙州	浪穹县	剑川州	鹤庆州	蒙化县	定边县	总计
明代后期	3	8	16									27
清代前期	6	15	13	8	7	1	3	1	12	14	1	81
清代后期	9	15	8	10		1	5	3	13	38	1	103

资料来源：赵铨：《云南大理地区的近代集市》，《中国经济史研究》1998 年第 4 期。

要说近代云南集市发生的最大变化，则是更多的专业集市的出现。以上所说的"骡马会"当然属于专业集市的范畴，但在近代以前，像这样的专业集市毕竟是非常少的。进入近代以后，除了原有的专业集市，又有不少的专业集市出现，如普洱、思茅的茶市，春季各地的烟市、花市，而在设市不久的靖江集市专业分工就非常明确："猪市集于河街、沙坝，竹木设草河坝，木板集于神仙街。"③ 大理城南 15 里的草帽街"六日一集，附近村民编草帽集市销售，因名"。④ 巧家县蒙姑"主要营业为内地砂糖，凡沿江附近数百里多运往销售，东川、寻甸、嵩明、曲靖、平彝各地均有来此购运者，计年销数目常以千万闻"；大寨"市面户口只百余家，而城中商号、分庄则在十家以上，缘此地出产丰富，农家多养肥猪，各商号即于此专买猪油运省销售"；茂租"四山虫树成林，每至三四月间，滇川虫商会集于此，多至数千余人，曰赶虫会"。⑤ 像这样的一些专业集市，因商而兴，已经朝着专业市镇的方向发展。专业集市的出现与发展是市场繁荣的表现，是商品种类增加和市场规模化经营的结果，而这又是与对外贸易的发展不无关系的。如地处鹤庆州城南 50 里处的松桂会，"旧有会场，每月七月二十四集，然不甚热闹"，到 19 世纪 80 年代，英国占领缅甸，"逼处滇外，市马于滇……于是滇之大贾皆改他项买卖而专贩马匹"，鹤庆因地处进入丽藏马匹出产地门户，遂成为马匹买卖集散地，松桂会也成为骡马交易的"巨埠"。⑥

① 赵铨：《云南大理地区的近代集市》，《中国经济史研究》1998 年第 4 期。
② 肖迎：《近代怒江地区的集市与贸易》，《云南社会科学》1994 年第 4 期。
③ 周钟岳、赵式铭：《新纂云南通志》卷一四三《商业考一》，云南人民出版社 2007 年点校本，第 7 册，第 90 页。
④ 周宗麟：《大理县志稿》卷三《建设部》，民国五年（1916 年）铅字重印本。
⑤ 汤祚：《巧家县志》卷七《市集》，民国三十一年（1942 年）铅印本。
⑥ 赵铨：《云南大理地区的近代集市》，《中国经济史研究》1998 年第 4 期。

二 对外贸易与近代云南地区中转市场格局

传统社会的城市，虽然首先是一定地区范围内的政治中心，但也因其往往地处平原或盆地及交通要道，人口较多，物产丰富，经济活动频繁，而成为商业中心。作为城市市场，它与乡村集市的区别主要在于：有固定的店铺，随时可以买卖商品；有手工业作坊和各种服务设施。在这里，有了专业的商人，他们或为坐贾，就地开店；或为行商，贸迁于各城市之间以及城市与乡村之间。在这里，一般有这样一些商业机构：钱庄、当铺，除向农民、城市居民放高利贷外，也向商人提供银钱兑换或个人信用贷款；货栈、客店，为来往客商提供方便，甚至替客商代销、代购货物；牙行，这是较大的城市才拥有的经纪商机构，一般作为大宗交易的中介人。[①]

一般而言，一个城市的商业地位大致与其在行政层级中所处的地位相当，县级城市的商业地位低于府级城市，府级城市则又低于省会城市。但是，由于各个城市所处地理位置、经济发展状况的不同，以及人口的多寡和消费能力的大小，又不完全如此。有的城市市场只是城市行政所辖下的商业中心，有的市场则是更大地区范围内的商业中心即地区中转市场。有的城市市场很早就成为地区中转市场，并延续下来，有的地区中转市场因经济环境的变化而衰落，或为新起的地区中转市场替代。

近代云南的地区中转市场，在 1889 年以前，有昆明、大理、思茅、昭通、通海、广西州等，这基本上是对近代以前云南地区中转市场的延续。但是，随着蒙自、思茅、腾越等口岸的开放，其中的一些中转市场失去了其原有的地位。如大理，因其地处滇缅要路和茶马古道交会地，凡川货西出缅甸，茶叶北上藏区，藏区药材杂货南下，缅甸棉花、宝石、珠玉等都必经此地，并以此为集散市场，大理曾一度成为滇西地区最为重要的商业中心。仅距大理 30 里的下关，原非商业重地，在清雍正元年（1723）之前，尚无商号出现。但因其地控扼滇西和大理的交通，元明以来官府着力经营，下关逐渐成为滇西的商业交通要道，陆续有商人定居于此开店和商号，专门从事商业活动，然而，毕竟还不能与大理并驾齐驱。但在云南本省口岸特别是腾越开埠后，下关的区位优势进一步凸现，"自康、川土产货物运缅销售者，均由西昌、会理，经永仁、宾川而抵下关，再转运至八莫；由缅甸或滇西运入川、康货物，亦取道于此，由下关至会理、西昌"，[②] 使得下关市场成为"大理一带分派之中枢"，[③]"为腾越洋货分派之一大中枢"。[④] 下关由此替代大理成为滇西的商业中心。再如广西州，"蒙自未开关前，滇桂交通以为必经之地，广商之集此者甚众，迨蒙自开关后，逐渐衰落矣"。[⑤] 与此同时，随着对法越贸易的发展，蒙自市场在滇南地区的地位越来越重要，特别是在其开埠后，作为海关所在地，云南进出口货物的 80% 左右均在此集散，不仅成为滇南地区的商业中心，而且成为辐射大半个云南的商业中心。此外，昭通作为滇东北地区商业中心的地位延续了下来。昭通为滇东北之门户，向为滇东北地区商业中心，对此，《新纂云南通志》就说："商货来往，昭通地通川、滇、黔三省，滇货以洋纱、匹头

① 彭泽益主编《中国社会经济变迁》，中国财政经济出版社 1990 年版，第 428~429 页。
② 周钟岳、赵式铭等：《新纂云南通志》卷五六《交通考一》，云南人民出版社 2007 年点校本，第 4 册，第 14 页。
③ 《中华民国二年腾越口华洋贸易情形论略》，载中国第二历史档案馆、中国海关总署办公厅编《中国旧海关史料》第 62 册，京华出版社 2001 年版，第 815 页。
④ 《中华民国三年腾越口华洋贸易情形论略》，载中国第二历史档案馆、中国海关总署办公厅编《中国旧海关史料》第 66 册，京华出版社 2001 年版，第 169 页。
⑤ 周钟岳、赵式铭等：《新纂云南通志》卷一四三《商业考一》，云南人民出版社 2007 年点校本，第 7 册，第 91 页。

为最盛，川货以盐为最盛。"① 当然，昆明作为云南省会，以其政治优势和地处滇池盆地、经济相对发达的区位优势，毫无疑问是滇中地区的商业中心。而需要说明的是，蒙自开埠前，滇缅贸易是云南对外贸易最为重要的组成部分，而腾冲以其"为出缅门户"的地理优势，② 成为云南对缅贸易最为重要的商品集散中心。对此，《腾越乡土志·商务篇》记载："海禁未开，凡闽粤各商，贩运珠宝、玉石、琥珀、象牙、燕窝、犀角、鹿茸、麝香、熊胆，一切缅货，皆由陆路而行，必须过腾越，其时商务称繁盛。"蒙自开埠后，云南对外贸易当中滇港贸易开始居于滇缅贸易之上，腾冲的地位由此有所下降，但是，对缅贸易仍以腾冲为主要门户，所以腾冲依然是滇西地区重要的商业中心之一。还有，思茅开关后，其贸易长期徘徊不前，但在茶叶生产与销售中的特殊地位，使其依然是滇南重要商品集散中心之一；个旧市场因锡业开发而在清末获得较大发展，与锡业有关的大小店铺日渐凑集，店铺经营的商品主要有粮食、木炭、木材、麻布、铁器件及皮杂等。③

如此一来，随着云南本省口岸的开放和长途贸易的发展，在昆明没有开埠和滇越铁路未通之前，云南形成了这样的中转市场格局：滇西以下关、腾冲为商业中心，滇中以昆明为商业中心，滇南以思茅为商业中心，滇东南以蒙自、个旧为商业中心，滇东北则以昭通为商业中心。在这一中转市场格局中，各个口岸自因其为对外贸易之枢纽而显得重要，而像昭通、下关等区域中心城市，以其区位优势成为近代云南重要的中转市场，对此，《新纂云南通志》就说：

> 此外，三迤各地虽未开商埠，而以交通发达，商旅荟萃之区，亦形成较大之商场者。迤东则有昭通，地当滇、川、黔三省之交，邻属商品大抵以此为集散市场外，对四川贸易亦颇繁盛；迤西则有下关，为迤西各县贸易之适中点，各种土产、茶叶、药材贸易颇盛；迤（南）则有个旧，因锡之销售，贸易亦繁。④

这些中转市场彼此联系，又都主要指向口岸市场，从而使云南成为世界市场体系的组成部分，通过对外贸易改变着云南经济的基本面貌。尽管如此，仍需指出的是，以上各地区商业中心之间虽彼此联系，但联系不是很紧密，这也诚如施坚雅所说的那样，"在这个高原上，一个较完善的一体化城市体系的出现是在帝国结束以后的事情"。⑤云南全省统一市场的形成应该是在进入 20 世纪以后的事。

三 对外贸易与近代云南全省统一市场的形成

《新纂云南通志》在论及云南省际贸易时说："云南省际贸易之途径，迤东一带与川黔交往频繁，而以昭通、曲靖为货物聚散之中心；迤南一带则与两广、上海交易，而以蒙自、个旧为货物聚散之中心；迤西一带与康藏发生交易，而以下关、丽江为货物聚散之中心；全省复以昆明为出纳之总枢纽。"⑥《新纂云南通志》记载的时间下限是 1911 年，这说明在此之前昆明应已成为全省的商业中心，

---

① 周钟岳、赵式铭等：《新纂云南通志》卷一四三《商业考一》，云南人民出版社 2007 年点校本，第 7 册，第 90 页。
② 赵端礼：《腾越厅志》卷二《形势》，光绪十三年（1887 年）刊本。
③ 刘云明：《清代云南市场研究》，云南大学出版社 1996 年版，第 57～58 页。
④ 周钟岳、赵式铭等：《新纂云南通志》卷一四三《商业考一》，云南人民出版社 2007 年点校本，第 7 册，第 94 页。
⑤ 施坚雅：《中国封建社会晚期城市研究——施坚雅模式》，王旭等译，吉林教育出版社 1991 年版，第 85 页。
⑥ 周钟岳、赵式铭等：《新纂云南通志》卷一四四《商业考二》，云南人民出版社 2007 年点校本，第 7 册，第 108 页。

全省统一市场已经形成了。以昆明为中心的全省统一市场的形成是各地区相对封闭的市场圈被打破的结果，也是昆明经济实力和经济辐射力增强的结果。前者主要源于蒙自、思茅、腾越等口岸开放后，对外贸易的发展促使云南各地区间经济往来日趋紧密，后者则主要受益于昆明作为自开口岸的开放和滇越铁路的通车。

"云南毗邻缅、越，为西南边防重镇，亦为西南国际贸易要冲，故川、黔、桂等省货物，皆以云南为转运之枢纽"，[①] 蒙自、思茅、腾越等口岸开放后，云南的这一区位优势得到充分发挥，"云南自开关以后，对外贸易为划时代之转变，贸易日趋发达，而国际贸易亦于此后日趋繁荣"，[②] 来自云南以及周边地区的大量土货经云南口岸出口，大量进口货物经云南口岸输入到云南内地及周边地区。对外贸易的发展大大推动了各地之间的经济往来，使各个相对封闭的地区市场趋向瓦解。以进口而言，1890～1896 年，领子口税单经蒙自运入内地货物的销地已包括云南绝大多数的地区，像距离蒙自较为遥远的滇西北的丽江府和滇西的大理府、永昌府等均销纳不少来自蒙自的洋货，滇东北的昭通府每年也均有洋货从蒙自运入；思茅开埠后，虽然其贸易辐射范围比较有限，但也有货物主要是杂货运入离蒙自较近的广西州；腾越开埠后，几乎每年都有相当数量的货物运入为蒙自进口货物主要消纳地之一的云南府。[③] 这说明，口岸开放后，各口岸与云南内地的贸易联系已经在一定程度上突破了距离的限制，各地区之间的商品流动与物资交流正在变得越来越频繁，各地之间的经济联系日趋紧密，全省统一市场趋于形成。

昆明自行开埠与滇越铁路通车在改变云南的口岸格局与交通布局的同时，最为主要的一点则是极大地促进了昆明城市的成长。"自滇越铁路通车以来，四方云集，人烟辐辏，昔日街市，大都阻碍，于是筹设市政，整饬街容。塞者通之，狭者宽之，坑陷予以平夷，交通遂称便利"，[④] "自铁路开通以来，凡骡马驮运洋纱、煤油、杂货等件销于本出（昆明）者迄今绝少，但运货行人甚为便益，省城两广街不久必将筑阔，藉通东洋车。南门街系一干路，所有旧坏房屋已有拆毁，为建立大清银行之地。各处建筑美大房屋，开设店铺以壮观瞻。"[⑤] 昆明开埠和滇越铁路通车前，昆明市场上的商品一部分来自省外和本省其他地方外，更多的是自给，洋货所占比例较小，在一定程度上反映出昆明市场的封闭性较强。昆明开埠和滇越铁路通车后，昆明市场上商品来源大为改变，"欧美世界之舶来品，无不纷至还（沓）来，炫耀夺目，陈列于市"，中外客商纷纷涌至昆明，开商号、设货栈，昆明商业快速成长。[⑥] 与此同时，昆明开埠 "促进了云南近代工商业、金融业的兴起，加快了昆明的城市发展……1910 年滇越铁路通车以后，逐步形成了以昆明为中心，沿滇越铁路两侧辐射的对外开放格局"，[⑦] 昆明市场的开放性大为增强，昆明市场的辐射面远远超出了其原有的空间范围，以昆明为中心的全省统一市场开始形成。

作为全省的中心市场，必须是这样一个地方：交通便利，为各条道路的交会点；位置适中，贸易腹地较大，为全省商品集散的中心；金融机构相对健全，为区域内的金融中心；生产与消费能力居全

① 周钟岳、赵式铭等：《新纂云南通志》卷一四四《商业考二》，云南人民出版社 2007 年点校本，第 7 册，第 112 页。
② 周钟岳、赵式铭等：《新纂云南通志》卷一四四《商业考二》，云南人民出版社 2007 年点校本，第 7 册，第 108 页。
③ 参见张永帅《空间视角下的近代云南口岸贸易研究（1889－1937）》，中国社会科学出版社 2017 年版，第二章第一节。
④ 云南省志编纂委员会办公室编《续云南通志长编》（中册），1986 年版，第 928 页。
⑤ 《宣统二年蒙自口华洋贸易情形论略》，载中国第二历史档案馆、中国海关总署办公厅编《中国旧海关史料》第 53 册，京华出版社 2001 年版，第 485 页。
⑥ 谢本书、李江主编《近代昆明城市史》，云南大学出版社 1997 年版，第 104～105 页。
⑦ 云南省档案馆编《清末民初的云南社会》，云南人民出版社 2005 年版，第 36 页。

省之首。[①] 而这些条件，在清朝结束时，昆明基本上都已经具备了。此时，昆明作为全省商业中心地位可以说已经得到了确立，全省统一市场由此形成了。

《续云南通志长编》在述及云南市场时说："云南区域广袤，在交通不便之地，仍保持以前赶场之习惯。县城较大者有商号二三十家，或少至五六家。除圩期外，并不若何繁盛。在抗战以前，省内较大商场唯昆明、蒙自、腾冲、思茅、下关、昭通、个旧等处。军兴而后，沿滇缅路一带均顿增繁荣，唯仍以昆明为货物集散之中心区域。"[②] 这说明昆明作为全省商业中心的地位形成之后，不仅没有改变，而且得到了进一步的加强。有论者指出："1937～1945年是昆明近代史上商业最为繁荣的时期，无论在其内涵和意义上，都给昆明的城市化以显著的影响，使昆明在云南全省和西南地区的经济作用进一步强化。"[③] 此论甚确。1945～1949年，云南经济衰退，昆明亦然，但以其原有的基础和积累，昆明作为全省商业中心的地位得到保持，并一直持续到现在。

四 "双核"：对外贸易与云南全省统一市场的空间结构

双核结构指的是由中心城市和港口城市及其连线组成的空间结构现象，是区域发展中一种高效的空间形态。区域中心城市与港口城市的组合是该模式的原生形态，在此基础上拓展至区域中心城市与边缘城市的组合。[④] 区域中心城市的趋中性和港口城市的边缘性是形成双核型空间结构的基本原因和内在机理，"港口城市大多位居区域边缘，虽然对所在区域经济发展的带动作用不大，但由于边缘效应的作用，具有特殊的区位优势，从而居于较高的产出的效率和发展潜力，并与区域中心城市构成功能上极强的互补关系"。[⑤] 因此，在一个区域内是否形成双核关系在一定程度上直接影响区域经济的发展。笔者认为，近代云南全省统一市场的空间格局可以借用"双核"结构理论分析，并说明对外贸易在区域双核结构形成中所起的作用，以及双核结构在促进区域经济变迁中扮演的角色。

笔者的基本观点是，以蒙自－昆明、腾越－大理（下关）双核结构将近代云南划分成了东部和西部两大区域市场，口岸的开放与对外贸易的发展是此双核性空间结构形成的驱动力量，双核性空间结构又反过来塑造了蒙自、思茅、腾越三关的贸易特征。

昆明自元代以后就是云南的行政中心，经过封建王朝和云南地方政府的长期建设，经济实力日渐增强，在清代已经成为云南人口密度最大、[⑥] 商贸最为繁荣[⑦]的城市。并且，省内交通干线俱以昆明为中心展开；[⑧] 对外交通，如前所述，蒙自海关1889年的第一次贸易报告指出，进入云南的交通除八莫和大理之间的道路外，线路有五条，均以云南府（昆明）为终点。可以说，至迟在蒙自开埠时昆明已经成长为云南东部经济中心，以及辐射全省、连接内外的枢纽城市。

相对而言，开埠前的蒙自只是一个县级政区，经济发展水平有限，虽处传统上对越贸易的前沿地

① 王福明：《近代云南区域市场初探（1875－1911）》，《中国经济史研究》1990年第2期。
② 云南省志编纂委员会办公室编《续云南通志长编》（下册），1986年版，第542页。
③ 谢本书、李江主编《近代昆明城市史》，云南大学出版社1997年版，第221页。
④ 陆玉麒：《区域双核结构模式的形成机理》，《地理学报》2002年第1期；《区域发展中的空间结构研究》，南京师范大学出版社1998年版，第74页。
⑤ 陆玉麒：《区域发展中的空间结构研究》，南京师范大学出版社1998年版，第83、90页。
⑥ 李中清的研究表明1815年云南府人口密度为133人/平方公里，1825年则为152人/平方公里，是云南省人口密度最大的地区，李中清：《明清时期中国西南的经济发展和人口增长》，《清史论丛》第5辑，中华书局1984年，第50～102页。
⑦ 黄建平：《清代云南商业研究》，云南师范大学硕士学位论文，2004，第11～12页。
⑧ 具体可参阅刘云明的整理（刘云明：《清代云南市场研究》，云南大学出版社1996年版，第75～77页）。

区，但滇越贸易不仅本身规模较小，而且路出多端，蒙自并没有成为对越贸易的中心。1885 年的《中法会订越南条约》规定：中越陆路交界开放贸易，指定两处地方设关通商，一在保胜以上，一在谅山以北。但是，具体将何处辟为通商口岸并没有在条约中得到确定，可见蒙自此时尚未被发现有特别的区位优势。

要言之，作为区域中心的昆明并非对外贸易的前沿，而作为开放门户的蒙自以其自身和周边地区有限的经济能量未必能拥有较为广阔的贸易范围。若能将二者有机结合，形成双核结构，优势互补，则必然促进区域对外贸易的发展。事实上，蒙自贸易的发展恰恰得益于二者的结合。1910 年前，蒙自与内地之间贸易几乎全系畜运。古人云"蜀道难于上青天"，而"滇省道路崎岖，倍于蜀道"，以致"内地转运货物维艰"，[①] 因而，尽管每年都有大量驮马来往于蒙自与内地之间，但相距较远的内地府州往往与蒙自贸易往来有限，昭通府和东川府便是如此。但随着昆明的开埠和滇越铁路的全线通车，昭通开始成为蒙自的腹地，蒙自出入东川之货也见增多；大理府、永昌府与蒙自之间的距离远比昭通、东川为远，却在开埠之初一度为蒙自的腹地，皆因昭通、东川、大理为昆明最大发货之处，[②] 即昭通、东川、大理等处货物进出蒙自是经昆明的中转而实现，永昌又经大理转运而往来。倘若没有这层中转关系的存在，蒙自的贸易范围或许大受限制是可想而知的。

元代以前，大理长期是云南的政治、经济中心，元代以后也长期是滇西的经济中心，如前所述，清雍正后，下关逐渐代替大理成为滇西商业中心，但有时人们仍习惯上以"大理"称之。腾越"为全滇门户"[③]"为出缅门户"[④]，乃极边之地，以此地理优势，成为云南对缅贸易的必经之地，故其商业向为发达，《永昌府志》载：腾越"蛮夷错杂，商贾丛集"，又说永昌府内"经商者少，俱不善作贾……惟腾越较善经营（商业），故民户亦较裕"。[⑤] 但在蒙自开埠后，滇港贸易代替滇缅贸易成为云南对外贸易的主要走向，腾冲在云南对外贸易中的地位有所下降。而腾越关的腹地可以延伸到滇西北各地和川西南地区，其腹地范围仅次于蒙自关，如果没有大理（下关）的中转作用简直是不可想象的。换句话说，腾越关对外贸易的发展，从空间作用机理看，是腾越 – 大理双核结构作用的结果。

云南的两大区域中心城市昆明和大理（下关），前者与蒙自形成双核结构，后者与腾越形成双核结构，唯有思茅虽与昆明、大理（下关）均有联系，但联系并不紧密，没有形成双核结构。经济地理学的研究表明，双核结构模式是区域对外经济贸易联系发展到某个临界阶段的伴生物："在对外贸易联系较小时，以区域中心城市为核心的单中心经济体为均衡状态；随着对外贸易联系逐渐深化，在国外市场规模扩大到中等程度时，区域中心城市和港口城市同时出现，区域经济呈现出双核结构模式。"[⑥] 也就是说，思茅对外贸易量不大，对外贸易联系较小，国外市场有限，是思茅在其腹地内没有与其他城市形成双核结构的重要原因。因为双核结构的两核有极强的互补关系，可以发挥规模聚集效应，往往被认为是区域发展中一种高效的空间形态。如果以蒙自、思茅、腾越三关的腹地将云南分为三大块

---

① 《宣统二年蒙自口华洋贸易情形论略》，载中国第二历史档案馆、中国海关总署办公厅编《中国旧海关史料》第 53 册，京华出版社 2001 年版，第 485 页。

② 《宣统二年蒙自口华洋贸易情形论略》，载中国第二历史档案馆、中国海关总署办公厅编《中国旧海关史料》第 53 册，京华出版社 2001 年版，第 485 页。

③ 屠书濂：《腾越州志》卷二《疆域》，光绪二十三年（1897 年）重刊本。

④ 赵端礼：《腾越厅志》卷二《形势》，光绪十三年（1887 年）刊本。

⑤ 刘毓珂等：《永昌府志》卷八《风俗》，光绪十一年（1885 年）刊本。

⑥ 盛科荣：《对外贸易与区域双核结构模式》，《山东理工大学学报》（自然科学版）2012 年第 2 期。

的话，① 近代云南经济发展的区域差异，总体上以蒙自关腹地经济最为发达，其次为腾越的腹地，最为落后的则为思茅的腹地，除了自然环境和历史积淀的原因之外，或许正可以从各自市场的空间结构特征方面得到一定的解释。

五　结语

近代云南市场的变化是多方面的，除了论者所强调的贸易路线、商品结构、资本构成，以及近代市场产生外，主要的变化有三点。一是由于受对外贸易发展的影响，洋货进入乡村集市改变了原有的商品结构，并由于对外贸易带动商业繁荣，乡村集市出现街期缩短、街市数量增加，以及专业集市增多并进一步繁荣的现象，从而使乡村集市与区域城市市场的联系加强，使云南广大的农村不在孤立于世界市场之外。二是形成了新的地区中转市场格局：滇西以下关、腾冲为商业中心，滇中以昆明为商业中心，滇南以思茅为商业中心，滇东南以蒙自、个旧为商业中心，滇东北则以昭通为商业中心。在这一中转市场格局中，各个口岸自然因其为对外贸易之枢纽而显得重要。这些中转市场彼此联系，又都主要指向口岸市场，从而使云南成为世界市场体系的组成部分，通过对外贸易改变着云南经济的基本面貌。三是由于对外贸易的发展，随着交通状况的改善，大约在滇越铁路通车后，形成了以昆明为中心的全省统一市场。近代云南市场在空间上形成了蒙自－昆明、腾越－大理（下关）双核结构，从而将近代云南划分成了东部和西部两大区域市场，口岸的开放与对外贸易的发展是此双核性空间结构形成的驱动力量，双核性空间结构又反过来塑造了蒙自、思茅、腾越三关的贸易特征。

笔者曾撰文指出：沿边开放为近代云南对外贸易的发展提供了新契机，对外贸易内涵发生了深刻变化，实现了向近代的转变，摆脱了边缘化的地位，获得了前所未有的发展。② 而对外贸易变化与发展既是一个地方经济变化与发展的重要内容，又往往是一个地方经济变化与发展的牵引力量。对外贸易变化，包括空间格局的变化，往往会引起地方经济社会一系列的变化，影响地方经济发展的空间格局，本文探讨的对外贸易与近代云南城乡市场变化问题即属于这一范畴。

The Eelationship between Foreign Trade and Market Changes in Modern Yunnan

Zhang Yongshuai

Abstract：Changes in foreign trade，including changes in spatial patterns，often lead to a series of changes in the local economy and society，affecting the spatial pattern of local economic development. The development of foreign trade led to the changes of rural fairs and transit markets，and promoted the formation of a unified

---

① 张永帅：《腹地变迁：近代云南三关贸易地位形成的空间过程》，《西南边疆民族研究》第 18 辑，云南大学出版社 2015 年版，第 31～46 页。

② 张永帅、朱梦中：《沿边开放与近代云南对外贸易变迁——以空间视角为主的考察》，《昆明学院学报》2018 年第 4 期。

market in the whole province in modern Yunnan. Influenced by the opening pattern of ports and the development of foreign trade, the regional market of modern Yunnan formed a dual – core spatial structure. And it is one of the unbalanced spatial mechanisms of economic development in modern Yunnan.

Keywords: Foreign Trade; Modern Yunnan; Urban and Rural Market

《西南边疆民族研究》 第 28 辑

第 63~70 页

© SSAP，2019

论迦摩缕波国及帕拉国对西南丝绸之路佛教传播的影响[*]

李　晓[**]

摘　要　4~12 世纪，迦摩缕波国和帕拉国先后称雄印度东北部，控制了阿萨姆和孟加拉地区，对西南丝绸之路的发展影响深远。迦摩缕波国推崇婆罗门教、边缘化佛教，一度造成印度东北部佛教真空，阻碍了中印西南丝绸之路佛教交流。迦摩缕波国灭亡百年后，帕拉国在孟加拉地区崛起，开始大兴佛教，支持佛教新兴宗派密宗的发展及其向外传播，中印西南丝绸之路佛教交流由此快速增强。可以说，从迦摩缕波国到帕拉国的印度东北部政治宗教变化，给予我国西南地区佛教兴起"唐中期说"更多合理解释。

关键词　迦摩缕波国；帕拉国；佛教；西南丝绸之路

DOI：10.13835/b. eayn. 28.07

国内史学界普遍认为，西南丝绸之路中印段自然地理条件恶劣、经行不易、相关史料短缺，却是一条历史久远的经贸通道。[①]事实上，这条道路的佛教影响也是积厚流光、源远流长。国内西南丝绸之路佛教研究，往往聚焦于我国西南边疆，而本文对迦摩缕波国、帕拉国的研究，正是希望通过对印度东北部的探索，进一步深化此项研究。

一　西南丝绸之路相关背景

方国瑜先生认为，"战国时，蜀、楚与天竺之文化关系，取云南道……玄奘、义净至天竺，知有道可入云南通中国，慧琳能详其路程"。[②]季羡林先生猜测，"中国佛教史上最早来华僧摩腾与竺法兰，或经由'缅甸道'（缅甸道属于西南丝绸之路通道之一）"。[③]印度僧人师觉月则指出：唐代之前，东天竺（师觉月意指孟加拉地区和阿萨姆）便有攘那跋陀罗（刘宋）、阇那耶舍（北周）及其弟子耶舍崛多（北周）等诸多僧人去往中国。[④]其所指部分僧人，可能正是由西南丝绸之路前往我国的。回溯到

[*]　本文系教育部 2015 年重大招标项目"深化中外人文交流的战略布局与机制研究"（15JZD033）的阶段性成果；本文也获云南省研究生学术新人奖资助。

[**]　李晓，云南大学历史与档案学院博士研究生。

[①]　（唐）义净：《大唐西域求法高僧传校注》，王邦维校注，中华书局 1988 年版，前言第 11 页。缅甸道属西南丝绸之路。

[②]　方国瑜：《方国瑜文集》第二辑，云南教育出版社 2001 年版，第 523 页。

[③]　季羡林：《中印文化交流史》，中国书籍出版社 2015 年版，第 38 页。

[④]　师觉月：《印度与中国：千年文化关系》，姜景奎译，北京大学出版社 2014 年版，第 49 页。

古代，唐代义净（635～713 年）记载了 3 世纪的一则故事："有 20 名中国僧人由西南丝绸之路去往天竺，印度室利笈多王为他们修建了寺庙。"① 此则故事，成为我国僧人赴印度取经的最早记述之一。唐代玄奘记载：迦摩缕波国以东"山阜连接，无大国都，境接西南夷，故其人类蛮獠矣。详问土俗，可二月行，入蜀西南之境。然山川险阻，嶂气氛沴，毒蛇毒草，为害滋甚。国之东南野象群暴"。② 玄奘（600～664 年）准确掌握迦摩缕波国与我国西南夷地区通行所需时间，了解两地之间山川、瘴气、毒蛇、毒草、野象等阻隔因素。唐代慧琳（733～817 年）《一切经音义》记载："此往五天路径，若从蜀川南出，经余姚、越害、不韦、永昌等邑，……今并属南蛮（指南诏）……过此蛮界，即入土蕃国之南界……过吐蕃界，更度雪山南脚，即入东天竺东南界迦摩缕波国……此山路与天竺至近，险阻难行，是大唐与天竺陆路之捷径也。仍须及时，盛夏热瘴毒虫，不可行履，遇努难以全生。秋多风雨，水泛又不可行。冬虽无毒，积雪迈寒，又难登险。唯有正、二、三月乃是过时，仍须译解数种蛮夷语言，兼贵买道之货，仗土人引道，辗转问津，即必得达也。山险无路，难知通塞。"③ 慧琳描述的通道，是西南丝绸之路中印段的捷径。慧琳对这条道路十分熟悉，指出其存在大雪封山、水患、语言障碍等复杂问题。从义净、玄奘和慧琳的记述可知，唐代以前可能便有不少佛门僧人穿行过西南丝绸之路中印通道，不然三人不会对这一通道如此关注。此外，四川绵阳、彭山、乐山等地出土东汉佛塔、佛像画、佛雕异于我国其他地区，而近似于印度，可能说明四川佛教曾受到印度佛教直接影响。

从历史线路来看，西南丝绸之路中印段共有三条通道。秦汉时期（前 221 年至 220 年），西南丝绸之路中印通道专指蜀－身毒道，其线路（根据近年来我国相关研究梳理）或由蜀（成都）过邛都（西昌）到叶榆（大理），或由武阳（彭山）过谷昌（昆明）到叶榆（大理），再由叶榆经永昌道到滇越（腾冲），经缅印道，过掸国（缅甸）、阿萨姆、孟加拉地区，到古印度中心华氏城（Patna，在今印度比哈尔邦巴特那），总路程大约 2700 公里。隋唐时期（581～907 年），西南丝绸之路西藏段开通。其线路一（按唐代和尚道宣《释迦方志》记载），由长安西北向过河州（甘肃南部）到鄯城（西宁），再由西南向经巴顿喀拉和唐古拉山脉到吐蕃都城逻些城（拉萨），最后经由迦摩缕波（Kamarupa，即阿萨姆）、孟加拉地区到华氏城，或经由尼婆罗国（尼泊尔）到华氏城，全长约 3800 公里。其线路二（按唐代和尚释慧琳《一切经音义》记载），从成都沿故道至阳苴咩城（大理），经滇西北到吐蕃东南缘（昌都），再从此经迦摩缕波、孟加拉地区到华氏城，全程大约 2300 公里。

受航海技术等方面因素影响，唐中期以前广州（汉代的番禺）到耽摩栗底（Tamralipti，又称多摩梨，现孟加拉国库尔纳专区和印度西孟加拉邦南部）的海上丝绸之路中印通道，远不如陆上丝绸之路成熟和安全。而相对于长安绕道中亚至华氏城长达 6000 公里的西北丝绸之路中印交通行程，西南丝绸之路行程比其将近缩短了一半。由此看来，西南丝绸之路本应是古代我国和印度佛教交流的首选线路。但是到目前为止，直接涉及唐代以前西南丝绸之路佛教交流的中外历史遗存，明显少于西北和海上丝绸之路，表明当时中印佛教交流在西南丝绸之路的频繁程度弱于两者。

从历史宗教情况来看，佛教自唐代以后，沿西南丝绸之路大举进入西藏和云南，佛教密宗更是对两地造成了巨大影响，这与前代形成巨大反差，而阿萨姆和孟加拉地区的政治宗教变化，是形成上述反差的重要原因。事实上，西南丝绸之路上的中印交流，大多要穿过阿萨姆和孟加拉地区才得以开展。

---

① 师觉月：《印度与中国：千年文化关系》，姜景奎译，北京大学出版社 2014 年版，第 49 页。
② （唐）玄奘：《大唐西域记》，董志翘译注，中华书局 2012 年版，第 594 页。
③ 转引自王韵《唐代南方丝绸之路与中印佛教文化交流》，《中华文化论坛》2015 年第 4 期，第 120 页。

4 ~ 12 世纪，迦摩缕波国和帕拉国（Pala）先后称雄东印度，控制阿萨姆和孟加拉地区。其中，迦摩缕波国存在于 4 ~ 7 世纪，起源于阿萨姆地区，主要信仰婆罗门教。帕拉国存在于 8 ~ 12 世纪，起源于孟加拉地区，主要信仰佛教。通过对我国正史以及我国唐代僧人玄奘、僧人义净、唐朝使臣王玄策（生卒年不详）、孟加拉僧人阿底峡尊者（982 ~ 1054 年）等的相关记载的研究，参考印度、孟加拉国近年来考古发现，我们有理由认为迦摩缕波国和帕拉国对西南丝绸之路佛教传播有重要影响。

值得注意的是，吐蕃、南诏佛教全面兴起时间刚好契合帕拉国黄金时期（756 ~ 861 年）。一方面，劲夫认为佛教虽然在吐蕃 27 代赞普拉托杜日业赞时期传入了西藏，但在 33 代赞普松赞干布（629 ~ 650 年在位）统治时期才兴起。[①] 张毅则认为，藏人剃度以及佛教在西藏大范围传播，应始于更晚的 37 代赞普赤松德赞（755 ~ 797 年在位）时期。松赞干布虽然引入了佛教，并迎娶了大唐文成公主、尼泊尔赤尊公主两位公主，但普通藏人少有信仰佛教。此后半个世纪，佛教仍未能在西藏得到有效传播，当时宣传佛教的 36 代赞普赤德祖赞（704 ~ 755 年在位）更是被阴谋毒杀。直到赤松德赞统治时期，他从帕拉国请来了十二位佛家密宗僧人为仪轨师，在桑耶寺开创了藏人剃度制度，西藏佛教情况才实现了质变。此外，活跃于 8 世纪的僧人慧超、义净都认为西藏当时不信仰佛教。[②] 另外，据王忠先生《新唐书南诏传笺证》考证，阁罗凤之《德化碑》碑文、德宗贞元十年"苍山会盟"誓言都未受到佛教话语影响，说明佛教在南诏中期才得以兴盛。据《南诏野史·丰佑传》记载，大理三塔在 840 年左右建成。这一记录得到了方国瑜等我国史学界专家的证实，成为佛教传入南诏的最早证据。[③] 国内学界由此推断，南诏佛教很可能到南诏七代王时期（822 ~ 859 年）才兴盛起来。

二 迦摩缕波国人文宗教

早期印度的历史情况是模糊的，穆斯林学者阿尔－伯拉尼就曾形象地指出："印度人述说国王的年代系列时是漫不经心的。"[④] 然而，以历史记载辅之以碑文、遗迹、传说，仍然可以较好地把握印度某些历史事实。从阿萨姆的人文宗教情况看，迦摩缕波国同时流行有佛教和婆罗门教，而婆罗门教是其社会主流宗教。

第一，印度历史传说中的阿萨姆最早政权，可能崇尚婆罗门教。印度史诗《摩诃婆罗多》（成书约前 3 世纪到 3 世纪）"婆罗门征伐"中提到了一个名叫东光国的国家："东光国王周边有吉罗陀人和支那人（东方黄种人），还有许多住在海边的战士。"这说明该国位于阿萨姆。婆罗门统帅阿周那接受东光国王投降时说："您是我父亲因陀罗的朋友，我又这样喜欢您，所以我不能命令您，只能请您心甘情愿地向他交税。"[⑤] 这说明东光国国王信仰婆罗门教，不然他不可能成为因陀罗的朋友，也不会在"婆罗门征伐"中得到阿周那的宽恕与赞美。

第二，相对于古印度其他地区，佛教传入阿萨姆的时间较晚。佛陀涅槃（前 486 年）后，他的弟子在华氏城进行了第一次集结并汇总了佛家戒律，其书面文本《三藏》，在之后一二百年后得以面

---

① 劲夫：《西藏佛教发展的几个阶段及特征》，《西北民族研究》1991 年第 1 期，第 133 页。

② （唐）慧超、（唐）杜环著，张毅笺释，张一纯笺注《往五天竺国传笺释 经行记笺注》，中华书局 2000 年版，《往五天竺国传笺释》前言第 9 ~ 10 页。

③ 转引自黄惠焜《佛教中唐人滇考》，《云南社会科学》1982 年第 6 期，第 75 页。

④ 恩·克·辛哈：《印度通史》第一册，商务印书馆 1973 年版，第 27 页。

⑤ 毗耶娑：《摩诃婆罗多》，金克木等译，中国社会科学出版社 2005 年版，第 550 页。

世。① 据《三藏》第一部《律藏》记载："僧人受戒的范围以潘陀罗伐达那（即孟加拉地区奔那伐弹那）为东方极限"。② 以此推断，佛教可能最晚到公元前 3 世纪都未能传入阿萨姆地区。

第三，阿萨姆出现过佛教国家，但是很可能被崇信婆罗门教的迦摩缕波国所吞并。孟加拉国东部希莱特出土的尼丹普尔铜版碑文，记载了迦摩缕波国的王室族系传承。③ 印度学者据此展开了深入研究，认为迦摩缕波国大约在 350 年兴起，④ 并不断向外扩展。到第四代王卡丽娜瓦曼（Kalyanavarman，422～446 年在位）时期，迦摩缕波国向东扩张到了迦毗河区域。⑤ 与之对应的是，我国《宋书》记载了一个迦毗河附近的迦毗黎国。该国的宗教情况是"诸寺舍子，皆七宝形像，众妙供具，如先王法"。⑥ 这说明迦毗黎国信仰佛教。这有两种可能性：一者，迦毗黎国即迦摩缕波国；二者，迦毗黎国不是迦摩缕波国，而只是被迦摩缕波国吞并的阿萨姆诸小国之一。从玄奘迦摩缕波国"自古不信佛法"的说法来看，后者可能性较大。

第四，迦摩缕波国在印度东北部强势崛起，成为隋唐时期西南丝绸之路印度段关键国家。7 世纪初，迦摩缕波国在国王婆塞揭罗伐摩（Bhaskarbarman，600～650 年）统领下，联合羯若鞠阇的穆克里王国（Pushyabhuti dynasty，戎日王 Harshavardhana 统治的王国，其发源地在今印度北方邦）击败了沙珊卡王国（Shashanka dynasty，其地域在今孟加拉国中西部、印度孟加拉邦）。⑦ 根据戈罗苏跋那（即玄奘所说羯罗拿苏伐剌那，在今印度西孟加拉邦）遗址发现的碑文记载，沙珊卡王国战败后，其地域实际上被迦摩缕波国控制。⑧ 由此推论，迦摩缕波国在唐朝初年成功控制了东印度地区，婆塞揭罗伐摩也成为王玄策所说的"东天竺王"。⑨

第五，迦摩缕波国崇信婆罗门教，而迦摩缕波国对沙珊卡国的占领，可能形成了婆罗门教对佛教版图的挤压。首先，玄奘这样记载迦摩缕波国"周万余里，国大都城周三十余里……性甚犷暴，志宗事天神。不信佛法。故自佛兴以迄于今，未建立伽蓝，招集僧侣。其有净信之徒，但窃念而已祠数百，异道数万"。⑩ 这段文字阐述了迦摩缕波国"地域广阔""崇信婆罗门教""佛教从未兴盛"三大人文地理状况。其次，由孟加拉国出土的尼丹普尔铜版碑文可知：婆塞揭罗伐摩曾经将希莱特地区部分土地赠予婆罗门，也就是"梵封"给婆罗门。⑪ 这说明迦摩缕波国王信仰婆罗门教，并支持婆罗门获得更多土地。按照当时的历史背景以及希莱特"位于迦摩缕波国和沙珊卡国之间"这一地理状况，尼丹普尔铜版碑文记载的"梵封"，可能表现了婆罗门教与佛教的地缘宗教斗争，即婆罗门教由阿萨姆向孟加拉地区扩张。再次，玄奘亲自见过婆塞揭罗伐摩，并描述他"婆罗门之种""不淳信佛法""敬高学沙门"。这对应了铭文关于婆塞揭罗伐摩崇尚婆罗门教的描述。此外，综合玄奘关于迦摩缕波国"窃念而已祠数百"以及婆塞揭罗伐摩"敬高学沙门"的说法，迦摩缕波国社会对佛教仍然有一定包

① 恩·克·辛哈：《印度通史》第一册，商务印书馆 1973 年版，第 93 页。

② D. P. 巴鲁瓦：《孟加拉国佛教概况》，李荣熙译，《法音》1983 年第 4 期，第 23 页。

③ Dineshchandra Sircar, *Studies in the geography of ancient and medieval India*, New Delhi：Motilal Banarsidass, 1971, p. 161.

④ Indian History Congress, "Proceedings – Indian History Congress", Volume 62, 2002, p. 136.

⑤ Choudhury P. C., *The History of Civilization of the People of Assam*, Guwahati：Dept of Historical and Antiquarian Studies in Assam, 1959, p. 47.

⑥ （南朝）沈约：《宋书》卷 97《列传第五十七·夷蛮》，中华书局 1974 年版，第 2385 页。

⑦ Bindeshwari Prasad Sinha, *Dynastic history of Magadha cir. 450 – 1200 A. D*, New Delhi：Abhinav Publications, 1977, p. 133.

⑧ 孟加拉国家百科，http://bn. banglapedia. org/index. php? title = কল্যাণবর্ম, 2018 年 5 月 22 日。

⑨ （宋）欧阳修、宋祁：《新唐书》卷 221《西域传上》，中华书局 1975 年版，第 6238 页。

⑩ （唐）玄奘：《大唐西域记》，周国林注译，岳麓书社出版 1999 年版，第 535 页。

⑪ Dineshchandra Sircar, *Studies in the geography of ancient and medieval India*, New Delhi：Motilal Banarsidass, 1971, p. 161.

容性，这就为孟加拉地区保留佛教提供了可能。

三　帕拉国佛教密宗源头——孟加拉地区佛教密宗

孟加拉地区佛教密宗的出现，与沙珊卡国和迦摩缕波国给孟加拉地区佛教带来的困境有较大联系。首先，印度笈多王朝控制下的孟加拉地区佛教十分兴盛。《法显传》（成书于 416 年）记载："有瞻波大国……从此东行近五十由延，到多摩梨帝（耽摩栗底）国，是海口。其国有二十四僧伽蓝，尽有僧住，佛法亦兴。法显住此二年，写经及画像。于是载商人大舶，汎海西南行，得冬初信风……到师子国。"① 这说明孟加拉地区的多摩梨帝港，曾作为海上丝绸之路上佛教传播枢纽而存在。近年来，印度在西孟加拉邦沿海地区多有佛教考古发现，这验证了法显对多摩梨帝的描述。

其次，孟加拉地区佛教在沙珊卡国统治时期遭遇到巨大挫折。594 年，沙珊卡创立了孟加拉地区第一个本土政权沙珊卡国。在沙珊卡施政过程中，多有对国内佛教势力的整肃和打压。玄奘记叙"菩萨告曰：'金耳国王（沙珊卡国王）既毁佛法，尔绍王位，宜重兴隆，慈悲为志，伤愍居怀，不久当王五印度境'。"② 这里阐述了戒日王灭亡沙珊卡国的原因，是其王不敬佛法。另外，孟加拉地区 12 世纪的一些文献也对沙珊卡国王不敬佛法之事有所记载，③ 大大增加了此事的可信度。

再次，迦摩缕波国继沙珊卡国后控制了孟加拉地区，该地佛教呈现颓势。玄奘《大唐西域记》对这段时间孟加拉地区宗教情况予以了详细记载。其一，奔那伐弹那地区（Pundravardhana，现孟加拉国拉杰沙希专区和达卡专区）"伽蓝二十余所，僧徒三千余人，大小二乘，兼功综习。天祠百所，异道杂居，露形尼乾，寔繁其党"。④这里描述了该地区婆罗门教盛行以及婆罗门教、大小乘佛教、耆那教等宗教并行的情况。其二，羯罗拿苏伐剌那（Karnasuvarna，沙珊卡国故都，又被称为 Gauda），"伽蓝一十余所，僧徒二千余人，习学小乘正量部法。天祠五十余所，异道定多"。⑤ 这段文字描述了该地区小乘佛教和其他宗教并行，佛教势衰的情况。其三，耽摩栗底"伽蓝十余所，僧众千余人。天祠五十余所，异道杂居"，⑥ 说明该地区佛教和其他宗教并行，且佛教势衰。其四，三摩呾吒（Samatata，属于孟加拉国吉大港专区库米拉县以及印度特里普拉邦）"伽蓝三十余所，僧徒二千余人，并皆遵习上座部学。天祠百所，异道杂居，露形尼乾，其徒甚盛"，⑦ 说明该地区婆罗门教、小乘佛教、耆那教等宗教并行，耆那教盛行。对比法显时期孟加拉地区的宗教情况，可以明显看出玄奘时期该地佛教势力大不如前。尔后，孟加拉地区政局在迦摩缕波国灭亡（650 年）后陷入碎片化。孟加拉地区佛教正是在这种风雨飘摇下，开始了教义革新，催生了极具宗教融合性的佛教大乘密宗。

四　帕拉国政治宗教发展

第一，迦摩缕波国灭亡（650 年）百年后，以孟加拉地区为中心的帕拉国（756～1154 年）开始

---

① （东晋）法显撰，章巽校注《法显传校注》，中华书局 2012 年版，第 124、125 页。
② （唐）玄奘撰，周国林注译《大唐西域记》，岳麓书社出版 1999 年版，第 252、245 页。
③ Basak R. G. *History of Northeast India*，*Extending From the Foundation of the Gupta Empire to the Rise of the Pala Dynasty of Bengal*（*c. AD 320 – 760*），Calcutta：Sambodhi Publication，1967，p. 155.
④ （唐）玄奘撰，周国林注译《大唐西域记》，岳麓书社出版 1999 年版，第 533 页。
⑤ （唐）玄奘撰，周国林注译《大唐西域记》，岳麓书社出版 1999 年版，第 543 页。
⑥ （唐）玄奘撰，周国林注译《大唐西域记》，岳麓书社出版 1999 年版，第 541、542 页。
⑦ （唐）玄奘撰，周国林注译《大唐西域记》，岳麓书社出版 1999 年版，第 539 页。

崛起，逐渐成为西南丝绸之路印度段控制者。756～861 年，帕拉国向东击败了作为迦摩缕波国后继者的沙拉斯德帕国（Mlechchha），[1] 向西吞并了摩揭陀（Magadha，在今印度比哈尔邦）等地，控制了古印度中心华氏城。在系列征伐中，周边诸国纷纷向帕拉国"称臣"，帕拉国由此夺取了对北印度的霸权。

第二，作为守护印度佛教的最后一个强权国家，帕拉国崇尚佛教密宗，并积极将其向外传播。随着帕拉王国实力的增长，佛教密宗以摩揭陀为中心，不仅成功传入当时崇信婆罗门教的阿萨姆地区，而且沿西南丝绸之路向西藏和云南扩展。事实上，帕拉国历代国王都是虔诚的佛教徒，他们长期资助佛教寺院，维护了佛教圣地那烂陀寺的繁盛，修建了以研究密宗为主的超戒寺（Vikramashila，位于摩揭陀地区）、奥丹塔普里寺（Odantapuri）和索玛普利大寺（Somapura Mahavihara，位于今孟加拉国拉杰沙希专区）等寺庙。正是在帕拉国王室的资助下，帕拉国出现了一大批佛学高僧。

第三，帕拉国后期的两次中兴以及帕拉国灭亡后的佛徒迁徙，对西藏密宗佛教的发展产生了重大影响。首先，帕拉国在 9 世纪后期急速衰落，但其坚守住了作为佛学中心的摩揭陀南部地区，为佛教密宗继续发展提供了可能。其次，马西帕拉一世（Mahipala I，995～1043 年）和喇嘛帕拉（Ramapala，1082～1124 年）统治期间，帕拉国重整旗鼓，领地向孟加拉地区及周边拓展，佛教密宗也迎来辉煌。著名的赴藏僧人阿底峡，正是在这一时期得到帕拉国佛教教育系统的精心培养，成为一代宗师。再次，12 世纪末帕拉国衰亡，"当斯时也，佛教得裴赖王（帕拉王）数百年之保护，大盛于其国中。回人尽杀僧侣，而火焚其寺……僧侣得免于死者，逃入尼泊尔、西藏"。[2] 西藏佛教在经历朗达玛灭佛和阿底峡佛教振兴后，正需要人才，而帕拉国佛教徒迁徙满足了这种需要，加速了西藏佛教振兴。

五　关于西南丝绸之路佛教传播的设想和推论

第一，迦摩缕波国对印度东北部地区的掌控，是早期西南丝绸之路佛教传播不畅的原因之一。4～7 世纪，印度阿萨姆地区同时流传佛教与婆罗门教，出现了佛教国家和婆罗门教国家的斗争。最终，婆罗门教国家迦摩缕波国取得了胜利，统一了阿萨姆地区。阿萨姆佛教仍然存在，但是被排挤到边缘地位。相比于印度其他地区，印度东北部呈现出以阿萨姆为中心的佛教真空地带。随着迦摩缕波国吞并孟加拉地区的沙珊卡国，这一真空地带还呈现出向孟加拉地区延伸的趋势。此外，据法显、玄奘等僧人记载，佛教与婆罗门长期处于对立态势。《法显传》记载：法显在坐船由苏门答腊开赴广州的路上，"遇黑风暴雨。商人、贾客皆悉惶怖……诸婆罗门议言：'坐载此沙门，使我不利，遭此大苦，当下比丘置海道边。'"法显为自己辩护称"吾到汉地，当向国王言汝也。汉地王亦敬信佛法，重比丘僧"，[3] 方才免于被弃于荒岛。再比如，《大唐西域传》记载："忽有异人持刃逆王……王曰：'外道何故兴此恶心？'对曰：'有五百婆罗门，并诸高才，应命召集，嫉诸沙门蒙王礼重。乃射火箭焚烧宝台，冀因救火众人溃乱，欲以此时杀害大王。既无缘隙。遂雇此人。趋临行刺。'"[4] 戎日王在统一北印度后对佛教恩宠备至，却由此招来婆罗门教徒记恨，甚至险些被杀害。由此看来，在婆罗门教王国迦摩缕波国立国期间，中、印不太可能穿越阿萨姆地区而展开大规模佛教交流。也就是说，当时中印

---

① 根据阿萨姆境内发掘出的一块名为 Hayunthal 铜板碑文所知。
② 陈恭禄：《印度通史大纲》，岳麓书社 2011 年版，第 73 页。
③ （东晋）法显撰，章巽校注《法显传校注》，中华书局 2012 年版，第 145 页。
④ （唐）玄奘：《大唐西域记》，董志翘译注，中华书局 2012 年版，第 296 页。

西南丝绸之路佛教交流，除了有沿途凶山恶水和荒夷部落阻碍，还有迦摩缕波国婆罗门势力的威胁。

第二，伴随着我国西藏、云南本土强势政权的出现，西南丝绸之路佛教交流增多，形成了大唐、吐蕃、南诏、帕拉国的佛教交流。首先，在国力日益增强背景下，松赞干布、赤松德赞等吐蕃赞普顺应社会发展以及王权集中需要，大力弘扬佛教。印度高僧寂护、莲花生、莲花戒、古萨诺，尼泊尔高僧香达，我国内地高僧天寿、摩诃衍纷纷来到吐蕃传教。值得注意的是，佛教密宗在 792 年吐蕃"渐顿之争"中获胜，掌握了吐蕃佛教发展的主导权，这体现了帕拉国在佛教密宗教育和传播上的成功。其次，一些南诏的历史与传说，表现了南诏政权对印度佛教的推崇。清释圆鼎《滇释纪》记载："阿吨力、利达多、罗逻倚等七位高僧受到南诏王细奴逻（649～674 年在位）邀请，由印度摩揭陀来到南诏传播佛法。"① 这可能是印度佛教在迦摩缕波国覆灭后，与云南发生的最早的联系。再次，逻盛（674～712 年在位）统治南诏时期，派遣大臣张建成从大唐带来了诸多佛教经典，证明了南诏佛教与大唐佛教的密切关系。

第三，佛教密宗的高度融合性，是其成功在西藏和云南传播的重要原因。受婆罗门教、耆那教等宗教的冲击后，佛教密宗广泛吸收其他宗教教义，成为佛教中融合性极强的教派。通过在帕拉国王室所支持的那烂陀寺、超戒寺、奥丹塔普里寺等寺院中修行，帕拉国密宗僧人掌握了较强的佛理思辨能力，这为帕拉国佛教密宗向西藏和云南传播打下了坚实基础。"前弘期"②，佛教密宗在吐蕃境内快速发展，不仅击败了佛教其他宗派，还成功融入当地社会，实现了与吐蕃本土宗教苯教的分庭抗礼。"朗达玛灭佛"后，西藏佛教在帕拉国赴藏密宗僧人的帮助下，逐渐恢复元气。此后，西藏佛教密宗全面融合苯教，一举成为西藏的首要宗教。云南方面，由于缺乏史书资料，我们很难确认佛教密宗与南诏本地鬼神信仰有无发生冲突。但是，南诏阿阇梨教（云南佛教密宗）所带有的较强鬼神信仰特色，无疑表明了两者教义的成功融合。在大理地区，阿阇梨教吸收了少数民族信仰中的诸多礼仪、巫术。③

第四，帕拉国密宗僧人对吐蕃和南诏佛教有巨大影响。首先，帕拉国密宗僧人对吐蕃佛教的复兴起到了关键作用，其代表即著名的阿底峡尊者。982 年，阿底峡出生于毗诃罗普尔地区（今孟加拉国达卡专区蒙希甘杰县）。藏文传记中说："王曰善胜（或曰善吉祥、善德），正法代世，妃曰胜光（或吉祥光，婆罗门种），德同女宝。王有三子，长曰莲华藏，次曰月藏，三曰胜藏。"④阿底峡即二王子月藏，其母亲为婆罗门种姓的王后。这一时期，帕拉国在其国王马西帕拉一世（995～1043 年）领导下重新崛起，收服了包括毗诃罗普尔地区在内的大部分孟加拉地域，阿底峡也因此成了帕拉国人。受到父母影响，阿底峡自幼广泛学习佛教小乘、密宗经典以及婆罗门经典。他学冠那烂陀寺和超戒寺，在声明、因明、工巧明和医方明（语言、逻辑、工匠技艺和医学）等内外两教上有极高造诣。作为藏传佛教发展的重要人物，阿底峡在《布顿佛教史》《青史》《汉藏史集》《后藏志》《土观宗派源流》《红史》等西藏文献中留有着传奇性记载，藏王意希沃迎请阿底峡入藏的故事更是在西藏家喻户晓。根据藏文故事记载，阿底峡在 59 岁时（1040 年）来到西藏传播佛教，讲授密宗的噶丹派经义。他努力从事藏传佛教改革，将帕拉国佛教密宗僧人教育中的教理系统化、修持规范化等理念引入西藏，使西藏佛教得以重新崛起。由于阿底峡对西藏佛教贡献巨大，藏传佛教信徒将其称为西藏达赖、班禅格鲁派黄教的祖师，加以顶礼膜拜。其次，帕拉国僧人与南诏国佛教密宗的兴起有直接联系。《大阿摺哩段公

---

① 转引自黄惠焜《佛教中唐人滇考》，《云南社会科学》1982 年第 6 期，第 77 页。
② 从吐蕃第 33 任赞普松赞干布推崇佛教到末代赞普朗达玛灭佛之间的一段时期，被称为"前弘期"。
③ 《南亚研究》编辑部：《印度宗教与中国佛教》，中国社会科学出版社 1988 年版，第 17、19 页。
④ 郑堆：《阿底峡大师早年生平考》，《宗教学研究》2010 年第 2 期，第 137 页。

墓志》及《古滇》中提到从印度到云南的密教僧人有赞陀崛多、杨珠觉、珠觉及菩提巴波等，其中影响最大的莫过于帕拉国僧人赞陀崛多。万历《云南通志》记载："赞陀崛多神僧，蒙氏保和十六年（唐开成四年，839 年），自西域摩伽国（即摩揭陀）来，为蒙氏崇信，于郡东峰顶山结茅入定，慧通而神。"永昌府《仙释》记载赞陀崛多"摩伽陀，天竺人。蒙氏时卓锡于腾冲长洞山……至今，云南土僧名阿叱力者皆服其教"。[①] 赞陀崛多来到云南时，摩揭陀正属于帕拉国控制的核心地带。如果按照上文记载，赞陀崛多无疑出自帕拉国，并受到了南诏王室"蒙氏"恩宠。

总之，西南丝绸之路与西北丝绸之路、海上丝绸之路同为中印佛教交往大通道。公元 4 ~ 12 世纪，迦摩缕波国和帕拉国先后称雄印度东北部，控制阿萨姆和孟加拉地区，对西南丝绸之路的发展传播影响深远。随着中外考古技术的发展、相关古代文献文物的增多以及对文献解读水平的提高，印度东北部地区、我国西南地区的佛教史研究可用资料将不断增多，必将检验本文有关迦摩缕波国及帕拉国影响西南丝绸之路佛教传播的推测。

The Influence of Kamarupa and Pala on the Buddhism Communication of Southwest Silk Road

Li Xiao

Abstract：In the 4th – 12th centuries AD, the Kamarupa and the Pala kingdom dominated northeastern India and controlled Assam and Bangladesh , and had a profound impact on the development of the Southwest Silk Road. The Kamarupa promoted Brahmanism and marginalized Buddhism, which caused the Buddhist vacuum in Northeastern India and hindering the Buddhist exchanges between the Silk Road and the Southwest of China and India . After a hundred years with the Kamarupa kingdom's extinction, Pala kingdom flourished Buddhism and supported Buddhism, spread the new sect of Buddhism – Vajrayana. and the Buddhist exchanges between the Sino – Indian Southwest Silk Road increased rapidly. It can be said that the political and religious changes in the northeastern part of India from the Kamarupa to the Para have given more reasonable explanations for the "Tang rise" Theory of southwestern China Buddhism.

Keywords：Kamarupa；Pala；Buddhism；Southwest Silk Road

---

① 方国瑜：《方国瑜文集》第二辑，云南教育出版社 2001 年版，第 528、529 页。

《西南边疆民族研究》 第 28 辑

第 71～76 页

© SSAP，2019

缅甸华人的社会地位及其华文教育实践[*]

——以曼德勒华人为中心

刘　权[**]

摘　要　华文教育实践是海外华人传承语言文化、塑造身份认同的重要工具，同时也是海外华人应对当地社会环境及政治生态的重要策略。本文以在缅甸曼德勒长期的田野调查为基础，呈现当地华人的日常生活及社会边缘地位，分析华文教育与其社会边缘地位之间的关系，并指出华文教育既是缅甸华人建构在当地的集体意识、加强社会团结的工具，也是他们追逐权力的场域。

关键词　缅甸华人；社会地位；华文教育；曼德勒

DOI：10.13835/b.eayn.28.08

长期以来，学界对缅甸华人边缘化的社会地位进行了较为全面的呈现和深刻的解析，[①] 对缅甸华文教育的研究成果也颇为丰硕，[②] 但对于缅甸华人社会地位与华文教育实践之间的关系，学界还缺乏深入的探讨。笔者认为，梳理缅甸华文教育的发展历史及实践特点，可以反映缅甸华人社会地位的变迁。更为重要的是，缅甸华文教育不仅是传承语言文化的工具，还是缅甸华人在边缘化的社会地位上所做出的能动性实践，他们在华文教育中加强缅甸华人内部的社会团结。

2014～2015 年，笔者曾累计在缅甸曼德勒市进行了 7 个多月的田野调查，主要关注曼德勒华人的社会地位及其华文教育实践，本文将力图对两者之间的关系进行深入的探讨，并最终提供一种理解缅甸华人社会的新视角。

一　缅甸华人的社会地位

缅甸华人的社会地位是一个历史概念，其在历史的进程中不断变迁。在此，笔者将比较分析缅甸独立（1948 年）之前及独立之后华人的社会地位。

---

[*]　本文系贵州财经大学引进人才科研启动项目"缅甸华文教育与缅甸华人身份认同研究"（2018YJ52）阶段性成果。

[**]　刘权，贵州财经大学文法学院副教授，研究方向为语言人类学、汉语国际教育。

[①]　范宏伟：《浅析缅甸华人的公民资格问题》，《世界民族》2012 年第 3 期；范宏伟：《缅甸华人的政治地位及其前景》，《国际关系学院学报》2009 年第 2 期。

[②]　范宏伟：《缅甸华文教育的现状与前景》，《东南亚研究》2006 年第 6 期；林锡星：《缅甸华文教育产生的背景与发展态势》，《东南亚研究》2003 年第 3 期。

（一） 缅甸独立前华人的社会地位

缅甸与中国山水相连，互为邻邦，中缅两国的互动最早可追溯至秦汉时期，那时就有来自中国西南的商贾到"乘象国"经商，[1] 这里的"乘象国"就处于今天的中缅边境，而且他们还曾穿过缅甸到印度开展商业活动，说明在当时中国商人的足迹已经涉入缅甸。元朝汪大渊曾出海远航，并著有《岛夷志略》一书，其在该书中称赞缅甸"家给人足，人无饥寒之忧"，"故贩其地者，十去九不还也"。[2] 由此可见，当时缅甸的华人社会已初步形成，来自中国的商人定居缅甸也并不罕见。明朝的历史文献中也有类似的记载，其中提到了当时在今天缅甸的八莫附近，已有数万华人定居，并且他们还创建了"大明街"。[3] 至明末清初，缅甸华人社会进一步壮大，华人与缅人通婚的现象也很普遍，"胞波"这一称谓就产生于这一时期。"胞波"指"兄弟"，是缅甸华人与当地人民的互称，该称谓一直沿用至今。[4]

1824～1885 年，英国先后发动了三次侵缅战争，并在此过程中逐步吞并了缅甸全国，开启了缅甸被英国殖民的历史，[5] 这一历史事件深刻影响了缅甸华人的社会地位与生存境遇。在英治缅甸时期，缅甸被深深嵌入世界资本主义体系，缅甸国内的劳动力需求急剧上升，在此背景下，大量华人和印度人迁入缅甸。[6] 英国殖民时期，缅甸华人的社会地位及政治权利都被削弱，虽有华人任国家部长、议员等职位，但往往只是象征性的，而无实权可言。[7] 在当时缅甸国家设立的上议院和下议院中，华人很难获得议席，缅甸华人的社会地位与政治权利缺乏有力的保障。[8]

从 1937 到 1945 年，中国经历了艰苦的八年全面抗战，并取得了最终的胜利，在此期间缅甸华人不断支持中国抗日，并在无形之中加强了对祖籍国（中国）的认同。这深刻影响了缅甸官方及主体民族对华人的认知，他们认为缅甸华人仍旧心向中国，没有形成对缅甸的认同。而缅甸华人在商业上的成功，也引起了缅甸当地族群的警觉，这些对缅甸华人的刻板印象及认知偏差，成为后续影响缅甸华人社会地位的重要因素。[9]

（二） 缅甸独立后华人的社会地位

缅甸独立后，缅甸政府对当地华人的政策也发生了重要的变化。缅甸独立伊始，吴努（U Nu）政府开始执政缅甸，将中国视为重要的友好盟友。在此背景下，缅甸华人的社会地位也得到了一定的保障。虽然华人仍旧没有进入缅甸国家政治的决策圈，但当时缅甸的国家法律和政策并无专门限制华人的相关内容。[10]

1962 年，奈温（Ne Win）领导的军人集团接管了缅甸国家政权，缅甸华人社会地位由此开始急剧下滑。1988 年，在全国性的反对声浪中，奈温被迫下台，新政府上台执政。相对于奈温执政时期，此时缅甸华人的社会地位得到些许改善。如华人报考大学的条件放宽，言论出版的权利也在一定程度上得到了恢复，等等，但缅甸华人的社会地位和政治权利在总体上没有实质性的改善。[11]

---

[1] （汉）司马迁：《史记·西南夷列传》，中华书局 1959 年版，第 2995～2996 页。
[2] 余定邦、黄重言：《中国古籍中有关缅甸资料汇编》（上），中华书局 2002 年版，第 62 页。
[3] 余定邦、黄重言：《中国古籍中有关缅甸资料汇编》（上），中华书局 2002 年版，第 352 页。
[4] 陈孺性：《缅甸华侨史略》，载《旅缅甸安溪会馆 42 周年纪念特刊》1964 年版，第 14 页。
[5] 貌丁昂：《缅甸史》，贺圣达译，云南省东南亚研究所 1992 年版，第 203～229 页。
[6] 范宏伟：《战后缅华社会政治地位变迁研究》，厦门大学博士学位论文，2003，第 19～20 页。
[7] 范宏伟：《战后缅华社会政治地位变迁研究》，厦门大学博士学位论文，2003，第 23～28 页。
[8] 许麈力：《缅甸立法机构与华侨》，《新仰光报》1963 年 12 月 31 日。
[9] 建人：《五年来缅甸华民主运动概述》，载《新仰光报 5 周年纪念特刊》，1950 年版。
[10] 范宏伟：《战后缅华社会政治地位变迁研究》，厦门大学博士学位论文，2003，第 48～121 页。
[11] 范宏伟：《缅甸华人的政治地位及其前景》，《国际关系学院学报》2009 年第 2 期。

二　华文教育与缅甸华人社会整合

在下文中，笔者将呈现曼德勒华文教育对于整合当地华人社会的意义。

曼德勒位于缅甸中部，城市规模仅次于仰光，人口超过 100 万人，有近十万华人在此聚集。与此同时，曼德勒也是缅甸华文教育最为发达的城市之一，表 1 是笔者于 2015 年对曼德勒华文学校基本情况的初步统计。

表 1　2015 年曼德勒华文学校基本情况统计

校名	教师人数	大专以上学历教师人数	学生人数	办学层次
福庆学校	48	46	850	幼稚园至初中
云华师范学院	6	5	60	大专班
孔教学校	122	98	4327	幼稚园至高中
育才学校	26	0	307	幼稚园至高中
新世纪学校	63	63	1200	幼稚园至高中
明德学校	20	6	260	幼稚园至高中
昌华中文学校	32	32	588	幼稚园至高中
合计	317	250	7592	

根据人类学家对海外华人的研究，海外华人使用语言的情况与其身份认同和文化归属密切相关，视汉语为母语的华人与以当地语为母语的华人，两者在身份认同和文化实践上皆呈现明显差异。[1] 对于海外华人而言，语言整合是族群社会整合的重要因素。曼德勒发达的华文教育是曼德勒华人社会整合的重要手段。

除了曼德勒福庆学校，曼德勒其他华文学校的汉语教学都普遍采用母语教学的方式进行。由此，大多数曼德勒华人都视汉语为母语，而缅语则位于相对次要的位置。在曼德勒华人的眼中，华文教育是一种与缅甸国家制度性教育并行的教育，曼德勒华人学生大多从幼稚园到高中阶段都在当地的华文学校中持续性地接受华文教育。甚至还有一些华人只接受华文教育，而拒绝接受缅甸国家的正规教育。笔者曾访谈过曼德勒明德学校中的一位高中生 H，他从小就一直接受华文教育，而从未上过缅文学校，H 表示，"我们华人读缅校并没有什么用，反倒是上华校比较实用，高中毕业后可以选择去中国台湾或者中国大陆留学。"H 虽然是从利弊得失的角度来解释缅校与华校的不同，但其背后也隐藏着他对缅语和汉语的不同认知和态度。曼德勒华文教育中的母语教学方式有利于当地华人的汉语传承。华文教育中呈现的汉语与缅语的隔离，将当地华人社会形塑为一个与外界界线清晰的群体。[2]

曼德勒华文教育不仅塑造了当地华人对于汉语和缅语的认知态度，同时也建构了当地华人特殊的语言生活。正如曼德勒孔教学校中的 L 老师所言，"在学校中，大家都说汉语，这种感觉很好，在我的课堂上，如果有学生讲缅语，我会对他进行严厉的批评。"从 L 老师的表述中不难看出，曼德勒华文学

---

① 陈志明：《迁徙、家乡与认同》，段颖、巫达译，商务印书馆 2012 年版，第 112~121 页。
② 弗里德里克·巴斯：《族群与边界》，高崇译，《广西民族大学学报》1991 年第 1 期。

校不仅塑造了语言的认同，还建构了特殊的语言生活。通过对曼德勒各华文学校教学方式、其塑造的语言生活及语言认知态度的分析，可以看到其背后所蕴含着的当地华人对于集体意识的重视，以及对族群向心力的渴望。

语言对于族群的整合只是其中的一个维度，而华文教育中的相关节庆与仪式对于当地华人社会整合也有着重要意义，这些节庆与仪式包括春节中的拜年习俗、春节晚会活动、孔圣诞节日、祭孔仪式、华人优等生颁奖会、缅北华校师生迎新联谊运动会等。[①] 曼德勒华文教育中的节庆和仪式都内含着浓烈的华人传统文化色彩，这些在当地独具特色的文化展演活动，无疑强化了曼德勒华人的族群身份认同，以及华人社会的内聚力。华人虽然远离文化原生地，却对华人传统文化的传承显得格外珍视，类似这种现象被许多学者所关注。[②]

通过上文的分析可见，曼德勒华文教育对于当地华人社会的整合意义是显而易见的，其作为少数群体的身份策略的属性也逐渐清晰。正如曼德勒一所华文学校的 J 校长所说的那样，"华文教育是我们海外华人共同的事业，没有人会置身事外，华文教育的发展得益于华人社会的合力支持，华人的同心同德也得益于华文教育的引导。"从 J 校长的表述中可以看出，曼德勒华人的团结一致是支撑曼德勒华文教育蓬勃发展的原因，而华文教育的发展同时又反过来促进了曼德勒华人社会的团结与整合，两者构成了相辅相成、互为因果的关系。

三　华文教育与缅甸华人的权力实践

大多数缅甸华人都被划分为客籍公民和归化公民，他们在经商、接受教育、参与政治等方面都受到了诸多限制。基于这一事实，学界普遍认为缅甸华人既缺乏政治实践的机会，同时也缺乏政治热情。[③] 还有学者指出，缅甸华人的实践动机主要表现在生存和经济上，而对政治却表现得很冷漠。[④] 所以，缅甸华人经常被称为在政治上"沉默的公民"。[⑤] 显然，这些研究只关注到缅甸华人在国家层面政治权力的缺失，却没有注意到他们在日常生活中的政治实践。政治的含义应该是丰富的而非单一的，权力具有多种形态并且弥漫在日常生活中无处不在。[⑥]

通过对曼德勒华文教育的考察可以发现，华文教育成为权力实践与权力生产的场域，很大程度上在于其内部对应着一整套机构设置与职位编排。在曼德勒华文教育的体系中，每一所华文学校内部都有着科层制的机构设置，处于金字塔最顶端的是董事长，其下依次设有董事、副董事、监事长、秘书长、校长、副校长、财务长、教导主任、训导主任、年级组长等诸多职位。[⑦] 职务的设置同时也就意味着身份的再生产以及权力的生成。从笔者对曼德勒华文学校考察来看，董事长作为华文学校的核心出资人，其把握着学校的经济命脉，所以具有最大的、实质性的决策权力，而作为次要出资人的董事和副董事，则一般不具有实质性的权力，投身于华文教育，往往给他们带来的是象征性的资本。校长、

① 刘权：《整合与分化——从华文教育看曼德勒华人社会的内部关系》，云南大学博士学位论文，2015，第 63～64 页。
② 张桥贵、曾黎：《仪式与文化结构——云南建水祭孔仪式与地方文化内在关系研究》，《世界宗教文化》2010 年第 4 期；赵世瑜：《身份变化、认同与帝国边疆拓展》，《西北民族研究》2013 年第 1 期。
③ 张旭东：《东亚金融危机后的缅甸华侨华人》，《当代亚太》2006 年第 2 期。
④ 卢光盛：《缅甸华人：概况和特点》，《当代亚太》2001 年第 6 期。
⑤ 梁英明：《海外华人参政议政问题研究》，载于郝时远主编《海外华人研究论集》，中国社会科学出版社 2002 年版，第 93 页。
⑥ 米歇尔·福柯：《权力的眼睛》，严峰译，上海人民出版社 1997 年，第 136 页。
⑦ 刘权：《整合与分化——从华文教育看曼德勒华人社会的内部关系》，云南大学博士学位论文，2015，第 109 页。

教导主任和训导主任则是华文教育事业的主要执行者，也是学校日常事务的主要负责人。最为重要的是，这些职位和职务在当地华人社会中，皆是社会声望的代表，在对"尊师重教"思想的不断强调中，这种声望得以强化，而在华文教育机构中的华人，也由此成为华人社会中的精英。

需要进一步指出的是，在华文教育中进行权力实践，既需要支付相应的资本，也需要付出相应的代价。一般而言，像华文学校董事长这样既收获了实质性权力，又能得到象征性资本的职位，往往都是由当地华人中的经济精英来担任，他们将华文教育视为公益事业，基本不会期待这一事业能给自己带来经济利益。正如曼德勒明德学校的董事长 P 先生所言，"从经济上来讲，做华文教育只有付出，没有回报，但收获的是华人对我们的感恩和尊敬。"华文学校中的校长和教师也是当地华人社会中颇具声望的角色，但他们同样要付出相应的代价，因为从事华文教育的收入相对微薄，这也是当地华文学校年轻教师流动性较大的最主要原因。许多曼德勒的年轻教师都曾向笔者表示，在华文学校中当教师，只能够维持基本的生活。当面对结婚、买房等人生重大关口时，他们（特别是年轻男教师）往往只能选择放弃教师这一职业，转而从事其他经济收入更高的职业。能够长期坚守在华文教育一线的教师，大多是基于这份职业带来的荣耀、声望和尊敬，而这些恰恰是作为边缘人的缅甸华人一直渴望得到的东西。

在此，我们还需进一步分析曼德勒华文教育中的社会整合实践与权力实践之间的关系。毋庸置疑，制造差异与权力追逐对当地华人社会整合有一定的负面意义，但对当地华人社会作为整体性的存在并不具有实质性的威胁。因为涉及其中的社会整合实践与社会分化实践属于不同层级的能动性实践，其发生的时间、空间及具体情境相对独立，不存在正面的冲突。

正如人类学家埃文思－普里查德（Evans－Pritchard）所描述的努尔人那样，当部落之间发生冲突或战争时，各部落内部的各个氏族倾向于结成一个高度整合的整体，抱团并一致对抗其他部落；当没有外敌入侵时，部落内部的各个氏族却倾向于视彼此为竞争和冲突的对象。[①] 这种随着情境变化而调节社会关系的机制，并没有分化和瓦解努尔人的社会关系。所以当地华文教育中所呈现的权力追逐，并没有在根本上动摇当地华人社会的集体情感与集体意识。

四　结语

从曼德勒华人社会这一个案出发，不难发现华文教育是缅甸华人应对自身边缘性族群身份的重要手段和策略。一方面，当地华人通过华文教育强化了族群的文化认同，以及族群内部的社会团结，华人的集体情感与意识也在华文教育实践中得到了巩固。可以说，华文教育是缅甸华人的社会黏合剂，其使当地华人以抱团取暖的姿势来应对自身的边缘性。另一方面，只有"半公民身份"的缅甸华人缺乏参与国家政治的机会和资本，而华文教育则成了他们追逐权力和进行日常生活政治实践的重要场域，当地华人根据地缘、宗教及政治倾向的分化在华文教育中制造差异，并由此生产出华文教育的不同的阵容和派系，以及各自的追随者，这是边缘群体追逐权力的特殊方式。

---

① 埃文思－普里查德：《努尔人——对一个尼罗特人群生活方式和政治制度的描述》，褚建芳译，商务印书馆 2014 年版，第 162～169 页。

The Social status of Ethnic Chinese and the Practice of Chinese Education in Myanmar: Centering on Ethnic Chinese in Mandalay

Liu Quan

Abstract: The practice of overseas Chinese education is an important tool for overseas Chinese to inherit the Chinese language and culture, and the shape of their identity. At the same time, it is also an important strategy for overseas Chinese to respond to the local social environment and its political ecology. For a long time, the ethnic Chinese in Myanmar have always been at the edge of society and politics, their living conditions and strategies are deeply reflected in the practice of overseas Chinese education. Based on the long – term field investigation in Mandalay, this paper presents the daily life and the marginalized social status of local Chinese. It analyzes the relationship between overseas Chinese education and their marginalized social status, and points out that the overseas Chinese education is not only a tool for the ethnic Chinese in Myanmar to build their collective consciousness and strengthen their social solidarity, but also a field for them to pursue the power.

Keywords: Ethnic Chinese in Myanmar; Social Status; Overseas Chinese Education; Mandalay

《西南边疆民族研究》 第 28 辑

第 77～86 页

© SSAP，2019

人类学视域下民族博物馆的陈列叙事研究[*]

——以元阳县民俗文化陈列馆为考察中心

李东红　魏金济[**]

摘　要　民族博物馆是民族历史文化记忆的载体，承担着保护、研究、陈列展示和传承民族文化遗产的主要职责。民族文物的陈列过程是一个知识化与情感化的过程，民族博物馆如何进行物的陈列叙事，达到物与人的沟通交流，在特定陈列叙事语境中，如何挖掘物本身的内涵和外延，从整体性的视角对物加以更深层次的理解和思考，实现"人"与"物"的真正交流，将陈列叙事置于人类学视域下探讨尤显重要。

关键词　人类学；民族博物馆；陈列；叙事

DOI：10.13835/b.eayn.28.09

一　引言

当下博物馆数量、种类正以惊人的速度增长，民族博物馆、民俗旅游村、文化传习馆、生态博物馆等类型的博物馆越来越多地走进人们的视野，其功能与定位，也有了极大的延伸与拓展。静置于馆内的藏品不会主动与观众交流，博物馆要实现收藏、研究、教育的功能，需要将物的陈列过程视作一个知识化与情感化的过程，从阐释物的视角出发，通过征集、收藏、陈列和保护某一族群社会中的某些器物，民族博物馆所建立起的这一相对完整的器物表述系统，与文本叙事相对应，这套系统可称为"博物馆叙事"[①]。正如人类学对物的民族志描绘一样，博物馆无法回避通过物进行文化叙事，在这一特定语境中，如何挖掘物本身并唤醒观众对于物的历史、文化与所在社区的新认识，如何做到让观众不仅从视觉、听觉上接收物所传达的信息，并进一步传情达意，实现"人"与"物"的真正交流，使民族文化的生命力得以不断延续发展，正是人类学理论关照和主张的通过研究文化来理解人性。

---

[*] 本文系云南大学一流学科建设 2019 年项目"青铜贮贝器的图像分析与文化阐释"（2019sy019）的阶段性成果。

[**] 李东红，大理大学特聘教授，云南大学博士生导师，主要研究领域为中国西南考古学、文化资源保护等；魏金济，云南大学西南边疆少数民族研究中心、民族学与社会学学院博士研究生，主要研究领域为博物馆人类学、民族考古与民族历史文化。

[①] 安琪：《民族文化与博物馆叙事——近代西南的器物民族志》，《民族文学研究》2010 年第 3 期。

二 民族博物馆及陈列叙事

关于民族博物馆、民族学博物馆、生态博物馆等概念，学界很多学者已从博物馆学、人类学等不同视角展开了诸多讨论，本研究采用目前我国博物馆界基本达成的一个共识，即凡是属于民族方面的内容，或利用民族文物、标本作为传达信息的主要手段，有专门的房屋、设施和业务人员，有收藏的民族文物、标本并且经常向公众开放的陈列展览，都可称为"民族博物馆"①。本研究考察的元阳县民俗文化陈列馆主要陈列哈尼族生产工具、生活用具和民族服饰等物件，属于展示民族生产生活习俗的主题性博物馆，故本质上属于民族博物馆。叙事学最早发端于索绪尔的结构主义语言学，着重考察的是文学作品的叙事结构，结构主义语言学强调共时性的视角；索绪尔认为语言学是符号学的分支学科，人类的文化系统本质上就是语言，要有语言，必须要有说话的大众②。叙事按照当前学术界的一般性解释，它主要包括两个基本范畴：叙述事情（叙 + 事），即叙述方式和实际所讲述的东西，主要是指通过语言或其他媒介来再现发生在特定时间和空间里的事件或事情③。从近十年国际博物馆协会（ICOM）提出的主题④，可以清楚地看到：陈列语言在搭起物与人的桥梁上成为必然，陈列叙事性倾向逐渐凸显，陈列叙事运用也引起了博物馆研究者们的广泛关注。我们有理由认为博物馆的陈列展览本质上就是语言符号（语音、文字）与非语言符号（展品、辅助展品、色彩、质地等）的有机组合，把叙事学用于博物馆陈列展览分析的意义在于提供一个科学的解读思路⑤。

斯宾塞·克鲁（Spencer Crew）和詹姆斯·西姆斯（James Sims）认为，就物本身而言，它处于一种"失声"状态，只有通过保存和陈列，物才会被固定化而获得意义⑥。从陈列叙事角度，可理解为博物馆物品在陈列过程中如何治愈物的"失声"状态。综观国内外博物馆，在陈列叙事方面运用陈列展览将"失声"之物与人联结起来的典型很多，如美国首都华盛顿特区的史密森尼博物馆群（Smithsonian Institution）⑦。尤其值得指出的是阿纳卡斯蒂亚社区博物馆（Anacostia Community Museum）和国立美洲印第安人博物馆（National Museum of the American Indian），前者专门从群落角度记录和诠释非裔美国人的历史文化；后者作为世界最大、种类最多的美国印第安人文化藏馆之一，从土著人视角陈列北美洲、中美洲和南美洲各地藏品。新西兰国家博物馆⑧，作为南半球最受欢迎的博物馆，其一大亮点便是观众可自然融入毛利人文化氛围中并深入了解感受地域文化，解读地域历史。因为该馆除了陈列毛利人使用的器具及其他展现毛利人风土人情的物件，还常设有土著民族用品及艺术品展，大到

---

① 吴泽霖：《民族博物馆与民族学博物馆的区分》，《中国博物馆》1986 年第 1 期；谢军：《浅谈民族博物馆文物的征集、入藏及保护》，《民族教育研究》2012 年第 3 期。

② 索绪尔：《普通语言学教程》，高名凯译，中国社会科学出版社 1989 年版，第 108 ~ 109 页。

③ 黄亦君：《历史记忆与社会化叙事：贵州隆里汉文化生态博物馆的文化人类学分析》，《中华文化论坛》2014 年第 6 期。

④ 2009 ~ 2018 年，国际博物馆协会（ICOM）在博物馆日提出的主题依次为："博物馆与建设社区""博物馆与全球化""博物馆与朋友""博物馆与无形遗产""博物馆——沟通文化的桥梁""博物馆藏品架起沟通的桥梁""博物馆致力于社会的可持续发展""博物馆与文化景观""博物馆与有争议的历史：博物馆难以言说的历史""超级链接的博物馆：新方法、新公众"。

⑤ 周安翠：《博物馆主题展览叙事研究》，南京师范大学硕士学位论文，2016。

⑥ 彭兆荣：《物的民族志评述》，《世界民族》2010 年第 1 期。

⑦ 爱德华·P. 亚历山大：《美国博物馆：创新者和先驱》，译林出版社 2016 年版。书中记录了美国博物馆拓荒者们从初辟草莱到蔚成气象的开创之功，是研究博物馆历史和理念的权威之作。史密森尼博物馆群作为世界最大的博物馆体系，其下属的 16 家博物馆拥有一亿四千多万件藏品，除基本藏品陈列，它还是一个从事科学历史艺术研究和国民服务等方面工作的研究中心。

⑧ Lonely Planet company：《新西兰》，三联书店 2009 年版。书中介绍了新西兰历史文化景点之一——新西兰国家博物馆，对博物馆陈列展示的毛利人特色文化给予了详尽介绍。

房屋、图腾柱、交通工具、祭祀场所，小到生活用品等无所不包，采用实物、复制品和影像资料等方式展示毛利人文化的整体样貌。与其他国家相比，新西兰的土著文化之所以是保护的最好的，可以说博物馆在这里充分发挥了其诠释物话语机制的最佳场所功能。国内的浙江安吉生态博物馆①，尽管依旧有反对的声音，但立足安吉地域文化特色，采用"一中心馆、十二个专题生态博物馆、多个村落文化展示馆"的陈列叙事方式，较为完整地展示了村落文化遗产全貌。

三 元阳县民俗文化陈列馆的馆藏陈列叙事

（一）元阳县民俗文化陈列馆概况

元阳县民俗文化陈列馆，位于云南省红河哈尼族彝族自治州元阳县新街镇土锅寨村委会，坐落在箐口民俗旅游村的南面广场上，距元阳县城南沙镇 35 公里，处于世界文化遗产红河哈尼梯田风景区的核心区域内。当地民众利用"山有多高，水有多高"的特殊地理环境开垦共创了梯田农耕文明奇观，梯田遗产区总面积约为 461 平方公里②。自 2000 年正式启动"红河哈尼梯田文化景观"申遗工作，到 2013 年申遗成功，当地相关职能部门开展了多方工作，元阳县民俗文化陈列馆便是其中一项重要的文化遗产标志③。陈列馆在原箐口小学的旧址上重新扩建而成，为蘑菇房④样式，第一层主要陈列哈尼族日常生产、生活用具，宗教祭祀用品 90 件；第二层主要陈列哈尼族主要支系的民族服饰 23 套。陈列馆整体建筑包括陈列馆、休息凉亭、公共活动广场、卫生间四个部分，占地面积约 300 平方米。其中陈列馆主体建筑为哈尼族传统民居特色建筑形式——蘑菇房。休息长廊为"「"形凉亭，凉亭顶部为蘑菇房样式，主要供游客和寨里人休息之用。陈列馆北面为错落有致的蘑菇房，东西两面则是层层延伸的梯田，南面 300 多米的地方可看到顺着梯田水势重新修缮的水碾房、水碓和石磨坊旧址。公共活动广场用青石板铺设而成，占地 200 多平方米，有两个主要功能，一是供寨子里举办婚丧嫁娶等重要事宜之用，二是供村民日常悠闲娱乐之用。公共活动广场上最引人注目的便是置于陈列馆正门两侧的两面木鼓⑤。笔者经参与观察发现，当地很多村民都不知其为何物，也不清楚具体是何民族使用，两面大鼓成为寨子里小孩攀爬玩耍之物。很多到箐口村旅游观光的游客对它们充满了好奇心，常常先入为主地把木鼓当作哈尼文化的一部分，不时和它们合影留念以纪念"到此一游"。事实上两面木鼓并

---

① 资料来源于单霁翔《安吉生态博物馆建设的核心理念》一文，原文刊载于《今日浙江》2011 年第 2 期。
② 此资料由元阳县新街镇文化馆提供。
③ 元阳县民俗文化陈列馆陈列的民族文物在笔者田野调查期间的统计数据如下：一层共 17 个陈列柜计 90 件，二层为哈尼族服饰和生产生活器具计 33 件，合计 123 件民族文物。其中，1 号柜 14 件生产工具，短把镰刀 6 把、长把镰刀 6 把、长柄斧头 2 把；2 号柜 6 件生产工具，四齿锄头 1 把、直板锄 1 把、弧形锄头 4 把；3 号柜 13 件生产生活用具，厨具 4 件、木匠专用工具 1 组 9 件；4 号柜竹制马鞍一套；5 号柜 4 件生活用具，木盆 1 个、竹篾编制菜盒 1 个、木制葫芦形盛水器 2 个（一粗一细）；6 号柜 5 件生活器具，木制托盘 1 个、竹制洗脸盆 1 个、竹制中空器皿 2 个、纺线用木叉 1 个；7 号柜 5 件生活器具，小竹箩 1 个、铜锅 2 个、带把木制调料盒 2 个；8 号柜 6 件生活器具，竹制漏斗 1 把、木圆白（小）1 个、铜锅 2 个、铜制盛酒器 2 个；9 号柜 13 件生活器具，木制水瓢 1 个、竹制器皿 1 个、铜制茶壶 1 把、木制圆白 2 个、小称 1 杆、木斗 1 个、木升 1 个、竹制饭勺 1 把、竹筒 2 节、圆形状木制调料盒 2 个；10 号柜 5 件生活器具，旧式油灯 1 盏、木制杆秤 2 杆、一大一小木斗共 2 个；11 号柜 4 件乐器，竹制三弦 2 件、铜唢呐 1 件、铜制八音古琴 1 件；12 号柜 2 件宗教祭祀器具，木鼓 1 件、铜锣 1 面；13 号柜 1 件长把古叉；14 号柜 2 副竹制弓弦；15 号柜 4 个竹编斗笠；16 号柜 5 件生活食具，竹篾编小桌 3 个、盛米竹箩 1 个、木制瓿子 1 件；17 号柜为哈尼族长街宴微型场景陈列，整个模型长 3.6 米，宽 0.6 米，男女老少人物表情各异，形态不一，共 141 个哈尼族人物模型，形象生动地再现了哈尼族长街宴情景。二楼陈列哈尼、爱尼等哈尼支系的民族服饰 23 套和 10 件生产生活器具。
④ 为适应哀牢山区高温多雨的半山环境，哈尼族先民在平顶式建筑的基础上竖立屋顶木架，并在四周铺盖双斜面的房顶，房顶是用山茅草夹杂部分稻草和野竹子沿着屋顶铺盖成"人"字形斜面，因形似蘑菇，故名蘑菇房。
⑤ 两鼓均为木制，边沿外裹一层乌铜皮。其一鼓面直径约 1.2 米，鼓面中心位置为太阳纹，共 12 芒，鼓胸位置绘有回形纹，鼓腰明显；另一鼓面直径 1.1 米，鼓面素纹，鼓腰和鼓足均不明显，鼓身通体绘有交叉绳纹。

非元阳"特产",据当地村民介绍,箐口村、大鱼塘、全福庄等周边的哈尼族只用过锣和小一点的铓鼓,但从未见过这种大木鼓,他们声称这是有关部门从外地购入作装饰之用的①。

(二) 陈列叙事之载体

提及陈列叙事之载体,自然离不开馆内所陈列的"物"。民族文物是民族文化的物态形象,是民族文化的有机载体,看得见也摸得着,其本身就是民族历史的有效见证,每件文物都与当地人的生产生活息息相关。元阳县民俗文化陈列馆内陈列的犁耙、锄头、食用器皿和宗教祭祀用品等 123 件民族文物,既有其使用功能,同时又是具有象征意义的符号体系。每件民族文物的功能和用途是具体的,而与其相关联的其他符号文化信息则是无形而抽象的。事实上,这些简单的生产工具和日常生活器具反而更能反映出哈尼族人民的社会文化样貌:透过陈列的六齿锄头、十二齿犁耙、木盆,大概可以想象村民在梯田里赶着牛,拖着犁耙,深耕劳作的农业场景;通过一组 9 件套木匠工具,仿佛可以看到哈尼族工匠坐在蘑菇房里用刨刀和凿刀静心修磨木盆的过程。这一系列实实在在的陈列物,很大程度上可以说是哈尼族历史记忆的记录者和展现者,每一件民族文物都潜藏着与元阳一带哈尼族日常生产、生活相关的文化信息。一般来说,单纯停留在民族博物馆的民族文物上确实可以或多或少了解一些有关民族的历史文化,但要真正理解民族文化的内核,仍需深挖物件本身的内涵和外延。可以这样说,民族的文化生命力得以不断延续关键是要依靠"物"与"人"。因为"物的存在是在人 - 物关系中得到实现的"②。

> 我们到这里旅游参观,主要是冲着哈尼梯田风光和民族文化特色而来。总体上看,这个博物馆已经把当地传统民居、耕作方式、民风民情展现出来了。特别是哈尼族长街宴,因为我们还没到元阳前就听说很有特色,现在通过博物馆这样的陈列,对长街宴有了大体的了解。摆放在柜子里面的这些东西,老一点的人可能见过用过也知道这些东西是用来干什么的,但年轻这一辈估计见都没见过。现在少数民族地区变化也是快,很多有特色的、传统的东西一旦消失,游客想看也看不到了,博物馆刚好可以发挥作用,把这些民族的文物收集起来,保护起来,展览出来。这样子的话,游客至少还可以通过这些实实在在的民族文物来更多地了解这个民族的历史和文化③。

就这一意义来讲,民族博物馆承担的物的陈列叙事角色不容忽视。彭文斌、温世贤指出:"表面上看,民族博物馆因'物'而立,其主要工作对象也是'物',但任何器物都是人类行为和社会文化的塑造物,要了解这些来自过去之物,并使之对现代人与当代生活产生意义,就必须挖掘出隐藏于器物背后的文化事件与文化表征。"④ 显然,陈列过程中如何达到"物"与"人"的有效沟通,这是目前国内各类型博物馆包括民族博物馆需要深思的问题。博物馆不仅是储藏室,也是多元文化展示和观点交流的平台,既要重视物件本身,也要强调物件背后的人⑤。我们可从目前国内讨论比较集中的生态(社区)博物馆诸多实践案例中,获得对民族博物馆在物的陈列叙事上的新的启示。

---

① 此资料来源于田野调查。
② 马翀炜:《遭遇石头:民俗旅游村的纯然物、使用物与消费符号》,《思想战线》2017 年第 5 期。
③ 访谈对象:WL,女,42 岁,云南红河州蒙自市人,第二次到元阳观光旅游。此资料为笔者田野调查所得。
④ 温士贤、彭文斌:《传译民族文化与平等——吴泽霖先生的民族博物馆思想》,《民族学刊》2011 年第 3 期。
⑤ Juilee Decker:《宾至如归——博物馆的创新之道》,王欣译,上海科技教育出版社 2017 年版,第 163 页。

　　这个博物馆里面的东西还可以，但我觉得还不够，像那些石磨、以前的书、民族服装，这些都是宝贵的民族文物。民族服装也不局限于衣服，在我看来帽子、发簪、头巾等，这些也很有必要去好好收集起来。这些民族文物在哪里？在民间。如果有关部门不加强去民间收集这些东西，把它们保护起来，社会又发展得这么快，再过几十年老百姓也不会用这些东西，现在的年轻人以后就再也见不到这些东西了。①

　　很明显，参观者、研究者不仅关注博物馆内的陈列物件本身，物件如何多样化、如何拓宽物件征集渠道等都是人们所关注的议题。如张先清所言，物件从何而来，物件背后的故事，研究者不只限于关注博物馆内的物件，对于博物馆所涉及的采集活动，即物从田野到博物馆的流动过程也赋予了更多的关注②。说到底，民族文物陈列的深层内涵就是设法通过物与人的灵魂对话，达到物与人的有效沟通。

（三）陈列叙事的形式：整体观不可忽视

　　博物馆陈列形式主要有三个层次的要求：一是藏品的展现，结合陈列的主题进行藏品的有效选择和有效布局；二是观众的生理和心理需求，主要指的是体现不同层次观众的情境设计和人性化服务、互动设计等；三是馆内环境的整体设计，主要是馆内空间布置和合理的安排，包括馆内建材、灯光照明、温度湿度调节、图画色彩装饰和整体空间布局③。由此可见，博物馆陈列叙事形式的三个基本要求，同人类学研究群体文化一样都强调其整体性，这也是近年博物馆人类学热议的话题。

　　首先，静态与动态的整体陈列设计。陈列馆两层楼的空间布置以静态的方式将哈尼族生产用具、生活用品和服饰等较为完整地展现给观众。除了前面论述中提到的 123 件哈尼民族文物，陈列馆主体建筑蘑菇房、哈尼族长街宴微型场景图、16 块文字简介标识说明牌④，通过陈列辅助品组合的形式，相对集中地介绍了哈尼族服饰、饮食、居住、民俗节日等，让观众可以在有限的民俗文化陈列空间里比较全面地了解元阳哈尼族的文化。综合来看，犁耙、鱼叉、大型稻作农耕实景图和哈尼族长街宴微型场景图甚至包括馆内竹制照明灯罩这样的和谐空间布局设计，刚好再现了哈尼族农耕－村寨－梯田这样一种原生和谐的生态文化情景。简单枯燥的静态信息传递方式已不符合现代博物馆的陈列要求，要让民族文化和民族文物活起来，以展演或体验的方式，对民族文化遗产进行真实、系统的记载和历史再现。同时增加与观众互动的空间，丰富与观众互动的展示手段，拉近观众与展品之间的距离，提高观众与民族文化之间的交互性，使观众在现代化的艺术氛围中获得强烈的历史性感受，使他们对民族博物馆文化产生更切身的体验，在体验中有可能就自觉或不自觉地增强了民族审美情趣和民族文化自豪感⑤。

　　其次，藏品内涵和外延的整体陈列叙事。显然，基于陈列馆空间和馆藏自身的局限性，并非所有哈尼族的文化面貌和文化特征都可以通过馆藏文物完整表现出来，需要适当的辅助展品，甚至需要把

---

① 访谈对象：ZYQ，47 岁，男，汉族，云南昆明人。
② 张先清：《物件的文化：中国学者的早期田野采集志反思》，《民族学刊》2016 年第 1 期。
③ 宋才发：《民族博物馆文物陈列的本质及艺术》，《吉首大学学报》（社会科学版）2010 年第 3 期。
④ 16 块说明牌依次是"哈尼族简介""迁徙路线""分布图""民居文化""服饰文化""饮食文化""春天的祝愿'昂玛突'：第三批国家级非物质文化遗产代表性名录项目""生命的狂欢'矻扎扎节'""丰收的盛宴'十月年'""铓鼓舞""棕扇舞""木雀舞""乐作""哈尼哈巴（民歌）：第二批国家级非物质文化遗产名录项目""四季生产调""哈尼口碑文化"。此资料为笔者田野调查期间收集整理。
⑤ 宋才发：《民族博物馆的三大基本职能探讨》，《中央民族大学学报》（哲学社会科学版）2010 年第 5 期。

整个村寨视为广泛意义上的博物馆。通过整体整合的方式，以地域自然生态、历史、文化等作为整体叙事对象加以复原展示，和当地的居民一同促进当地和谐发展，即有学者提出的社区（生态、地域）博物馆①。在民族博物馆、生态博物馆、民俗旅游村等概念之争的同时，部分学者倾向于把这一类在地化的博物馆称为"地域博物馆"。英国学者彼特·戴维斯在此基础上，提出地域博物馆对于当地文化遗产不仅仅具有保护作用，更重要的是能帮助形塑当地习俗价值准则体系，更好地展示当地的社会风气和文化特色②。李东红等人也指出，"生活在不同地域的人群创造出各具特色的乡土文化，不同的乡土文化造就了人类文化的多姿多彩。乡土文化的价值就在于原生文化的真性真情真意真趣③"。"museum"原意指缪斯庙④，从这一词源考据来看，博物馆的重要功能之一不仅仅限于"物"的收藏和展示，还在于通过相对完整的陈列形式使参观者"记忆"那些将过去、现在和未来完整连接在一起的关系和过程⑤。结合博物馆实际陈列、词源考据和学者们的讨论，广泛意义上的地域博物馆，其实是将整个民俗旅游村及周边自然生态人文环境浓缩为一个活态的博物馆景观，不仅包括陈列馆本身，还有村寨内部及周边的自然人文的整体景观。"我个人觉得这个博物馆是融于村庄生活场景的村寨印记的博物馆，和南美洲、澳洲很多原住民的社区博物馆一样，陈列在博物馆内的老物件就近保存，就地陈列，更有真实感和原始感。还有村寨周边的水磨、水碓、水碾这些遗物也是博物馆的一部分，这样的博物馆才可以有更长久的发展空间。"⑥

这一"地域+传统+记忆+当地居民"的博物馆模式，通过宏观的陈列叙事模式，把陈列馆以外的关联物件也纳入博物馆整体叙事范围内，不失为一种可供参考的模式。当观众走进富有哈尼特色的村寨，置身于蜿蜒曲折的田埂上，一览村民在此开凿梯田、修建田阶、利用自然的地势和水势引挖分水口，还可切身感受富有地域特色的蘑菇房、周围层层曲折延伸的云海梯田、梯田里耕作的农民……人们可真切感受、记录甚至亲自体验这片土地的古老文化和遗留在现代社会中的民族文化。在这里，参观者和展品的距离变得尤为亲近，观众和当地村民共存于一个整体的历史空间。

四　陈列叙事的尴尬危机

在经济全球化的强烈冲击下，各民族在不同生存条件和不同历史时期所创造和遗留的生产用具、生活物品等诸多物件遭遇重创，大有被人们所忽视和遗忘的趋势，甚至有人认为它们是不合时宜的东西。这些典型的民族文物集中反映了该民族的生活样态，一旦消逝便是无法估量的民族文化遗产损失。结合长期田野参与观察来看，笔者认为，元阳县民俗文化陈列馆的陈列叙事危机主要表现在以下两个方面。

---

① 从语源学上看，生态博物馆（ecomusée, eco-museum）源于两个希腊语单词，一个是 iokos（英语为 eco），另一个是 museion（英语为 museum）。Iokos 本意是指居住地，引申为人们在文化和历史方面适应自然条件和社会环境的全部内容。可见，将英语前缀 eco 用于生态博物馆，既不指经济（economy），也不泛指生态学（ecology），其本意是指社会生态环境均衡系统。转引自雨果·戴瓦兰《二十世纪 60—70 年代新博物馆运动思想和"生态博物馆"用词和概念的起源》，张晋平译，中国博物馆学会编《2005 年贵州生态博物馆国际论坛论文集》，紫禁城出版社 2006 年版。

② 此资料引自 Peter Davis. *Eco - museums: A Sence of Place.* Leicester: Leicester University Press, 1999。

③ 李东红、杨利美、寸云激：《白族民居的价值及保护开发对策研究》，《民族艺术研究》2004 年第 1 期。

④ 专门用于祭祀缪斯女神的庙宇，因缪斯的母亲是记忆女神，后来"museum"还衍生出一个重要的指喻功能，即"记忆"和"收藏"。

⑤ 蒂莫西·阿姆布罗斯、克罗斯平·佩思：《博物馆基础》，郭卉译，译林出版社 2016 年版，第 13 页。

⑥ 访谈对象：LZM，男，香港人，62 岁，建筑工程师。此资料为笔者田野调查所得。

第一，陈列形式不够规范化。目前国内民族博物馆的主要模式是传统的"文物/图片＋说明牌"的固有模式①。大量调查和数据显示，地方上的民族博物馆陈列模式极其简单，部分民族博物馆仅把民族文物按一定的类别摆放在陈列柜里，没有任何的文字图片进行解释说明；部分民族博物馆则单纯列出物件名称，便再无其他解释说明。民族文物和其他类型的文物相比较而言，是反映和研究民族文化的重要活化石，对弥补考古发掘和历史文献的不足，无疑具有重大意义。民族文物文化价值甚至还在当下的民族生产生活中延续着，过于简单且不够标准化的陈列模式无法较为全面和形象地揭示民族文物背后的内涵和文化。众多历史文物已永远淹没在历史长河中，但民族文物的当代性价值却依然发挥着作用。田野调查中笔者发现，元阳县民俗文化陈列馆的陈列展示过分单一化：馆内 17 个玻璃陈列柜，仅有 10 张零散分布的文字说明牌，说明牌上的内容仅为物件的类别和名称两种类型，如"服饰"、"木盆"等字样，其他如物件的质地、族属、用途、来源等基本信息都未说明。陈列叙事的过于单一化，致使观众在参观时无法获得相关信息，尤其是对于一些民族特色明显的文物，连基本的用途都不可能了解到，对于还原不同时空中的民族文化样貌则更无从谈起，不能不说是很大的遗憾。可见，对物件解读的不足不全，不仅不能很好地传承少数民族优秀的历史文化，还易导致误传、误解。当下民族文化遗产正逐渐消逝，不同年龄阶段的人对于民族文化的认知与理解是有限的，而其中一些是模糊的，甚至是错误的，而博物馆正是一个对民族传统文化加深认识和理解的场所。观众到馆参观，很大程度上正是和一个逝去文明面对面交流的过程，因为一些消逝的抑或是即将消失的文明能在这里重获新生②。遗憾的是，目前民族博物馆行业领域内尚未建立一套完整的适合民族博物馆生存发展的馆藏文物登录规范，这已引起了民族博物馆行业领域内学人的重视。因此，需要建立一套完善的陈列标准模式，在陈列时应尽可能使陈列的物品较为充分地展示民族生活面貌并且和民族现实生活有一定的关联性，陈列的标识牌上至少应该标明物件的基本信息，包括定名、材质、来源、用途、完残度等。

第二，陈列叙事中"人"的参与度不够。博物馆对物的展示形成了一个历史演变的实物谱系③。民族博物馆举办陈列展览的社会效益，说到底就是通过物的客观展示与传播，给参观者以深刻的影响力、震撼力和启发性教育。对当地人、外来游客、陈列馆管理人员和政府主管部门的调查访谈发现：入馆观众群体由不同的年龄、职业、兴趣爱好、文化程度的多样人群构成，尤其值得讨论的是当地村民和外来观众。

其一，当地村民。尽管元阳县民俗文化陈列馆自建馆之日起至今已有近 17 年的历史，但于村民而言，它仍是他们生活中十分遥远的"异文化"存在体。当地村民本应是哈尼文化的最佳代言人，自然也是文物的最佳发言者，但笔者在调查中却发现，陈列馆成为外在于他们生活世界的东西。村民原本是本民族文化的发声者，在这里却几乎失去了参与性和话语权。寨子里的老人偶尔会进入馆内，不时停驻在某个物件前凝视，也有老人赶着鸭子到陈列馆内觅食一圈；寨子里的孩童则把陈列馆当成他们玩耍嬉戏的地方，尽管他们曾多次被明令禁止进入陈列馆内，因为陈列馆日常负责人担心他们在馆内乱扔垃圾，而对于偷偷溜进馆内的孩童，一经发现便会给予责骂和严重警告，博物馆陈列的教化传承功能在此遇到了尴尬；中青年人每天忙于生计，对于这一"异文化"存在体也早已见怪不怪。

---

① 中国民族博物馆编《论民族博物馆建设》，民族出版社 2007 年版。国家级和省会级民族博物馆在文物陈列时大多采用这一模式，并参照国家文物局 2013 年 8 月 5 日发布、2014 年 8 月 15 日实施的《馆藏文物登录规范》的行业标准。
② 朱堃：《从工具的磨损看麻山苗族对文化所属环境的适应——兼论当代民族博物馆文物征集与展示的实察及改进意见》，《原生态民族文化学刊》2015 年第 3 期。
③ 彭兆荣：《物的民族志评述》，《世界民族》2010 年第 1 期。

博物馆刚刚建起来的时候，我们寨子里的，旁边全福庄、圣村还有外地的游客都排着队来看，当时队伍都快排到村口的公路边了，差不多有好几百米。我自己也就是那会凑热闹进去看过一次，后来就再也没进去过了，反正我们寨子里的几乎都不会去看这些东西，主要是给外地游客看的。①

事实上，一方面，箐口村民正逐步以餐饮、住宿、同客人合照等方式尝试从文化遗产旅游中实现惠益；另一方面，他们面对游客有时却不知所措，"不鼓励游客"、"不主动接待游客"实际上也制约了当地民族文化生命力的展示。潘守永也说，当地人并没有获得多大的益处，村民自然也就无法成为"六枝原则"里所说的"文化的拥有者"②。尹绍亭在总结反思生态博物馆建设缺陷时，曾指出最大的缺陷在于"文化拥有者"没有成为"六枝原则"中宣称的"参与者"，更不是"主人"，而只是"附庸者"或"旁观者"③。

其二，外来观众。无论民族博物馆展示给观众的是什么、有多少，都需要在"物"与"人"的关系上能让观众完成从"看"到"思"、从"物"到"心"的这样一段身心历程，让民族文物"说话"，把少数民族的智慧充分展现给观众。在遗产旅游的倡导下，越来越多承载着历史、充满着故事、积淀着文化的物件甚至村落从我们的身边消逝，人们来到博物馆参观，正是希望透过这些实物得以了解一个民族的历史文化和发展现状，理解一个民族的多样性和特殊性，找寻一个民族的历史记忆。从人类学的视角看，这是一个了解异文化或了解他者文化的过程。如果说人类学是以民族志的形式实现对异文化的表述，那么博物馆陈列叙事则是以静态的物和活态的人结合的形式来传达异文化。不同于传统博物馆将藏品静止展示于简单建筑中，这一类型的民族博物馆强调的叙事方式主张社区内生长的自然环境、历史建筑遗存及关于人们生产生活的文化遗产等都是博物馆的陈列叙事主体，叙事的目的往往是向观众展示当地文化的延续与发展④。这一核心主张正是运用人类学整体观的实践方法倡导博物馆要与其周围的环境融为一体，博物馆内的遗产要回归遗产原生地。"特定的遗迹被赋予特定的历史性，是因为它只属于特定的历史；如果它不在那个历史属地，而被移置，即与相应的历史分离，那么，就失去了那个历史性了。"⑤ 在这样静态与动态结合的陈列叙事下，文物尽管平凡和琐碎，但却更为完整地反映逝去的生活，也可反映当下的生活状态。调查显示，目前部分国家一级民族博物馆、地方传习馆等类型的民族博物馆通过民间艺人和传承人入馆教育培训的方式，让游客实现参与式体验，不失为一种沟通物与人的有效方式。可见，观众已不再是满足于游走在博物馆空间中的参观者，而希望成为博物馆叙事中的一个参与者。

五　讨论和结论

综合以上论述，元阳县民俗文化陈列馆作为当地哈尼族多元文化的展示中心，所承载的不仅是哈尼族文物的收藏与展示，还有对哈尼族文化进行阐释的任务。从近 20 年来国内外博物馆发展新形势和

---

① 访谈对象：LI，39 岁，女，哈尼族，红河哈尼族彝族自治州元阳县箐口村人。
② 潘守永：《生态（社区）博物馆的中国经验与学术性批判反思》，《东南文化》2017 年第 6 期。
③ 尹绍亭、乌尼尔：《生态博物馆与民族文化生态村》，《中南民族大学学报》2009 年第 5 期。
④ 吴诗中、王晓松：《叙情与叙理·异识与共识：博物馆艺术设计中的叙事特性研究》，《现代传播》2016 年第 11 期。
⑤ Maleuvre, D. *Museum Memories*：*History*，*Technology*，*Art*. California：Stanford University Press，1999. p. 1，191，58.

新要求来看，生态博物馆、民族博物馆和生态旅游村或是社区博物馆、地域博物馆，尽管有各自的陈列叙事方式，但实质上陈列的目的和宗旨都有其一致性，即发挥民族博物馆对当下文化遗产的保护作用，更好展示当地社会风气和文化特色。尽管不同类型博物馆在陈列叙事上均处于不断尝试探索的阶段，实践中却可以依据博物馆自身性质，科学合理地选择"物"，跳出传统单一的考古学范畴，用人类学等多学科视角和方法来挖掘"民族文物"背后的故事，在人类学注重人文价值关怀的理论观照下，让观众了解民族文物是在何种生态文化背景下产生并参与其中，俨然已成为未来发展的必然①。过去的陈列更多只是孤立地展示物，现在则要求陈列中体现出物与物、物与人、物与环境、物与社会以及人与人之间的关系②。文化叙事是民族志研究的重要视角，民族志方法适用于物质文化的研究，特别是那些对于来自无文字民族、族群等原生性文化的研究，器物成了这些人群特殊的文化表达。博物馆研究除了将人类学的学科精神融入其研究对象"物"以外，更重要的是以"文化相对"的态度对待不同族群的各类遗产和遗存，进而通过研究发掘出那些文化遗留物中所积淀的独特的民族品质。博物馆的典藏研究和民族志物品的意义诠释，应体现人类学对文化的普同论、全貌论、整合论、适应与变迁论、文化相对论等重要论题的关注③。当前，人类学日益呈现开放、包容的研究态势，所倡导的尊重文化多样性、社区认同等理念，越来越成为当代博物馆的主张，这是人类学相关理论方法在博物馆实践过程中的具体体现。从博物馆物的陈列叙事角度，有学者指出当代博物馆应实现从物到人的陈列转向，而笔者认为，在"从物到人"的叙事转向过程中，"物"的主体性地位依旧不容忽视。试想，博物馆因"物"而立，失去了基本的物件陈列，博物馆叙事又该如何展开呢？毋庸置疑，民族博物馆不应该局限于传统的物，应该把物和人作为关注的结合点，其要点有三。

第一，民族博物馆除了关注物件的历时性和地域性，其共时性文化语境理应强调。民族博物馆除了关注过去的"物"，即将消逝和正在发生的"物"也不容忽视；不仅应包括少数民族地区的"物"，也应该包括汉民族甚至世界民族的"物"。以前瞻性的审视视角，关注当下物件及其背后的故事，相信建立在物件基础之上的陈列叙事语言自然就能建立起来，博物馆的保护研究功能也能得以充分发挥。

第二，民族博物馆"从物到人"回归到"物人相依"的博物馆陈列叙述方式。民族博物馆在建设发展过程中应充分考虑当地社区的文化基础，发挥当地人"文化拥有者"的文化自觉和文化自信。当然，感受不同于知识本身，文化拥有者的权利在于以多样的形式阐释地方性知识。陈列实践中应充分挖掘物本身的内涵和外延，而非单纯将关注点由物转向人，即关注物背后的个人与群体，以实现物与人的有效联结。

第三，陈列叙事基本理念的更新。传统的博物馆是将文化遗产搬到一个特定的建筑中，这些文化遗产远离了其所有者和所处的原生环境，地域博物馆就是一种新途径。这里的地域博物馆主要有两方面的构成要素：一是地域方面的要素，二是博物馆方面的要素。将文化遗产原状保存和保护在其所属的生存环境之中，民族博物馆不再是静态文化范畴之内的单体建筑和生产生活用品，而是整个社区动态文化范畴之内的各种文化形式，特别是社区群体的生活样貌、生活方式等"活态"文化特质。

---

① 李东红：《洱源县西山白族聚居区民族文物考察报告》，《云南文物》1992 年第 12 期。
② 宋才发：《民族博物馆文物收藏职能及规范探讨》，《贵州民族研究》2012 年第 2 期。
③ 桂榕：《博物馆人类学刍议》，《青海民族研究》2012 年第 1 期。

The Research on the Display Narrative of the National Museum from the Anthropological Perspective

Li Donghong, Wei Jinji

Abstract: The National Museum is the carrier of national historical and cultural memories, and it is responsible for protection, research, display and inheritance. The main responsibility of the national cultural heritage. The process of displaying national cultural relics is a process of knowledge and affection. How does the National Museum conduct the narrative of the object and achieve the communication between object and people? In the specific display narrative context, how to explore the connotation and the extension of the object itself. From the holistic perspective, it is more important to understand and think about objects at a deeper level and realize the real communication between people and object.

Keywords: Anthropology; National Museum; Display; Narrative

《西南边疆民族研究》 第 28 辑

第 87 ~ 96 页

© SSAP, 2019

西双版纳傣雅支系传统织锦工艺文化及其变迁研究[*]

——基于历史、现实与结构的讨论

金少萍　　王　璐[**]

摘　要　西双版纳傣雅支系的织锦工艺因其地域环境及社会条件而具有不同于其他傣族支系的独有特质，近年来这种特质的边界却产生了日益模糊的趋向，其工具、制作流程、艺术审美及社会功能开始融汇了傣泐支系及现代文化的各种元素，这与国家非物质文化遗产保护政策和市场经济的干预密不可分。以上偶然情境中，傣雅的织锦作为整体文化图示的一部分以历史的方式在实践中被再生产和重新评估，历史与现实并接意义下社会关系的分立和织锦者的意志不断推进着傣雅织锦工艺文化的变迁。

关键词　傣雅；织锦变迁；历史与现实；结构

DOI：10.13835/b.eayn.28.10

一　引言

作为民间艺术表现形式之一的傣族织锦在民族文化变迁的大背景下正遭遇着嬗变，这种变迁不仅源于现代化制度的推进，还与傣族不同支系间的相互影响密切相关。云南省西双版纳境内的傣雅支系是傣族三个支系中人口较少的一个。景洪市勐养镇曼洒浩村委会下辖的曼么卧村，2017 年全村共有农村人口 637 人，主要为傣雅人。村民不信仰南传上座部佛教，村内无佛寺，传统傣雅社会中的织锦主要用于日常生活，不涉及佛教供奉。如今随着市场经济和现代观念的冲击，傣雅织锦呈现部分退出村民日常生活的态势，织锦的功能和织造原料都发生了不同程度的变迁。随着国家非遗保护政策的介入，民间手工艺者被冠以传承人的名号，地方政府企图扭转织锦衰退趋势的同时，又促成了村中刺绣工艺向织锦转化的态势，其他傣族支系的织锦风格也随之进入。傣雅织锦工艺的嬗变与其地方社会的变迁密不可分，只有在当地社会结构和文化语境中，此艺术才能够被理解。那么，国家、市场等事件于傣

---

[*]　本文系云南大学西南边疆民族文化传承传播与产业化协同创新中心资助项目"西双版纳傣族各个支系的织锦工艺及其保护与传承的现状研究"的阶段性成果。

[**]　金少萍，云南大学西南边疆少数民族研究中心研究员；王璐，重庆工商大学社会与公共管理学院（社会学西部研究基地）讲师，云南大学民族学与社会学学院民族学博士。

雅文化图示中投射出的意义在多大程度上取决于萨林斯所言的非偶然性"结构的存在和作用"①，抑或是被赋予结构转型中"崭新的功能意趣"②？根植于结构的艺术领域又如何围绕地方社会中人的实践建立新的秩序、获得新的指涉，以回应"系统变迁"③？这些都是本文需要进行深入讨论的方面。

人类学界为了摆脱结构与事件的对立而进行了诸多有关历史与结构的考察，力图将人类学的研究对象置于文化变迁的基础之上。列维－斯特劳斯在阐述无意识结构时曾提及共时性是吸纳了历时性而存在的，他有关结构人类学的关怀"并没有把人类本性和文化变迁对立起来，而是力求将前者置于后者的背景之中，把它当作一种抽象统一的结构，来统摄具体可见的变异现象"④，也就是说，"在历史引起变化的地方，问题依然是'结构'"⑤。结构主义之后，安东尼·吉登斯曾提出"结构总是同时具有制约性与使动性"⑥。皮埃尔·布尔迪厄的实践论则提出了结构、实践、惯习和场域等一系列概念，认为结构与"人的实践的能动性"是一种辩证的所在⑦。克利福德·格尔兹对于"深描"的追寻也在一定程度上表明了事件（指斗鸡）需要纳入实践中去理解，以体现整个村落的社会结构（主要指巴厘岛男性的社会地位）⑧。萨林斯则提出了一种并接结构，即"在一种具体的历史脉络中，文化范畴在实践上的表现"，它是结构与事件在新的情境遭遇下产生综合的过渡结构，同时受制于结构与事件双方，以其结果的不可预知性告终。并接结构总是与某一偶然情境中不同群体的实践有关，是相异结构间产生碰撞的结果，是实现结构转型或文化变迁的条件。⑨虽然现代的诸多人类学家在评价萨林斯的历史结构主义时认为其带有文化决定论的色彩，在一定程度上对人类普遍理性进行了否认，"一门心思固守务虚的宇宙论思考方式"⑩，还存在对文化独特性过度阐释的局限，但与此同时萨林斯对于实践理性的批判也具有一定的价值，我们可以通过具体的个案再次认识历史结构观所蕴含的解释能力，有助于增进我们对于人类社会行为实践和文化变迁的理解。此外，以往学术界在对傣族织锦进行研究时多关注人口较多的傣泐支系，主要涉及傣泐支系织锦的概况⑪、技术分析⑫、审美分析⑬、现代消费背景下织锦的物质文化意义⑭等方面，对傣雅支系的织锦关注较少，且未能涉及工艺的历时性变迁，以上正是本文对傣雅织锦工艺研究的切入点。

二 作为傣雅文化秩序象征性表达的织锦

要理解傣雅织锦所蕴含的意义秩序是不能脱嵌于傣雅社会自身的历史文化系统的，只有将织锦放

① 马歇尔·萨林斯：《历史的隐喻与神话的现实》，刘永华译，上海人民出版社 2003 年版，第 248 页。
② 马歇尔·萨林斯：《历史的隐喻与神话的现实》，刘永华译，上海人民出版社 2003 年版，第 301 页。
③ 马歇尔·萨林斯：《历史之岛》，蓝达居等译，上海人民出版社 2003 年版，第 3 页。
④ 约翰·斯特罗克：《结构主义以来——从列维－斯特劳斯到德里达》，渠东等译，辽宁教育出版社 1998 年版，第 2 页。
⑤ 皮亚杰：《结构主义》，倪连生等译，商务印书馆 1996 年版，第 75 页。
⑥ 安东尼·吉登斯：《社会的构成：结构化理论大纲》，李康、李猛译，王铭铭校，三联书店 1998 年版，第 90 页。
⑦ 参见王铭铭《想象的异邦——社会与文化人类学散论》，上海人民出版社 1998 年版，第 63 ~ 64 页。
⑧ 参见克利福德·格尔兹《文化的解释》，纳日碧力戈等译，上海人民出版社 1999 年版。
⑨ 参见马歇尔·萨林斯《历史之岛》，蓝达居等译，上海人民出版社 2003 年版，第 11、177 ~ 184、278 ~ 322 页。
⑩ 鲍江：《在结构中吐纳——从萨林斯与奥比耶斯科夫之争说起》，《中央民族大学学报》（哲学社会科学版）2007 年第 6 期。
⑪ 李何林：《傣族织锦》，《云南民族学院学报》1984 年第 2 期。
⑫ 龙博等：《云南傣族织锦技艺调查》，《丝绸》2011 年第 12 期。
⑬ 金少萍、王璐：《场域视阈下傣族织锦艺术审美及其变迁——以西双版纳曼暖典村为个案》，《云南师范大学学报》（哲学社会科学版）2017 年第 5 期；高乐、王宏付：《傣锦与南通色织布图案的比较分析》，《丝绸》2012 年第 9 期。
⑭ 吴兴帜：《"物的民族志"本土化书写——以傣族织锦手工艺品为例》，《云南师范大学学报》（哲学社会科学版）2017 年第 6 期。

在傣雅社会中才能够被理解，另外社会还需放置在历史中①。传统织锦在傣雅社会中是受到社会规范制约的，傣锦的织造与使用囊括了个人、群体与社会的互动，民众借此建立了联系和交往的纽带，织锦体现着文化秩序的象征意义，与此同时也维系着其社会内部的关系。

传统傣雅社会中的织锦技艺是其社会文化理念的体现，是在傣雅本土观念的支配下存在的。在曼么卧村，织锦历来是耕织为一体的家庭副业的一部分，服务于其日常生活的服饰穿戴、就寝、丧葬等方面；织锦技艺在家庭中的女性之间通过耳濡目染、口传身授而世代相传，织锦技艺的优劣也成为社会对女性认同的一个标准；织锦的工具、流程、审美和社会功用均作为地方性知识呈现在其传统社会中。

（一）织锦工艺的传统工具

曼么卧村的织锦工具主要分为纺具、织机和织具三类。纺具主要包括轧棉花机（yi fai）、弹棉花弓（傣语作 mɛ³¹ pɔ³³ fɛ³¹）、砧板、卷棉棍、纺线机（kɔŋ⁵⁵/kɔŋ⁵⁵ pæn³¹ fæn³¹）、四角解线机（piw¹⁵ fɛ³¹）、绕线机（kuɔ³³ kæŋ⁵⁵）、整经机（tsæ³³ l̩ɔ⁵⁵），主要用于处理原棉，纺制棉线并整理其纹理，最后将棉线缠绕在纱锭上放入织机或织具内。

其传统织机（yi）有大小两种，大织机主要用于织造床单或围巾，长 255.5cm、宽 92.5cm、高 153cm。织机上的织具部件由前至后依次为：卷轴、梭子（sui）、筘（sa han）、综（hou）、花本（hao）、卷经筒，除了卷轴和卷经筒外，其余部件均垂直穿过经线。卷轴可以收纳织好的锦；梭子能够导入纬线使其穿梭于经线开口间形成花纹或打底；筘是吊于织机前段的木梁上的一种打紧纬线的装置；综由一前一后两片互动式综糇组成，使用时踩动形成开口用以衬托织锦花纹打底；卷经筒用于置放未织造的经线。这里我们着重说明一下傣雅支系储存花纹的装置——花本，制型较小，数片，分开垂直悬吊于织机的木梁上，每一片在形成一个单位纹样时使用一到两次，各片前后相互交错织造产生简单纹样。另一种小型半架腰织机用于织造宽度较窄的腰带以搭配傣雅女性的筒裙，织造原理较为特殊，主要通过提拉上下叠落的、色彩不同的经线层得以成花，由于这种小织机在傣雅文化变迁的过程中并没有显现出大幅度的变动，此处暂不赘述。

（二）织锦工艺的传统流程

以往傣雅织锦者主要使用棉花自纺棉线织锦，因而其织造过程大致包括织造前的原料准备和正式织造两个阶段。从棉花的加工开始，使用轧棉花机去掉棉籽，用木弧弦弓弹打，待棉花变得蓬松后，滚动卷棉棍，卷出中空、纹理清晰的棉条，然后以纺线机抽取棉条纤维捻为初步成型的棉线缠绕在锭子上。为了增强棉线的柔韧度还需浸润米浆，如果需要有色棉线，则还要进行染色处理。线晒干之后，用纺线机将棉线倒于纱锭上，根据织锦的长度及宽幅选择适合规格的整经机，使棉线集体成束，便可上机织造。

使用大织机织造时首先利用花本组或前或后的第一片小花本，在向上拉动花本形成的开口处用穿有某一颜色纬线的梭子单向引纬完成显花。之后踩下脚踏板提综，将装有另一颜色纬线的梭子从两片互动式综糇提拉的经线开口处同向穿过，这时所穿过的纬线就是浮于花纹下方的打底地纬。之后再反方向投梭一次，完成双向引纬。

（三）织锦工艺的传统纹样与配色

曼么卧村传统的织锦纹样主要出现在床单、围巾及腰带上，以抽象的几何纹样为主。首先，床单

---

① 参见萨林斯《文化与实践理性》，赵丙祥译，上海人民出版社 2002 年版，第 220 页。

和围巾上的纹样可通用，包括整体上呈二方连续的秤杆点状纹 （$ļɛ^{31} tæ^{33} tʂæŋ^{33}$） 和蛇皮菱形纹 （$cuu^{31}$ $mu^{51} ļuɤ^{31}$），二元配色，常见的搭配有黑与白、蓝与白和粉与白三种。而傣雅腰带上的图案多以简单的菱形纹 （$ļuɔ^{31} mu^{51} kw^{31}$） 为基本轮廓，带有不同的嵌套纹样及变形，可在横向上形成二方连续。纹样的配色相对素雅单一，白、黑色居多，暗红、深蓝色则点缀于织锦腰带边缘。

（四）织锦工艺的社会功能

以往傣雅织锦主要作为世俗生活用品和宗教用品出现，离开了织锦技艺，基本的生活难以为继。前者包括搭配女性服饰的围巾、腰带，以及面幅较宽的卧具床单。织锦的花腰带规格为宽 6.4 ~ 8.2cm 不等，长 300cm 左右。其传统用途主要如下：一是妇女生育之后用其裹腹部，防止身材变样；二是作为传统服饰中筒裙的配饰，增添服饰的美观性；三是用于丧葬仪式中，过世者的儿女需要使用白布包裹一把尖刀，并使用织锦腰带将背刀捆于腰间。此外，织锦的床单也出现于宗教场域中，由于傣雅支系不信仰南传上座部佛教，其宗教功用主要体现在丧葬方面。村中有老人过世要使用织锦床单盖于棺上，并在火葬之前取下拿回家中。第二天子女们前往火化地送饭时需身披前一天取回的床单，以避免鬼怪抢饭。用于丧葬的织锦床单的规格和花纹都是确定的，尺寸一般是宽 140cm、长 186cm，织锦纹样主要是蛇皮纹或是秤杆纹，禁止使用水纹、龙纹等与水有关的纹样，避免与火化相冲撞。

三 现实情境遭遇中织锦工艺的变迁及其动因

（一）织锦工艺的变迁

时至今日，傣雅织锦工艺仍然是其地方文化的延续，但随着社会环境的变迁，织锦技艺早已不再是关系到家庭生计的不可或缺的元素，手工艺者的数量也急剧减少，现在的织锦更多的是顺应时代的发展，作为傣雅传统文化的符号而存续。

1. 织锦工艺的原料与工具变迁

现代机织线出现后，由于其低价省工、色彩多样等特点而被织锦者们逐渐接纳，种植棉花、采棉、纺线和棉线加工的过程随之省略，纺具几乎被弃用。

除此之外，织机上所有部件中以花本的两种变化趋向最为明显，对应了不同的织造场合。一是傣渤支系的循环记忆花本流入，对傣雅传统的花本组产生了替代，主要用于床单、围巾和一些傣渤风格织锦商品的织造。这主要是在地方文化部门组织的织锦技艺培训和民间自发的交流活动中，傣雅织锦者们依照傣渤支系的成花原理对其花本进行模仿和学习的结果。傣渤花本只有一片，上面数量众多的记忆竹竿穿梭于花本间起到记录花纹的目的，竹竿挑出的花纹通过织造就能够完全投射到织锦上，相比之下更容易操作，可以拆卸并能重复使用，且花纹信息的储存能力更大。曼么卧的织锦艺人在替换花本的同时，保持原有织机上的其余部件不变，完成了织机个别部件的改良[①]，先进的花本为傣雅织机所吸纳，融合为一个效用完整的工具整体。

二是在织造筒裙时创造了编花棉线以承担花本的功能，这与傣雅服饰织造方式由刺绣向织锦的转变有关。编花棉线是一种直接编于织机经线后端用于记录花纹的活动棉线，即织造时不使用花本，而是直接借助棉线提拉起花，由于筒裙上的单位花纹简单且循环频率较高，编花棉线的数量不必多，一般在 2 ~ 5 行。编花棉线的作用与传统花本组相同，之所以发生这样的转变，是因为目前一些傣雅刺绣

---

① 由于花本与织机其他构件的关联不大，不影响使用过程中的相互配合。

筒裙开始改由织锦制作。筒裙竖直方向上的花纹存在间隔，隔断两侧的花样及其色彩各不相同，从原理上讲编花棉线更容易达成这种分段织造。而普通线帘花本的成花口在纬线方向上是整段贯通的，通过梭子引纬不能完全满足这种花纹间断的织造要求，编花棉线则可以分段挑花，间隔两侧还可以换用不同色彩的纬线，甚至能够打破横向织造的局面，使织造方向在经线方向上延伸一个短小的单位长度，很好地适应了筒裙的花纹织造。

2. 织锦工艺的流程变迁

织锦流程的变迁与其原料和工具的变迁相适应，主要表现在两个方面。一是市场中机织线的出现直接导致了棉线织造和部分加工过程的省略，工艺流程大多数从机织线的上浆开始。二是活动编花棉线的利用推动了筒裙挑花过程的转变。曼么卧村的筒裙制作除了将织锦裁剪成条进行拼接缝制外，还可以直接织造上文提及的分列挑花的素色条纹锦。筒裙上具有相同单位花纹的方向实际上是傣锦织造的经线方向，为了迎合筒裙的款式，花纬织造可以配合同一行的编花棉线在若干个并不相连的单位纹样间依次进行。此外，一些技术较好的艺人还会选择直接在条纹布上进行断带分列挑花的操作，他们可以在经线方向上挑完一个简短的纹样再向纬线方向延伸，有些对于花纹熟记于心的艺人，挑花时甚至不需要编花棉线的辅助。

3. 织锦工艺的纹样与色彩变迁

曼么卧传统织锦纹样的题材和构图在现代织造中并未发生多少变动，但由于机织线在粗细、紧实度方面的选择更多，纹样的质地效果、色彩搭配也随之变化，精致度有所提升。

近年来村中筒裙和商品织锦中出现的新纹样几乎都是直接借用的结果，或来自本村的刺绣工艺，或来自傣泐支系的织锦纹样，这些花样几乎没有迁移到除筒裙和商品织锦外的其他类型的织锦中。以往村中老人采用刺绣技术制作筒裙的情况比较常见，织锦筒裙是政府命名了傣族织锦传承人之后才由艺人逐渐传播开来的，其花纹多半是借鉴刺绣中出现的纹样。新出现的织锦筒裙单位纹样细小且抽象，二方连续形成的带状花纹，主要有以下几种：分叉花纹（ɕiæɔ³¹næŋ³³tsʰ¹¹）、抽象的蟹脚纹（nuɔ⁵¹kiŋ³³pu⁵¹）、松鼠头纹（xuɔ⁵¹kw³¹tɕiæ³³）、八果花纹（ɭuɔ⁵¹pæ³³kuɔ⁵⁵）、桃心纹（ɭuɔ⁵¹tsɛ³¹）、空心花纹样（kʰɔŋ⁵⁵uæŋ⁵¹）、拐棍纹（xuæn³³tæɔ³¹）。织锦筒裙相比传统的筒裙色彩更为艳丽，非起花部分多是绿色、姜黄色、橙黄色、粉红色、粉蓝色，挑花横带上的单位纹样之间又呈现不同的色彩，包括湖蓝、大红、鹅黄、玫红、白、翠绿、桃红等色彩。

此外，织锦商品中的花纹借用了傣泐支系床单、围巾上的若干纹样。曼么卧的织锦艺人购买了曼暖典村傣泐支系织造的床单、围巾作为样本，复制了其材料、织造方式和规格，织造出的成品如出一辙，具象的孔雀纹、大象纹、水蕨菜纹等都被借鉴过来，色彩上以白色为底，图案色彩以红、黑、黄为主。

4. 织锦工艺的社会功能变迁

就传统的织锦功用而言，市场交换使得价廉物美的现代机织床单、各式围巾、皮带、衣物呈现在村民们面前，人们对于机织替代品的选择与购买使得传统织锦物品部分退出了其日常生活，围巾和腰带也渐渐随着傣雅服饰的衰退为部分中青年村民所弃用。

同时，织锦亦衍生出新的服饰织造功能。在曼么卧村，传统的纺织工艺与傣雅女性服饰的制作相伴而生，在服饰装饰手段上又以刺绣工艺最为著名，手工艺者一般会在布条上施以刺绣后再将不同的布条缝匝起来制成筒裙或是上衣的下摆。而织锦筒裙由于以往手工棉线的局限，其硬度较大、厚重、舒适感不如刺绣而很少被选用。近年来，个别纺织手工艺者被冠以织锦工艺传承人的名号，政府安排的日常传承活动也大多围绕织锦工艺而展开，同时傣泐服饰使用织锦作为原料也为其提供了参考。于是完全复制刺绣筒裙纹样配色和款式的织锦服饰开始出现，上机织造的条形起花锦和传统刺绣同时并存，成为傣雅女性服饰制作的一种新的趋向。另外，我们还观察到现在曼么卧村的傣雅妇女除部分老年人外，平常基本不再穿着傣装，只有当重大节庆、旅游接待或是正式会议等场合时妇女们才会统一穿起傣装，日常传统服饰的退化在一定程度上限制了新近织锦服饰的发展。

此外，手工艺者还试图将织锦作为商品出售。近年来非遗传承活动在一定程度上促进了傣族各个支系间织锦技艺的交流，正是在这个过程中曼么卧的织锦艺人看到了作为旅游用品的织锦为傣泐支系带来的可观收益，于是她们便购买了傣泐支系作为旅游商品的床单和围巾作为样本，尝试着进行仿制，试图与外部进行商品交换。然而，与已具织造规模和销售渠道的傣泐支系不同，由于并不具备商品交换的条件，其结果以没有稳定的销路而告终，作为商品的织锦仅仅处于萌芽阶段，织造的少量成品仅用于展示。

（二）织锦工艺变迁的动因

民族工艺作为社会整合的一部分展示了傣雅传统社会变化和发展的范式。当面临现代化冲击下的文化传承危机时，国家政策、市场话语等因素不断促动着傣雅织锦工艺发生变迁。

1. 国家非遗政策的介入

近年来随着国家对民族文化遗产价值的重视和相关保护政策的制定，各级政府开始积极筹划各类项目保护的具体实施方案，傣族织锦工艺被纳入非物质文化遗产的保护范畴。地方政府相比民间，保护经费充足、组织管理更加系统，政策的介入能够有效地保障传承的时间和空间。有关傣锦的保护政策主要包括两方面的内容。一是项目和传承人的申报，曼么卧村被纳入非遗命名系统的织锦传承人主要有两名：玉腊，女，生于 1948 年，2007 年被命名为云南省的织锦技艺传承人，以刺绣手艺见长；玉叶，女，生于 1968 年，是玉腊的侄女，也是其徒弟，2015 年被命名为景洪市的织锦技艺传承人，擅长织造织锦腰带。二是地方文化部门组织传承人进行织锦的培训交流活动，囊括了州内傣族三个支系傣泐、傣讷、傣雅所有被命名的传承人，培训交流地点也在三个支系间轮换。玉腊和玉叶作为传承人多次参加由州级、市级文化馆组织的织锦技艺交流培训活动，如 2011 年在傣泐寨曼暖典、2012 年在傣讷寨曼龙岗、2015 年在景洪市文化馆举办的培训，活动中不同支系间的传承人相互传授技艺、分享传承经验。

非物质文化遗产保护政策一方面仅界定了傣族织锦，而未在项目名称和培训活动中区分支系间的差别，支系间织锦元素的相互借鉴频繁发生，这种支系间不同技术要素的交流被认为是存在于傣族社会内部的；另一方面，傣雅刺绣没有进入非遗名录，相比之下织锦技艺得到了更多的政策倾斜，加之织锦与刺绣的手工艺者归属同一群体，这便促成了手工艺人在原有刺绣服饰的基础上改造发展织锦，并有意向傣泐织锦传承模式靠拢的局面。

2. 市场经济的推动

市场经济对傣雅织锦的变迁同样施加了一定的影响。首先，机织日用品由于其制作成本经济、具有一定的实用价值，被当作一种更加方便、简易的传统替代品进入傣雅社会中，打破了传统织锦服务日常生活的秩序。然而，传统织锦用品的衰退又同时受到傣雅自身文化与历史范畴的制约。在织锦服饰及其配饰的穿戴规则上，市场情境对于原有文化计划的改变相对有限，现代服饰的简便舒适是针对曼么卧村民日常生活和劳作而言的，而在一些重大节日和仪式中，这种便捷的意义并不大。傣雅服饰原本是村民们日常生活生产中极为重要的元素，是体现群体属性的标识，尤其是在一些多民族或是傣族各支系共同参与的节日活动中，傣雅服饰原有的符号性表征就成为族群认同、族群识别的重要依据，不仅展现着独特的民族形象，而且能够在很大程度上反映群体生活规训下的集体表象。在市场、劳作、生活等相关事宜的综合作用下，织锦服饰及其配饰仅仅部分退出了傣雅日常生活和劳作的范畴，呈现与现代服装交替穿戴的规则。

其次，市场提供了有关崇尚精致、华丽的商品审美选择，使得傣雅服饰的穿戴者和制造者们开始重新思考，最终在保存织锦基本纹样的基础上，丰富了色彩并增加了一些银饰，市场中出现的质地、色彩多样的现代织造材料都被加以利用。需要说明的是，现代审美影响下的织锦变迁也受到傣雅传统文化的限制，织锦的宗教用品就仅仅接受了机织线的改良，而自觉屏蔽了外来审美的影响，织锦床单、腰带等原有的外观形式和纹样被较多地保存下来，几乎没有变化。

国家、市场等因素在推动傣雅织锦变迁的过程中还呈现出交叉关联的状况。在市场卷入促成的新的文化图景中①，穿戴织锦服饰、配饰的衰退作为一种习惯性的概念被暂时地固定下来，然而这种图景却是国家非遗保护政策的制定者不愿意看到的，他们试图运用政治资源建立一种阻碍民族服饰衰退的途径，企图通过实施非遗政策鼓励某些场合的着装需要，以确保民族传统文化的延续。国家非遗政策拥有优先介入文化秩序的优势，因而影响傣雅织锦变迁的动因之间就有了某种交流的可能。政府在一些重要的节日盛典、晚会、民族文化交流活动、民族会议等场合鼓励傣雅女性村民们着传统服饰出席或进行表演，对于民族工艺保护来说是具有积极意义的。

四　并接意义下的织锦实践变迁

变迁是在与异文化的接触中发生的，本土社会已有状态的改变依靠的是历史与现实的对接。现实中的实践"往往需要在与本文化逻辑的结构对接中实现，也可说是一种旧瓶装新酒"②，这通常会涉及一个"转喻"的过程。当一个社会的文化秩序受到事件的扰动，人们起初倾向于按照既有社会的公认构想从过去寻找满足当前局面的方法，可以"以一种否认其情境的偶然性或突发性之方式——把这种情境吸收为自身的一部分"③，展现其文化图示的惯例性（prescriptive）。抑或是"对偶然性情景的系统化编排"④，力图将事件归纳入本土文化秩序之中，发生一种搬演（performative）的效果，是基于文化图示的反常行动。对处于不同文化背景中的群体来说，他们之间的行为逻辑则存在明显的差异，将两者并置起来就使得不同群体在交往中处于一种并接⑤（conjunctive）意义之下，实践是"一种在被建构的文化中的冒险"⑥，随着情境的综合，新的秩序逐步生成，再次展现为一种新的"合法性统治"，艺术领域作为其中的一部分亦能够在变迁中完成当下的重组与转型。

傣雅织锦工艺在面对国家非遗政策和市场等事件介入时随着其文化秩序的调整而处于一种并接关系之中，是一个长期渐进的过程。首先是事件扰动下民族艺术的惯例呈现，事件按照传统文化图示进行安排。虽然傣锦保护政策在具体实施的过程中并不在织机构件、织锦物品上对傣泐和傣雅进行区分，市场中的机织线和衣物也与手工纺线、傣雅服饰等具有类似的功用，然而傣雅民众早就在与傣泐支系

---

① 这里我们所说的"新"并非是长久存在且一成不变的，可能随着下一事件的扰动发生变迁。
② 王华：《文明入侵与夏威夷宗教生活的变迁》，《南京大学学报》（哲学·人文科学·社会科学版）2012年第1期。
③ 马歇尔·萨林斯：《历史之岛》，蓝达居等译，上海人民出版社2003年版，第9页。
④ 马歇尔·萨林斯：《历史之岛》，蓝达居等译，上海人民出版社2003年版，第185页。
⑤ 这里的"并接"来源于萨林斯所言"并接结构"这一概念，"是一系列的历史关系，这些关系再生产出传统文化范畴，同时又根据现实情境赋予它们（这里指文化范畴）新的价值"。参照马歇尔·萨林斯：《历史之岛》，蓝达居等译，上海人民出版社2003年版，第163页。
⑥ 马歇尔·萨林斯：《历史的隐喻与神话的现实》，刘永华译，上海人民出版社2003年版，第301页。

的历史交往中形成了对织锦工艺相互差异的认识,现代机织商品也同样区别于传统意义的物件,傣雅织锦者起初是基于原有文化图示而对这些情境进行理解的。另外,并接强调"'事件'对情境结构化的作用"①,新秩序的生成依赖于并接意义下艺术的回应,文化在历史中被再安排。国家非遗政策所进行的傣锦保护,实则是整个西双版纳地域范围内的傣族织锦保护和区分支系的傣雅纺织、傣泐织锦间传承的并接;市场经济进入的实质是笼统意义上的日用品和区分现代商品、傣雅手工制品之间的并接,两者分别对应了傣雅与傣泐文化、傣雅与现代文化接触中产生的情景化关系。

并接意义之下的织锦实践不会完全符合传统的文化范畴而存在着一种"不对称性"②。根据与既存文化安排的差异,在特定的情境中织锦作为一种符号的功能性被再次评估,不同逻辑中的织锦开始变得与之前有所不同。

(一) 织锦实践中利益意志的凝结

萨林斯所谓的"实用主义"、"历史能动者的利益行动"③ 是指根据不同人群的利益保持他们之间范畴性区分的估价标准,在变迁中经历了传统依据到再定义的过程④。在傣雅社会中,国家与市场的介入使得现代的经济、文化保护等观念进入民族艺术领域,并对其织锦实践进行调整,织锦者的行为互动常常存在于一种利益的意图中,织锦实践随之发生了一些创造和变动。

首先,曼么卧村的织锦者在面对国家非遗政策时,作为获得织锦传承人荣誉和补贴的相应回报,需要承担相应的传承义务,她们在刺绣的基础上发展出了纹样相同的织锦服饰,又在织具中纳入了傣泐的先进花本,获得了一定的社会和经济资本。

其次,傣雅织锦者对傣泐织锦旅游商品仿制的尝试、村民对更为经济的现代机织用品的选择和传统织锦的弃用也在某种程度上基于利益的判断。村民在市场中直接获取织锦原料而放弃了棉花种植,同时依照市场需求,结合曼么卧村地处坝区的环境特征,在对其棉花种植环境考量后逐步改变了传统的土地利用方式,大面积栽种了青枣、橡胶等收益较高的经济作物。市场对傣雅织锦实践的影响存在一定的预留社会空间,织锦者的意图影响着织锦的变迁及其纺织环境,进而使得织锦随生态秩序一并发生了改变。

(二) 暗含分立的社会关系范式与织锦实践的变迁

某个社会中不同人群间的关系模式是考量文化变迁的重要因素。并接意义下,不同主体关系的变迁"由传统激发"⑤,"传统范畴接纳了新的功能性价值"⑥,事件参与了不同群体关系的界定,进而使相关的艺术被重新建构。曼么卧村"范畴之间的关系"⑦ 由女性村民(其中包括女性织锦者)、外来商人、基层文化工作人员(这之中还会涉及村寨的行政管理人员,而非传统的氏族管理人员)在具有并接意义的织锦实践中展现出来。商人在市场中进行现代服装以及围巾、皮带等服饰配饰、机织床上用品的推销售卖,由此触发了村寨内部老年女性和中青年女性之间、商人与基层文化工作人员之间的分立。村中的老年女性和中青年女性与现代市场接触的频率和需求不同,因而在面对现代机织用品与传

---

① 马歇尔·萨林斯:《历史之岛》,蓝达居等译,上海人民出版社 2003 年版,第 176 页。
② 刘晓春:《历史/结构——萨林斯关于南太平洋殖民遭遇的论述》,《民俗研究》2006 年第 1 期。
③ 马歇尔·萨林斯:《历史之岛》,蓝达居等译,上海人民出版社 2003 年版,第 11 页。
④ 参见马歇尔·萨林斯《历史之岛》,蓝达居等译,上海人民出版社 2003 年版,第 282~283、179、184 页。
⑤ 马歇尔·萨林斯:《历史之岛》,蓝达居等译,上海人民出版社 2003 年版,第 301 页。
⑥ 刘晓春:《历史/结构——萨林斯关于南太平洋殖民遭遇的论述》,《民俗研究》2006 年第 1 期。
⑦ "随着范畴之间的关系发生变化,结构也发生相应的变化。"见马歇尔·萨林斯《历史之岛》,蓝达居等译,上海人民出版社 2003 年版,第 179 页。

统织锦的选择时，呈现服饰穿戴和使用的差异。基层文化工作人员在非遗政策的执行中较为鼓励传统傣雅服饰及配饰的维系，极力弥合市场化对于原有文化秩序的扰动而产生的分立。目前在曼么卧村社会关系变迁中展现出的分立是相对温和的。傣雅与主流文化间并不是完全意义上的异质和二元对立，国家与地方、不同民族地区之间的交往在任何一个历史阶段都从未间断过，不同文化图示下的文化秩序相互渗透，多元一体的历史发展状况起初就呈现差异中你我相互交融的景象。

并接的最终意义是指向未来进程的。经过处于分立双方的傣雅村民对现代服饰的权衡，它们被"挪用"至村寨的日常生活中，但传统仪式或重大节日中的傣雅服饰文化传统依然被沿用下来，织锦配饰被保留，织锦服饰同时被创造出来，其实践在并接意义下进入稳定、平衡的阶段。

五　结语

文化变迁与结构在历史脉络中的维持和转型密切相关，是文化范畴在实践中被重新估价并被赋予新的经验创造的过程。艺术作为文化变迁的一种表征，其变化与并接意义下的社会关系范式和艺术制造者的意志相联系。并接意义之下傣雅支系织锦的变迁，是一个国家非遗保护政策促成的傣雅与傣泐的并接、市场经济策动的傣雅与现代主流社会并接的过程，它们将傣泐织锦的技术要素、传承模式，现代社会的商品意识、审美观念一并混融于傣雅社会中并衍生出织锦的创新面貌及结构的重组。

从并接意义出发看待当下傣雅民间工艺的生存和发展，无论是傣雅村民，还是织锦艺人，在面对市场和国家事件的时候，并没有呈现出束手无策的姿态，而是将事件置于"熟悉的控制方式之下，从而降低对它们的陌生感和'敬畏感'"[1]。存息于文化中的艺术在变迁的过程中，依然趋于保存傣雅传统织锦的惯例，展现出原有文化图示的抗争，织锦并没有在统合偶然事件的过程中丧失自己的文化秩序，织锦者们亦不曾抛弃原有的历史实践模式。傣泐工具的挪用和传承模式的模仿是以维持傣雅织锦原有状态为基准的。现代服装在占领了傣雅日常生活空间的同时，传统服饰在重大节日和仪式中的地位依然无法撼动。传统的织锦床单虽在村民的日常生活中遭受了消退的打击，但是在丧葬仪式中始终是固守的不可或缺之物。在市场和国家的语境下，作为文化叙事方式的傣雅织锦的变迁不仅是傣雅村民顺应时代背景发展出的适应策略，更是其与傣泐、现代主流社会相互交往中生存智慧的展现。

Research on Traditional Brocade Culture of Daiya in Xishuangbanna and its Transformation: Based on Discussion of History, Reality and Structure

Jin Shaoping, Wang Lu

Abstract: Since in the peculiar geographical and social environment, Daiya's brocade has its own characte-

---

[1] 刘琪：《作为历史主体的"他者"——萨林斯的历史人类学》，《中国人类学评论》（第四辑），世界图书出版公司 2007 年版，第 200 页。

ristics distinctive from other Dai branches in Xishuangbanna. Recently these characteristics have been hardly i-dentified. Affected by Intangible Cultural Heritage (ICH) Protection Policy and modern market system, the tools, procedure, aesthetic interest and fuctions of Daiya brocade become mix Daile brocade and some modern culture elements together. In the contingency situation, Daiya brocade, as a part of its cultural entity and something historical, has been reproduced and reestimated. In conjunction between history and reality, the transmission of brocade culture are driven by separation of Daiya's social relationship and the will of brocade inheritors.

Keywords：Daiya; Brocade Transformation; History and Reality; Structure

《西南边疆民族研究》第 28 辑
第 97~107 页
© SSAP, 2019

幻想与崇拜："青蛙娶妻"型故事的情节生成与文化意义[*]

——以藏彝走廊民间故事为中心

唐海宏　蒲向明　杨贞明[**]

摘　要　20 世纪 70 年代后期，费孝通先生提出藏彝走廊的概念，经调查研究发现，作为古代氐族后裔的今白马藏人，其民间文学具有重要的历史文化价值。以长篇口传故事《阿尼嘎萨》为代表的"青蛙娶妻"型故事，是藏彝走廊多民族"青蛙娶妻"型故事情节生成的典型，属于情节有趣而又极具幻想的神异口传文学之一。通过对比白马藏人、彝族、羌族、傈僳族、白族、仡佬族、纳西族、哈尼族、景颇族、苗族、畲族、普米族等的"青蛙娶妻"型故事情节生成方式的异同，可以看出，藏彝走廊各民族该型故事的形成和流播与各民族的生活习性、地理环境、社会制度及文化心态都有着千丝万缕的联系。它的文化意义在于：它们表达了这一多民族区域人民对生命延续的企盼，呈现出该区域稻作文化及民俗风情的生活场景，是该区域人民的生殖崇拜、图腾崇拜与英雄崇拜在民间故事中的折射，亦是中华民族文化共同性的集中体现。

关键词　藏彝走廊；民间故事；"青蛙娶妻"；故事情节；文化意义

DOI：10. 13835/b. eayn. 28. 11

　　1978 年，费孝通先生提出藏彝走廊的概念："要解决（民族识别）这个问题需要扩大研究面，把北自甘肃，南至西藏西南的察隅、洛瑜这一带地区全面联系起来，分析研究靠近藏族地区这个走廊的历史、地理、语言并和已经暴露出来的民族识别问题结合起来。这个走廊正是汉藏、彝藏接触的边界，在不同历史时期出现过政治上拉锯的局面。而正是这个走廊在历史上被称为羌、氐、戎等名称的民族活动的地区，并且出现过大小不等、久暂不同的地方政权。"他还进一步指出："这条走廊正处在彝藏之间，沉积着许多现在还活着的历史遗留，应当是历史与语言科学的一个宝贵园地。"[①]　由此看来，"藏彝走廊"之说有三个方面是值得深刻理解的：其一，走廊的最北边界在甘肃境内，最小的行政区划应包括现在的陇南、甘南地区，而不是自阿坝藏族羌族自治州以南[②]；其二，在这个走廊上活动最

---

[*]　本文系国家社科基金项目"三江源地区藏族民俗事象中的传统生态文化研究"（18BMZ119）、甘肃省高等学校研究生导师科研项目"陇南白马藏人民间文学整理和研究"（1128－01）的阶段性成果。

[**]　唐海宏，宁波大学科学技术学院副教授，主要研究方向为中国古代文学、中国近现代文学；蒲向明，陇南师范高等专科学校文学与传媒学院教授，研究方向为中国文学和陇南文史；杨贞明，青海大学人文素质中心副教授，研究方向为中国古代文学、民族学。

① 费孝通：《关于我国民族识别问题》，《中国社会科学》1980 年第 1 期。
② 李绍明：《费孝通论藏彝走廊》，《西藏民族学院学报》（哲学社会科学版）2006 年第 1 期。

早的民族是羌、氐、戎等；其三，在走廊的现今地域，还沉积着许多活着的历史遗留，对历史与语言科学（含民族文艺）而言资源丰富，具有重要的研究价值。

正是基于这些理解，我们对陇南和川西北现有的白马藏人民间文学进行了数年的调查研究，并进而扩展调查研究了整个藏彝走廊各民族的民间文学，获得了值得注意的一些研究选题。关于白马藏人，学界目前较为一致的看法是古代氐族的后裔，和周边的藏、汉、羌、回等有密切的文化交往和融通。白马藏人民间文学的代表、长篇民间故事《阿尼嘎萨》在"青蛙娶妻"型故事的情节生成和文化意义方面不仅颇有特色，而且和藏彝走廊其他民族的同类型故事相比具有比较优势，值得重视。《阿尼嘎萨》中"青蛙娶妻"的情节梗概如下：

> 很久很久以前，一对白马人夫妻结婚多年未生育，后来感动山神而使妻子茨嫚娜姆怀孕三年零三个月，而生下一个肉坨，这个肉坨出生以后出现了种种奇异的自然现象，被失望的父亲阿扎伊抛弃野外以后，动物都对其敬畏有加，颇有其他宗教神话中圣人降生时出现祥瑞的情景。后来阿扎伊用刀子剖开肉坨后，先飞出两只鹞子，最后跳出一只青蛙，青蛙即为后来的阿尼嘎萨（初名为斜哦嘎萨，意为地上的青蛙），而鹞子则是其两个姐姐。会说话、通人性的青蛙得到了阿扎伊的怜悯，被阿扎伊带回家后，获得了这对夫妻的理解、关怀与呵护，逐渐成长。随后经历了修炼、娶亲、蜕皮变人身、修身从军、继承皇位、降妖除魔等过程，最终成为白马人世代敬仰的英雄和圣人，也被尊为"白马老爷"。①

丁乃通先生按国际通用的 AT 分类法将"青蛙娶妻"这类故事编号为 440A，型名"神蛙丈夫"②。"青蛙娶妻"类故事据艾伯华《民间故事类型索引》、丁乃通《中国民间故事类型索引》、金荣华《民间故事类型索引》等书统计有 120 多篇，流传于汉、藏、回、壮、彝、白、纳西、傈僳、满、瑶、东乡、土、景颇、黎、拉祜、哈尼、基诺、赫哲、鄂伦春、朝鲜、蒙古、维吾尔、锡伯、哈萨克、裕固、羌、畲等民族，分布于全国各地，从故事流传的族群与区域来说，其流布是相当广泛与普遍的③。钟敬文曾将此类故事区分为两个型式，而丁乃通将此类故事拟定为生子、许婚条件和婚姻、其他功绩、解脱魔惑、登位等五个故事情节。本文试图以藏彝走廊地区的此类故事为基础，对其故事情节、文化内涵等进行探讨。

一 藏彝走廊"青蛙娶妻"型故事情节生成的考察与分析

《中国民间故事类型索引》将"青蛙娶妻"故事归于"AT440A 神蛙丈夫型"之下。在此型原始古朴的母题基础上，在一代代先民酝酿、口头传承之下，藏彝走廊地区"青蛙娶妻"型故事形成了基本相同的故事情节，并融进、渲染上了浓厚的民族神异色彩。

（一）生子

藏彝走廊地区"青蛙娶妻"型故事大多是说有一对夫妻，结婚多年未生育，夫妻俩就向神明祈求

---

① 邱雷生、蒲向明主编《陇南白马人民俗文化研究》（故事卷），甘肃人民出版社 2011 年版，第 14 ~ 197 页。
② 丁乃通编著《中国民间故事类型索引》，郑建威等译，华中师范大学出版社 2008 年版，第 89 页。
③ 中国文化大学教授金荣华先生的《民间故事类型索引》一书，由中国口传文学学会 2007 年印行。因涉及此论题的相关著作较多，限于篇幅，不能逐一列举说明，只在此做一简要概括。

或感动神灵，后来果真得到一个青蛙（或蟾蜍）儿子。这故事的开端即充分体现了人们急切的求子心态，但不同民族的生子情节又有不同。

陇南白马藏人的《阿尼嘎萨》中写感动山神而使妻子怀孕，生下一个肉坨，这个肉坨出生以后出现了种种奇异的自然现象。后来剖开肉坨，跳出一只青蛙。同时，陇南白马藏人故事《月月》中也有生出小青蛙的说法。[①] 平武白马藏人的《青蛙儿子》中写一对孤独的老夫妇生下一个半圆不圆的肉坨，这个肉坨出生以后出现了种种奇异的自然现象。后来剖开肉坨，跳出一只青蛙。[②] 藏族的《青蛙骑手》讲述一对穷夫妻祈祷"墨尔扎那神"后不久妻子果然怀孕。七个月后，妻子生养了一只青蛙。[③] 彝族的《青蛙仙子》写一个女人的膝盖上生出一只青蛙。或说是生出一个蛋，她将蛋扔到鸡窝里，母鸡孵出来后发现是一只青蛙，青蛙一出生就喊此女人为妈妈，并和她一起生活。[④] 羌族的《青蛙花》故事是"青蛙娶妻"型故事的一种异文，没有怀孕与生出青蛙的情节。它讲述了一位老猎人有三个女儿，她们都非常喜欢花。到了冬天，没了花，她们都觉得难受。猎人有一天出去打猎，见了一朵很漂亮的花，刚要摘，花变成了青蛙。[⑤] 傈僳族的《青蛙伙子》写很久以前，有一个老大妈住在峡谷里，她无儿无女，过着孤苦伶仃的生活。有一年，老大妈的膝盖上生了一个疮，越发越大，非常疼痛。老大妈实在忍受不了，便把家中的柴刀磨得十分锋利，不管死活，在大疮上狠狠地割了一刀。大疮割开了，不见浓出来，也不见血出来，却见一只小青蛙跳出来。[⑥] 白族的《青蛙讨媳妇》写两个顶相好的朋友，一个叫尧前，一个叫姜汉。他们相约结为亲家，后来尧前媳妇生了个姑娘，姜汉媳妇却生了个小青蛙。[⑦]

此外，仡佬族的《青蛙讨媳妇》、《青蛙后生》，藏族与彝族的《癞疙宝讨媳妇》，纳西族的《青蛙伙子》，哈尼族的《蛤蟆讨媳妇》，景颇族的《青蛙娶亲》，苗族的《青蛙儿子》，畲族的《蛙崽成亲》，都有类似的情节。

（二）许婚条件和婚姻

人与异类婚配的民间故事情节中常以"难题求婚"来突出异类的神异性，"青蛙娶妻"型故事也是如此。青蛙儿子要父亲到地主、土司或皇帝家求亲，被对方故意刁难，遭到拒绝；发展到后来女方还会提出难题要青蛙知难而退。在汉族的故事里，女方常要求青蛙准备大量的珠宝，如金砖、金珠、银珠、红绫子、珠轿，或以银子铺路等才许婚；在藏彝走廊地区的"青蛙娶妻"型故事里，许婚条件和婚姻情节差异较大，现分述如下。

陇南白马藏人故事《阿尼嘎萨》中写青蛙阿尼嘎萨长到十八岁，到了谈婚论嫁的年龄，他想娶个媳妇安个家。他的阿爸被缠得实在没有办法了，想来想去想出了一个主意，试图用青蛙阿尼嘎萨根本

---

① 本文所引白马藏人故事除注明出处者外，均引自邱雷生、蒲向明主编《陇南白马人民俗文化研究故事卷》（甘肃人民出版社2011年版），后文不再一一注出。

② 中国民间文学研究会四川分会编，周贤中搜集整理《新娘鸟》（白马藏人民间故事），重庆出版社1984年版，第27～34页。

③ 中央民族学院少数民族语言文学系藏语文教研室藏族文学小组编《藏族民间故事选》，上海文艺出版社1980年版，第289～303页。

④ 中国民间文学集成全国编辑委员会、中国民间文学集成四川卷编辑委员会编《中国民间故事集成·四川卷》（下），中国ISBN中心1998年版，第866～869页。

⑤ 吴晓东：《中国少数民族民间文学》，中央民族大学出版社2000年版，第182页。

⑥ 祝发清等编《中华民族故事大系 第7卷》（黎族民间故事 傈僳族民间故事 仫族民间故事），上海文艺出版社1995年版，第340～346页。

⑦ 苏胜兴等编《中华民族故事大系 第5卷》（瑶族民间故事 白族民间故事 土家族民间故事），上海文艺出版社1995年版，第392～400页。

办不到的事情难倒它，让它不再提娶媳妇的事……阿尼嘎萨经过三天三夜的跋涉到白马皇帝处求婚，遭拒后吐唾液，唾液变成了海子，淹了白马皇帝的宫殿，白马皇帝的性命也受到了威胁。在经过水淹、马蜂蜇、变巨石压宫殿后，白马皇帝在提出要苍蝇的肠子九丈、蚊子的下巴三两、十冬腊月的青稞穗一把三个难题后进而要三对凤凰翎子。阿尼嘎萨智胜叽节比各九弟兄，在姐姐——两只青鹞的帮助下获得三对凤凰翎子，终于得到了皇帝的允婚。在《阿尼嘎萨》中，青蛙阿尼嘎萨要求和公主结婚遇阻符合"许婚条件和婚姻"（a）项；先是自己的双亲作难，后遭白马皇帝拒绝，青蛙阿尼嘎萨吐唾液使白马皇帝的宫殿和财产乃至生命受到威胁符合"许婚条件和婚姻"（e^5）项；接着青蛙阿尼嘎萨成功地获得三对凤凰翎子符合"许婚条件和婚姻"（d^1）项；最后白马皇帝允婚符合"许婚条件和婚姻"（f）项。平武白马藏人故事《青蛙儿子》中，青蛙儿子通过搬石头、吹气（$Ⅱe^4$）、吐唾液（$Ⅱe^5$）等动作引起奇异之事后获得了皇帝的允婚。

藏族故事《青蛙骑手》中，青蛙通过大笑（$Ⅱe^2$）、哭泣（$Ⅱe^1$）、跳跃（$Ⅱe^3$）等动作引起奇异之事后，迫使头人将善良的三女儿嫁给了他。彝族故事《青蛙仙子》中，青蛙通过大笑（$Ⅱe^2$）、大哭（$Ⅱe^1$）等动作引起奇异之事后，迫使国王将三女儿嫁给了他。羌族故事《青蛙花》中，青蛙得到了三女儿的爱恋，青蛙娶了三女之后，变成了一位英俊少年，与三女生活得非常幸福。大女见了，心里嫉妒，起了歹心，害死了三妹，冒充自己的妹妹与青蛙一起生活。三妹死后，变成小鸟、花椒树和梳箅，用各种办法揭穿大姐的真面目，让青蛙了解事情真相。最后她恢复人形，同蛙郎一起惩办了大姐。傈僳族故事《青蛙伙子》中，青蛙通过大哭（$Ⅱe^1$）、大笑（$Ⅱe^2$）等动作引起奇异之事后，迫使皇帝将公主嫁给了他，公主试图杀他未遂。白族故事《青蛙讨媳妇》中，小青蛙托姑妈求婚被拒（Ⅱe），后被要求下列物品：一只金脸盆、一根九十九个节的竹子、一根九十九拃长的头发、一根老虎肋骨（$Ⅱd^1$）。小青蛙最后完成了要求，尧前试图杀害小青蛙未遂，被迫允婚。仡佬族故事《青蛙讨媳妇》中，老公公多次想置青蛙于死地，但小青蛙都成功脱险，老公公无奈只好将女儿嫁给了小青蛙，姑娘想用棒槌打死小青蛙但未遂。《青蛙后生》中，青蛙帮人医好了腿，那人便把女儿嫁给小青蛙；青蛙变成了漂亮的后生，两人就成亲了。① 景颇族的《青蛙娶亲》故事里，小青蛙让妈妈去求婚被拒（Ⅱe），被要求下列彩礼：一百头牛、一百匹马、一百支枪、一百个锥、一百床金丝毯、一个金银盘，还要山头大的一个糯米粑粑、水塘大的一缸酒（$Ⅱd^1$）。小青蛙筹得了彩礼，有钱人家被迫允婚。②

此外，藏族与彝族的《癞疙宝讨媳妇》、纳西族的《青蛙伙子》、哈尼族的《蛤蟆讨媳妇》、苗族的《青蛙儿子》、畲族的《蛙崽成亲》，都有类似的情节。其中有的情节颇有趣味性，故事中穿插了活泼热闹的情节，如白族故事《青蛙讨媳妇》中在新娘大哭时，一群喜鹊唱道："新娘，不要哭，转转弯弯就到屋。白米饭，小猪肉，把你喂得胖嘟嘟。"陇南白马藏人故事《阿尼嘎萨》中还有"求婚调"与"娶媳妇歌"。"求婚调"为：

美丽的姑娘啊，/见到你感到万分高兴。/我早已把你深深的思念，/我早已把你铭记在心中。
美丽的姑娘啊，/你比天上的彩云还要美丽，/你像山里的花儿一样好看，/你像天上的月亮一

---

① 范阳编《仡佬民间文学探索》，广西人民出版社 1994 年版，第 131 ~ 132 页。
② 鸥鹍渤等编《中华民族故事大系 第 10 卷》（景颇族民间故事 柯尔克孜族民间故事 土族民间故事），上海文艺出版社 1995 年版，第 167 ~ 170 页。

样圣洁。

　　美丽的姑娘啊，／恳请你嫁给我吧，／我要永远和你在一起，／幸福一定会伴随你终生。

"娶媳妇歌"唱道：

　　一年三百六十五天，／今天的日子最让人高兴。／欢欢喜喜把媳妇迎进门，／媳妇的模样长得水灵灵。／五彩花衣身上穿，／一双大眼睛真爱人。

　　男女成婚是缘分，／家庭和睦万事兴。／娶来的媳妇成自家人，／问寒问暖一定会心疼。／人生的日子比山路还要长，亲亲热热度过一春又一春……

（三）其他功绩

这部分的故事情节，大多数表现藏彝走廊地区的多元文化与少数民族的豪迈风情。故事情节一般为青蛙婚后变幻为英俊少年，在各种比赛场上展现他超人的歌唱技艺或高超的骑术与箭术，从而成为全场焦点人物，吸引了众人的目光。有的叙说青蛙击退敌军或恢复人形与公主结婚。在藏彝走廊地区的"青蛙娶妻"型故事里，其他功绩情节差异也比较大。

陇南白马藏人故事《阿尼嘎萨》中写青蛙阿尼嘎萨成功驯服枣红马，修炼变为人身（Ⅲc^1）、从军，与两个姐姐以及妻子昼什姆齐心协力奋战妖魔纠娄恰尕，除掉了妖魔纠娄恰尕；降除虎妖、花牛怪、蛇妖与野鸡精；铲除了恶霸七弟兄和铁匠扎艾哩；最后为老百姓从扎尕山盗取小麦与玉米种子，改进生产劳动工具，造石磨、盖木屋、采草药、养蜜蜂，成了为白马人造福的好皇帝。《月月》中也有小青蛙月月为百姓行善，除害安良，抵御官府与外族侵扰的说法。此外，《白马少爷》中小青蛙白马少爷改变了白马人打猎和放牧的游牧方式，采用了定居的农耕生活方式，开始种小麦、荞麦和青稞，采草药为人们治病。平武白马藏人故事《青蛙儿子》中，青蛙儿子除了通过搬石头、吹气、吐唾液等动作引起奇异之事外，再没有出现犹如《阿尼嘎萨》中青蛙阿尼嘎萨所做出的丰功伟绩。藏族故事《青蛙骑手》中，青蛙变成了一个英武少年，连续三年在赛马会上获胜（Ⅲb）。彝族故事《青蛙仙子》中，青蛙变成了一个英武少年，在赛马会上化名青蛙仙子获胜（Ⅲb）。傈僳族故事《青蛙伙子》中，小青蛙变为英俊少年拾帕在赛马大会上通过射箭赢得了许多金银，赛马获胜（Ⅲb）。仡佬族故事《青蛙讨媳妇》中，小青蛙抓把泥巴，撒在楼上，变成粮食，撒在圈里，变成了牛马猪羊。

藏彝走廊地区"青蛙娶妻"型故事里，其他功绩情节相对来说是较为简单的。

（四）解脱魔惑、登位

在藏彝走廊地区的"青蛙娶妻"型故事里也有青蛙脱下蛙皮变成人的情节，这一情节属于变形故事，变形故事是魔幻故事中的一种，蕴含着先民们丰富的想象力。民间故事中的变形有时涉及社会人生理想与伦理道德观念，成为先民们某种理想的寄托。民间故事中变形之后的结局，有时演化成了悲剧，因触犯某种禁忌，变形后逃离了现实世界；有时演化成了喜剧，组建起了幸福和睦的家庭。青蛙变形为人的情节也大致如此。

陇南白马藏人故事《阿尼嘎萨》中青蛙阿尼嘎萨"解脱魔惑"用了半年时间。在《阿尼嘎萨》"修身从军"一节里，阿尼嘎萨第一次修炼因妻子的提前开门而前功尽弃；第二次三个月过去了整整五天，妻子昼什姆才打开房门，但地上只有一堆青蛙皮，桌子上放着一把刀鞘，阿尼嘎萨已从军出走（Ⅳb^1）。后来，阿尼嘎萨解答了白马皇帝的三个难题，在比武中大获全胜，顺利回答了九千九百九十九个问题，并成功扑灭了大火，从而赢得了皇位（Ⅴa）。《月月》中白马皇上三女儿将小青蛙月月的皮扔到熊熊大火里烧了，月月从而变为人身（Ⅳa）。白马皇帝也将皇位让给了小青蛙月月（Ⅴa）。此外，《白马少爷》中小青蛙白马少爷脱在门外的"白衣"被头人扔进火塘里烧掉了，后来，妻子珍娥采到灵芝草医好了小青蛙白马少爷（Ⅳa）。白马少爷被推举为新的头人（Ⅴa）。平武白马藏人故事《青蛙儿子》中，青蛙儿子的青蛙皮被妻子扔进火塘烧了（Ⅳa），未有继承皇位之说。藏族故事《青蛙骑手》中，妻子将青蛙皮扔进火塘烧了（Ⅳa），不久青蛙就死了（Ⅳb²）。彝族故事《青蛙仙子》中，青蛙皮被妻子和母亲扔进火塘烧掉（Ⅳa），不久青蛙因腹痛而死（Ⅳb²）。傈僳族故事《青蛙伙子》中，公主将青蛙皮丢进火塘里烧了（Ⅳa），拾帕从火塘里抢下了未烧的半截，拾帕的下半身变成了青蛙的模样，最后公主的泪水滴到拾帕的下半身，拾帕褪去了蛙皮（Ⅳb¹）。白族故事《青蛙讨媳妇》中，妻子听从阿姆的话将青蛙皮丢进火塘里烧了（Ⅳa），小青蛙又修炼了七七四十九天后变为了人（Ⅳb¹）。景颇族的《青蛙娶亲》故事里，小青蛙变成了英俊小伙。哈尼族的《蛤蟆讨媳妇》故事里，蛤蟆想试探公主是否真心爱自己，就暗中脱掉蛤蟆皮，变成一个英俊的小伙子，在路上对公主唱情歌，但遭到公主的责骂。回家后，蛤蟆褪下蛙皮变成少年，告诉了公主真相。①

从上述情节分析可以看出，藏彝走廊地区生活的各个民族在特定的环境中有着各自的风土民情、生活方式和思想观念，藏彝走廊地区"青蛙娶妻"型故事中呈现了各个族群之间的共同文化特性以及同一文化区域的不同社会生活特质。现整理藏彝走廊地区"青蛙娶妻"型故事情节异同制成表1。

表1 藏彝走廊地区"青蛙娶妻"型故事情节异同对比

故事出处	情节一（生子）	情节二（许婚条件和婚姻）	情节三（其他功绩）	情节四（解脱魔惑）	情节五（登位）	备注
陇南白马藏人	感动山神而使妻子怀孕，生下一只青蛙	经过水淹、马蜂蜇、变巨石压宫殿后，得到了皇帝允婚	成功驯服枣红马，除掉妖魔纠娄恰尕；降除虎妖、花牛怪、蛇妖与野鸡精；改进劳动工具，造石磨、盖木屋、采草药、养蜜蜂	修炼变为人身	解答了白马皇帝的三个难题，在比武中大获全胜，顺利回答了九千九百九十九个问题，并成功扑灭了大火，从而赢得了皇位	
平武白马藏人	感应生下一个肉坨，跳出一只青蛙	搬石头、吹气、吐唾液		妻子将青蛙皮扔进火塘烧了		
西藏、青海藏族	上天感应生青蛙	1. 大笑——地震；2. 大哭——洪水；3. 大跳——地震	赛马会上获胜	青蛙皮被妻子烧掉		青蛙死亡，妻子变了石人
四川彝族	上天感应从膝盖中生出青蛙	1. 大笑——大风；2. 大哭——暴雨	赛马会上获胜	青蛙皮被妻子和母亲烧掉		还差两天成仙的蛙因此死去，没有实现帮穷苦百姓的理想
四川藏族	青蛙，一出生就会说话	大哭、大笑——山摇地动、狂风暴雨		青蛙皮被妻子烧掉		
仡佬族		通过舂碓、砍树、背石头等考验		青蛙皮被老奶奶烧掉		变成人形，留下牛马猪羊后离开了

① 刘辉豪等编《中华民族故事大系第6卷》（景颇族民间故事 柯尔克孜族民间故事 土族民间故事），上海文艺出版社1995年版，第158～161页。

续表

故事出处	情节一 （生子）	情节二 （许婚条件和婚姻）	情节三 （其他功绩）	情节四 （解脱魔惑）	情节五 （登位）	备注
仡佬族		医好岳父生疮的脚		自己脱下青蛙皮变成人形		
云南傈僳族	膝盖上生了一个疮，疮生青蛙	1. 大哭——洪水； 2. 大笑——日晒	砍柴、射箭	青蛙皮被妻子丢进火塘里，一半被烧掉		妻子的水使他变成人形
云南哈尼族	南瓜中跳出青蛙	1. 咕呱一声——太阳成火球；2. 咕呱二声——下起大雨；3. 大跳——地震		青蛙皮被丢进火塘		他原是天上黎底星，后来变成人形
云南景颇族	怀胎七年生下一个青蛙	1. 要一百头牛、一百匹马、一百支枪、一百个锥、一百床金丝毯、一个金银盘；2. 要山头大的糯米粑粑；3. 要水塘大的一缸酒		变成人		
云南普米族	母体感应生出很小的青蛙	仰头望天：雷雨交加，狂风呼啸，暴雨倾盆	将凹凸不平的外皮撒向四面八方			广阔大地上出现凹凸不平的山川河流，散打格马竹和变成人形的癞疙泡回家，孝敬老头和老妈妈
云南白族	生了个小青蛙	1. 吹气——龙卷风； 2. 大叫——大雨	赶街	青蛙皮被妻子烧掉		青蛙变人形，他要妻子把蛙皮烧成灰边撒边说高矮一样、贫富一样，但妻子说错了，后来人就有高矮贫富区别
纳西族	生出小青蛙	1. 大哭——洪水； 2. 大笑——日晒； 3. 大跳——地震	赛马	青蛙皮被老奶奶撕掉，变成人		
羌族	由疮处生蛙		跳锅庄	妻烧蛙皮		

二 藏彝走廊"青蛙娶妻"型故事的文化意义

藏彝走廊地区"青蛙娶妻"型故事能够广泛流传，千百年来感动着该区域数以万计的各族人民，除了故事情节曲折、人物可爱，切合老百姓朴素的心理需求之外，最主要的魅力还在于这一类型故事蕴含着丰富的文化意义。

（一）"青蛙娶妻"型故事反映了藏彝走廊各族群普遍存在的浓厚的生殖崇拜

生殖崇拜是一种遍及全世界的历史现象，从深层次来看，它是人口问题即人类自身的生产问题。对此恩格斯曾说："根据唯物主义观点，历史中的决定性因素，归根结底是直接生活的生产和再生产。但是，生产本身又有两种：一方面是生活资料即食物、衣服、住房以及为此所必需的工具的生产；另一方面是人类自身的生产，即种的繁衍。"① 原始初民把两性生殖作用与自然界各种作物的生长对应起

---

① 中共中央马克思恩格斯列宁斯大林著作编译局编《家庭、私有制和国家的起源》，人民出版社1999年版，第3页。

来，认为人的两性相交可以感染自然界的阴阳交合，并伴以歌舞祭祀天地，酬神娱神，从而风调雨顺，五谷丰产，人类得以繁衍兴旺。先秦以来，小农经济就占据了中国经济的主导地位，它主要依靠劳动力的增加来提高产量。人们都重视人口的繁衍，有"不孝有三，无后为大"的观念。个人或者家庭的无嗣，不仅是个人、家庭的大事，也是家族的大事。在传统农业社会，人们普遍存在传宗接代、繁衍子嗣的观念。如《阿尼嘎萨》中藏族老夫妇向墨尔扎那神（管山和江河的神）祈祷，老天真的遂其所求，让他们生养了一只青蛙（蛤蟆），这正是远古以来中国传统农业社会生殖繁衍、子嗣观念的反映。

蛙的繁殖力强，产子繁多，一夜之间便可育出成群的幼体，这种现象正好契合了先民们对种的繁衍愿望，藏彝走廊地区"青蛙娶妻"型故事中频繁地以蛙作为故事的主角，也是生殖崇拜的表现。蛙在原始初民那里被用以象征女性的生殖器——怀胎的子宫（肚子），冯作辉在论述平武白马藏区祭祀用"巴色"法杖时曾说："与朵玛班丹和达巴法棍相比较，三者都有蛙、蛇图纹，表明生殖崇拜和性崇拜观念在原始宗教中是普遍存在的。白马人还认为土地神最爱变成青蛙和蛇，白马人的土地神本身就是人首蛇身，图纹也可以成为佐证。"[1] 彝族更是将青蛙作为生殖崇拜灵物而尊崇，彝族视蛙为灵物，民间禁忌打蛙和吃蛙肉，若犯忌会招来暴雨，受蛙诅咒而遇凶险。彝族神话《司惹巴洪》和《天神的哑水》的字里行间无不充满着彝族先民视蛙为生殖图腾的踪迹，其"死而复生"、人生蛙、人死化竹笋、喝"圣水"等情节，实质上是一种生殖行为，亦是生殖崇拜的体现。[2] 木丽春在《论纳西族生殖崇拜》里也曾指出："这一贫富观是同人口增殖观紧紧地联系在一起的。他们认为只有氏族人口不断增长，才有氏族生存的保障，否则将导致氏族的灭亡。因而纳西族的许多宗教文化行为都是以生殖崇拜为核心的。"[3] 在我国出土的考古材料中，从仰韶村、庙底沟到西关堡、姜寨，再到马家窑、柳湾，都有许许多多的蛙纹彩陶出土。根据巫术思维的特征，可以认为，远古先民在陶壶上绘制这种仿蛙图案的同时，实际上是在完成将蛙的多产能力传递给人类女性的一种巫术操作。由此可见，蛙与女性的繁殖力在巫术思维中的同一似可定论。[4] 将蛙的大腹多子与女性的大腹多产做类比和认同，是原始人类的一种共同思维方式和普遍的巫术行为。生殖崇拜便成了藏彝走廊各族群普遍存在的信仰与理念。

（二）"青蛙娶妻"型故事反映了藏彝走廊各族群共存的氏族图腾崇拜——蛙神崇拜

藏彝走廊是原始氏族图腾的荟萃之地，存在着丰富的原始图腾文化的遗迹，图腾种类之多，难以计数，而最为典型的则是蛙图腾。这一图腾在该地域的白马藏人故事《阿尼嘎萨》等多民族"蛙"故事中都有体现，虽然具体细节有所差异，但大体情节与结构基本相似，属于同一母题。

蛙旺盛的生殖能力，正符合人们希望多子多孙的心理，同时，青蛙与稻作雨水的关系也极为密切。种种农作稻田和蛙之间的联动迹象，使得原始初民都相信青蛙或许具有某种神异功能，能主宰雨水的多寡，这样就将青蛙与农业生产活动关联在了一起，古代文献资料中不乏这类记载。《春秋繁露》载："春旱求雨……凿社通之于闾外之沟，取五虾蟆，错置社之中……夏求雨……取五虾蟆，错置里社之中，池方七尺，深一尺。具酒脯，祝斋，衣赤衣，拜跪陈祝如初。"[5] 唐诗中亦有："田家无五行，水旱卜蛙声"[6] 的咏诵。《周易》记载："虾蟆群聚，从天请雨。云雷集聚，应时辄与。得其所愿。"[7] 这

① 冯作辉：《平武白马藏区祭祀用"巴色"法杖研究》，《四川民族学院学报》2012 年第 5 期。
② 杨甫旺：《彝族蛙崇拜与生殖文化初探》，《民族艺术研究》1997 年第 6 期。
③ 木丽春：《论纳西族生殖崇拜》，《云南社会科学》2004 年第 6 期。
④ 盖山林：《世界岩画的文化阐释》，北京图书馆出版社 2001 年版，第 326 页。
⑤ （汉）董仲舒：《春秋繁露》，吉林人民出版社 2005 年版，第 253 ~ 254 页。
⑥ 周啸天主编《唐诗鉴赏辞典》，商务印书馆出版社 2012 年版，第 1333 页。
⑦ 豫生主编《周易全解》（3），吉林大学出版社 2009 年版，第 120 页。

说明人们认识到青蛙与稻作之间存在着密切的关系。藏彝走廊地区"青蛙娶妻"故事里青蛙也会帮助老夫妇耕田种地，这也是稻作生活的呈现。

以《阿尼嘎萨》为代表的藏彝走廊多民族故事，与青蛙神格化的信仰有关。像普米族称蟾蜍为"波底阿扣"，意为"蟾蜍舅舅"。传说是蟾蜍赐给他们智慧，把普米人从动物中解脱出来，故至今仍有蟾蜍崇拜的遗俗，如遇蟾蜍进房，则认为是舅祖登门，吉祥如意，即焚香和洒滴牛奶祭祀。该族许多家名和人名以"波底"命名。彝族尊称蛙为"惹依阿木"，也是"蟾蜍舅父"的意思。藏族故事《青蛙骑手》说青蛙是地母的儿子撒尔加尔神的化身。哈尼族《蛤蟆讨媳妇》中说蛤蟆是天上的黎底星。彝族创世神话《勒俄特依》说雪族的子孙有十二种……第一种是蛙类，第二种是蛇类，第三种是鹰类，第四种是熊类，第五种是猴类，第六种是人类。其中蛙为第一种，人为第六种，蛙居人类之上。① 作为古代氏族后裔的白马藏人，在经历了长期的迁徙、演变之后，古老原始的蛙图腾崇拜仍存活于其族群记忆之中，而这种记忆也通过神话故事的形式，将蛙作为氏族神灵在族群内部流传。对此，余永红等曾有精辟的论述："从《阿尼嘎萨》的内容和结构来看，主体情节与西南各民族中的蛙神故事基本相似，但其中的智胜妖魔、与白马皇帝三公主成亲等情节，也可能与藏族历史神话《格萨尔王传》的影响有关，因为白马藏族居住地区长期受汉、藏文化的深刻影响。抛开这些复杂的外在表象，蛙神故事中所传达的基本文化信息和核心主题却是相同的……这类蛙神故事可能源于同一个更为古老的蛙崇拜的民族历史文化，从其流传的地域和广泛程度来考察，应和远古时期的部族历史、氏族图腾崇拜有着某些内在的联系，而蛙神这种特殊的身份和半神半人的品格，也正是远古时期图腾崇拜的突出特征。"②

（三）"青蛙娶妻"型故事体现了藏彝走廊各族群普遍存在的英雄崇拜情结

藏彝走廊的民间故事大多以歌颂劳动、歌颂劳动所需要的勇敢与力量作为主题，这些故事创造出了许多独具民族特色的英雄人物形象。可以说，藏彝走廊各族群在经历了一代又一代集体记忆的沉淀之后，形成了极为发达的英雄崇拜情结，这种情结集中体现于他们世代承续、口耳相传的民间故事之中，而"青蛙娶妻"型故事正是这种英雄情结体现的载体之一。

在白马藏人故事《阿尼嘎萨》、《月月》、《白马少爷》、《阿尼泽搜毕记》等一系列以青蛙作为主角的故事里，白马人的先祖已经不再对自然界产生极端的恐惧心理了，他们有了一定的自信心，塑造出具有超人力量的英雄——青蛙形象。《阿尼嘎萨》产生于父系氏族社会崩溃、奴隶制国家形成时期，以"九兄弟"（叽节比各）为代表的部落、部族和阿尼嘎萨的争战是这个英雄神话的源头。通过阿尼嘎萨出生、成长、婚嫁、除妖、锄霸、仁政、造福等神话故事情节，塑造了白马藏人重要的青蛙英雄的立体形象，奇特的夸张和神奇的想象，使这个形象具有了超人的意志和力量。面对人间和自然界的种种艰难险阻，英雄青蛙阿尼嘎萨并不恐惧，而是充满信心去面对皇帝、"九兄弟"和种种妖魔鬼怪，凭借着超人的毅力和斗志，赢得了次次胜利。《月月》在时间上要晚于《阿尼嘎萨》，且情节雷同，但"月月"（白马语意为"癫蛤蟆"）幻化人身、继承皇位的情节更显人性化。《白马少爷》也和青蛙幻化英俊少年有关，由青蛙变化而来的白马少爷与珍娥相亲相爱，并带领白马人步入了农耕时代，成为"人神相恋"神话母题的典型民间作品之一。《阿尼泽搜毕记》神话主要讲述远古白马藏人先祖面对自然灾害的抗争行动和有关部族迁徙的情况。两只大蛤蟆"业周他"和"业辉志"成为能变换颜色的深湖的主人，它们后来生了七个儿子，化为入贡山后的七座山峰——"阿尼泽搜毕记"（汉名"七嘴

---

① 沙马拉毅主编《彝族文学概论》，山西教育出版社2004年版，第51页。
② 余永红、蒲向明：《白马藏人神话中的蛙神崇拜及其文化渊源》，《民族文学研究》2014年第1期。

山"），护佑后世。入贡山一带如遇大旱，白马人就在山前求雨，据称阿尼泽搜毕记总是很灵验。[1]

此外，藏彝走廊这些多民族"青蛙娶妻"型故事都充盈着英雄崇拜情结，主人公——青蛙都是想象、虚构的形象。他们呈现出丑陋的外貌，却具有大体相似或一致的神异功能。神异功能在藏彝走廊各族群该型故事中被演绎为基本特征，成为该走廊区域族群之间思想情绪的物化载体，展示出了该地区族群之间民众随特定的历史、生活而嬗变的心路历程。藏彝走廊该型故事都凸显了个体——青蛙自身的能力与其坚忍的意志、无畏的献身精神，这里"力"与"勇"构成了该地区该型故事中英雄——青蛙的本质要素。各部族推崇"力"和"勇"以及抗争的精神，都充盈着崇高与悲壮的气息，而这种特质是藏彝走廊不同族群在狩猎时代抑或是在初入农耕文明时以力立世、与天抗争的真实写照。可以说，藏彝走廊"青蛙娶妻"型故事中体现的英雄情结，浓缩着各个民族苍凉悲壮的历史以及顽强奋进的精神，构成了藏彝走廊地区各民族传统文化的基调。

（四）"青蛙娶妻"型故事体现了中华民族文化的共同性

正如前所述，从中国各民族"青蛙娶妻"型故事的流布来看，该类型故事分布于全国各地；以故事流传的族群来看，该类型故事流传于汉、藏、回、壮、彝、白、纳西、傈僳、满、瑶、东乡、土、景颇、黎、拉祜、哈尼、基诺、赫哲、鄂伦春、朝鲜、蒙古、维吾尔、锡伯、哈萨克、裕固、羌、畲等民族，其流布是相当广泛与普遍的。如果将藏彝走廊各少数民族"青蛙娶妻"型故事置于中华民族文化共同性的背景下来看，这些故事与汉民族的"青蛙娶妻"型故事都具有相似的情节结构与叙事模式：生子—许婚条件和婚姻—其他功绩—解脱魔惑—登位（也有学者将此拟定为异生异貌—求婚遭拒—展异能获婚—解脱魔惑等情节）。

而聚焦于藏彝走廊地区，我们可以看到该区域各民族由于居住环境具有相似性，经济生活状态也存在着高度的相似，社会发展程度大体相同。随着族群间的宗教观念以及大范围迁徙等交往交流交融的加剧，他们的文化具有高度的重合性、一致性，但也保留了各自民族文化的独特性。在"中华民族多元一体"格局的大背景下，藏彝走廊地区各少数民族团结奋斗、共同繁荣发展，并在与汉民族文化不断交流、补充、融合之中形成了独特的多元信仰。在千百年的历史发展长卷之中，藏彝走廊地区各少数民族中的一些文化因素逐渐消亡，另一些文化因素却因民族宗教信仰与生活现状而不断发展丰富，持续流传了下来。

由此可见，"青蛙娶妻"型故事流布于全国各地，各民族或多或少都有着这一类型故事的因子，都有着相似的故事情节结构与叙事模式，这充分凸显了中华民族文化的共同性。也正是这种共同性或同一性的特征以及多样性，才使得藏彝走廊各民族的文化呈现出绚丽多彩的一面，而这一区域"青蛙娶妻"型故事也成了遗落在人间的七彩瑰宝。

正是基于中华民族文化的共同性与多样性的辩证统一，才有了中华民族认同与国家认同的基础，而藏彝走廊民间故事中的文化共同性与同一性也成为藏彝走廊各民族之间有机联系、交融交往的纽带，并在此基础上形成了各民族趋于一致的国家观、民族观、价值观、伦理观以及审美观，使得这一区域各民族的文化形成了一种有着内在紧密联系的有机整体，呈现中华民族文化的共同性特质。

三 结语

综上所述，藏彝走廊地区"青蛙娶妻"型故事之所以能广泛流传，是因为在藏彝走廊各族先民的

---

[1] 蒲向明：《白马藏人神话类型和述说特征研究》，载陈思广主编《阿来研究》（一），四川大学出版社 2014 年版，第 272～275 页。

幻想与潜意识里，青蛙对他们的生活而言具有重大意义：它不仅能辅助人们的生育，又能降甘霖，还能够守护庇佑人民。藏彝走廊地区"青蛙娶妻"型故事不仅反映了这一区域深层的信仰：生殖崇拜、蛙神崇拜、英雄崇拜，同时也还蕴含着藏彝走廊地区传统的民间风俗习惯与奇特的文化特质，正如张中复所说："这个被惯称为'六江流域'的民族走廊，其内部传统民族文化具有复杂性与分歧性。"①藏彝走廊地区"青蛙娶妻"型故事所展示的文化特质、伦理内蕴同汉文化圈之间虽有着小小的差异，但其共同性与同一性却更为显著，这归根结底源于藏彝走廊地区的社会历史语境。在艰辛而封闭的自然生存环境中，在持续不断的氏族部落战争里，在不断的族群大迁徙中，崇"力"尚"勇"成为藏彝走廊地区各民族共有的一种价值取向。从藏彝走廊地区"青蛙娶妻"型故事的个案切入，从各民族文化传承的角度审视，藏彝走廊地区各少数民族的"特异"文化与汉文化之间既呈现着差异，也存在着高度的契合与一致性。可以说，正是这种"特异"与"趋同"的辩证统一才造就了中华文化博大精深的特质，将其置于整个中华民族相互融合的背景下来观照，亦能呈现中华民族文化的共同特质，这对加深理解民族文化的个性以及中华文化的博大精深是不无裨益的。

Illusions and Worship on the "Mr. Frog Got Married" Plot Generated and Cultural Significance：As "Folk Tales in the Tibetan and Yi Corridor" the Center

Tang Haihong, Pu XiangMing, Yang Zhenming

Abstract：In the late 1970s, Mr. Fei Xiao – tong proposed the idea of the Tibetan and Yi corridor, the study found that the Baima Tibetan as the ancient Di descendants, its folk literature is of great historical and cultural value. With its long oral stories "Mr. Frog Got Married" of *Ar Ni Ga Sa*, is a typical story in the Tibetan and Yi corridor, belongs to the interesting plot and one of the most fantasy miraculous and oral literature. By comparing the plot generation of similarities and differences on "Mr. Frog Got Married" among the Baima Tibetan, Yi, Qiang, Lisu, Bai, Kelao, Naxi, Hani, Jingpo, Miao, She and Pumi tribe, it can be seen that the formation and flouring connected intimately with life habits, geographical environment, social system and cultural mentality. It is also the central manifestation of the commonality of Chinese national culture.

Keywords：Tibetan and Yi Corridor; Folk Tales; "Mr. Frog Got Married"; Story Plot; Cultural Significance

---

① 张中复：《论藏族形成的历史解释与民族识别的整体性：从川、甘"白马藏人"的认定谈起》，《政治大学历史学报》2000 年第 17 期。

《西南边疆民族研究》 第 28 辑

第 108~118 页

© SSAP，2019

认同空间与符号表征：武定彝族建筑景观塑造研究[*]

刘　朦[**]

摘　要　本文以云南省楚雄州武定彝族自治县为例，探讨景观、认同空间与符号表征之间的互动关系。认为：（1）对景观的认同形成了集体认同与自我认同，这样的认同反过来塑造了新的认同空间和建筑景观；（2）对文化的认同衍生出认同空间，建筑景观通过符号选择对认同空间进行表征。以上两条途径共同演绎了空间生产的路径。

关键词　彝族建筑景观；认同空间；符号选择

DOI：10.13835/b.eayn.28.12

一　引言

景观，是可观赏的风景，又是一种文化意象。在不同的观赏者眼里，有不同认知。尽管如此，同一地域、属地，拥有共同文化传统的群体，对景观却有着较高的认同。对景观的认同形成并加强了人们的自我认同和集体认同，这样的认同如何塑造了新的认同空间和建筑景观？这是本文要讨论的第一个问题。

景观主要通过符号来表征空间，这是列斐伏尔所言的"空间的表征"。表征简而言之指的是"通过语言生产意义"[①]，其中"语言"指"任何具有某种符号功能的，与其他符号一起被组织进能携带和表达意义的一种系统中去的声音、词、形象或客体，都是'一种语言'"[②]。即使隶属于同一种文化、拥有共同符号的人群，也须共享解释符号的方法，只有如此，意义才能被理解，认同也才能形成。因此，"意义是被表征的系统建构出来的"[③]。本文要探讨的第二个（组）问题是：政府、规划师、工程师和景观设计者在进行表征之前的文化认同和策略是什么？在此基础上，进行了怎样的符号选择？符号表征了什么？

---

[*]　本文系 2019 年度教育部人文社会科学青年基金项目"云南少数民族建筑景观艺术构形类型与文化空间的人类学研究"、2019 年度云南大学国家社科基金培育项目"西南少数民族建筑关键符号建构中华民族共同体意识研究"（C176240104）的阶段性成果。

[**]　刘朦，云南大学民族学与社会学学院讲师，博士，主要研究方向：景观人类学。

[①]　斯图尔特·霍尔编《表征》，徐亮、陆兴华译，商务印书馆 2003 年版，第 16 页。

[②]　斯图尔特·霍尔编《表征》，徐亮、陆兴华译，商务印书馆 2003 年版，第 19 页。

[③]　斯图尔特·霍尔编《表征》，徐亮、陆兴华译，商务印书馆 2003 年版，第 16 页。

综上，两条问题路径呈现为：景观认同—自我认同、集体认同—塑造新的认同空间和建筑景观；文化认同—认同空间—建筑符号选择—景观表征。通过对这两个问题环的发生过程进行描述，可以对景观空间生产有一个具象认知。

二 狮子山、爬山者与狮山大道的形成

（一）狮子山认同分析

《大清一统志·山川卷》对狮子山有过这样的描述："壁立千仞，其巅平旷"，隆庆元年（1576）设流官知府，二年择地狮子山东麓建筑石城，后武定军民府随迁于此。可见，武定城选址与狮子山有着密不可分的关系。

狮子山位于武定县城西边，距县城大约十公里行程，因山形像一座横卧的雄狮而得名。狮子山在云南以"雄、古、秀、奇"的自然景观著称，被称为"西南第一山"。狮子山有丰富的人文景观：距今600余年的正续禅寺、建文帝出家至此的传说、明代徐霞客曾留下足迹、大观楼长联作者孙髯翁曾留下笔墨。

狮子山是武定县唯一的国家 AAAA 级旅游景区。在明朝，狮子山就已经成为滇中著名的旅游胜地，在西南一带颇有名气，往来者络绎不绝。当地人对狮子山景观有着很高的认同，这样的认同塑造出了一系列的空间行为，这些行为又创造出新的景观空间。正如西蒙·沙玛所指出的："人们通过地名、历史、传说故事、景观符号来建构对地方的认同，又通过一系列空间行为内化和强化这种认同。"①

狮子山一方面是外来游客眼中的美景，另一方面是当地人生活领域不可或缺的延伸。如同很多山城一样，有着秀丽风光的山坐落在城市周围不超过3公里的范围内，自然会成为当地人散步、健身、游玩的最佳去处。狮子山与当地人的日常生活息息相关，健身者、休闲者、大自然爱好者、谈情说爱者络绎不绝。有人甚至感叹道："每天不去爬一下山就很难受。"假日聚会、庆典活动、带孩子游玩、老友相会、同事聚餐更是要去山上游玩一番才算心满意足。笔者在一个当地年轻人（年龄25～35岁）的微信群里看到，年轻人休息日大部分的娱乐活动都会呼朋唤友去狮子山。这成了人们下意识的不二选择。原因并不在于武定只有这么一个风景区，也并不在于它具有宗教的朝圣引力，而是它所包含的记忆。西蒙·玛莎指出："所有的风景——不论是城市公园，还是徒步登山——都打上了我们那根深蒂固、无法逃避的迷恋印记。"② 对一个地点的记忆至少包含以下几个方面的要素。

第一，这个地点必须有历史感。狮子山有许多美丽的传说故事，山上著名的正续禅寺建于元代，有上千年的历史。

第二，可能与重大历史事件相关。相传建文帝曾落难于此地削发为僧。

第三，它是一个"代际之地"，连接世代人的记忆。"赋予某些地点一种特殊记忆力的首先是它们与家庭历史的固定和长期联系。这一现象我们想称之为'家庭之地'或者'代际之地'。"③ 武定人世世代代生长于狮子山脚下，这里寄托着人们共同的情感。在"云南近代诗魁"梅绍农先生的诗词选中，直接以狮子山为题的就有四首。其中一首《重游狮山》写道："未到狮山瞬八年，乾坤双树旧云

---

① 葛荣玲：《景观生产》，北京大学出版社2014年版，第3页。
② 西蒙·沙玛：《风景与记忆》，胡淑陈、冯樨译，译林出版社2013年版，第18页。
③ 阿莱达·阿斯曼：《回忆空间》，潘璐译，北京大学出版社2016年版，第301页。

烟。凭虚阁外千峰翠，礼斗台前万壑悬……"① 首句对时间的感慨，蕴含着对狮子山深深的感怀之情，往事烟消云散，乾坤双树却依然茁壮挺拔，诗人的诗思只有在面对记忆之地时才能发挥得淋漓尽致。时间继续往后推移十二年，诗人又作一首《忆狮山双桧》："廿年未作狮山游，梦里烟峦春夏秋。最忆坤乾双桧树，参天拔地老边州。"② 时隔多年，再忆狮山，距离上次重游已过十二年，时间飞逝令人唏嘘，记忆中最深刻的还是乾坤双桧。诗选共收录了四首写狮山的诗，跨越了诗人早、中、晚三个时期。早期的两首诗《晨游狮山中峰庵遗址》和《狮子山原韵》，景色描写较为清幽，心情比较轻松闲适；中期的《重游狮山》便开始出现记忆的意象；晚期的诗作《忆狮山双桧》中相同意象再次出现并强化。梅老先生并不是武定人，他是临县禄劝人，对狮子山尚且有如此深的感情，更何况土生土长的本地人。"诗歌是个人的地名记忆，是对个人内心疏离或异化的认知，诗人试图通过确定自己在景中的位置寻求庇护。定位的特性使人暂时性的感受更加痛切，而这种定位记忆的痛切感说明记忆战胜了时间。"③

第四，记忆必定隐含着人们"对于记忆的策略选择和历史的想象重构"④。对狮子山的集体记忆已然包含了人们对历史、文化的选择和想象。云南偏安一隅，武定更是位于云南的西南一角，遥远的地域无法和中原形成关联，历史上鲜有大人物出现，建文帝的到来为这个地方带来了王者气象，增加了神秘色彩。狮子山因此添加了龙脉，丰富了文化内涵，同时也成了宗教圣地。

综上，狮子山之于武定本地人而言便成为记忆之地的最佳选择。笔者在田野调查中，采访当地人对狮子山印象最深的是什么，得到的回答有："浓密的松树林、甘甜的泉水、巍峨的佛寺、庄严的佛像、清新的空气……"这些都是凯文·林奇所说的环境意象，"这种意象对于个体来说，无论在实践还是情感上都非常重要"⑤。

基于这样一种根深蒂固的集体记忆，本地人与狮子山的关联在认同的层面上展开。对狮子山的认同包含了几个层面：（1）身份认同（我是武定人）；（2）地域认同（我热爱武定）；（3）文化认同。前两种认同与身份、地缘认同有关。文化认同则表达出对狮子山传说，尤其是对建文皇帝传说故事的认同，这是一种更深的文化记忆和认同，表达了对皇权的攀附，对中原文化的向往，还有对佛教的接受。事实上，狮子山主体景观正是以建文帝传说为主线进行设计的。

狮子山正续寺建在茂密的树林之中，颇有隐寺之感，设计与山势保持高度的协调性，寺庙逐级升高，错落有致。殿堂以中轴为主，"保留了'伽蓝七堂制'格局，及天门、佛殿、法堂、僧堂、厨房、浴室等，又立了石坊、牌楼、翠柏亭、从亡祠等围绕建文皇帝佚事传说的人文景观"⑥，建文阁中塑有建文皇帝真身像。在此可以看到历史人物对于建构地方认同所显现的效用：那就是让景观变得更加神圣、神秘和生动。伊利亚德曾说，任何人或物都可以成为神圣物，一旦神圣物进入某个空间，也必然会使这个空间成为神圣空间。建文阁正门两侧，悬挂着一副著名楹联："僧为帝，帝亦为僧，数十载衣钵相传，正觉依然皇觉归；叔负侄，侄不负叔，八千里芒鞋徒步，狮山更比燕山高。"这副楹联对建文帝的一生进行了高度提炼，充满了悲剧性和浪漫主义色彩，令人对这段历史充满了想象和神往。

① 梅绍农：《梅绍农诗词选》，1983 年自编，未出版，第 7 页。
② 梅绍农：《梅绍农诗词选》，1983 年自编，未出版，第 109 页。
③ 温迪·J. 达比：《风景与认同》，张箭飞、赵红英译，译林出版社 2014 年版，第 86 页。
④ 潘天舒：《上海城市空间重构过程中的记忆、地方感与"士绅化"实践》，《同济大学学报》（社会科学版）2015 年第 6 期。
⑤ 凯文·林奇：《城市意象》，方益萍、何晓军译，华夏出版社 2001 年版，第 3 页。
⑥ 刘鼎寅：《指空研究与武定狮子山旅游文化》，《云南社会科学》1997 年第 2 期。

移步来到另一景点牡丹园，园中种植着品类繁多的牡丹花。传说狮子山牡丹花是因建文帝一个叫牡丹的妃子仙逝，从河南、山东引进的品种，打破了"牡丹世居中原，南下即衰"的旧有说法。狮子山上牡丹花长势优良，争妍斗艳，姹紫嫣红，很快便位居武定花魁。"风景是投射于木、水、石之上的思想建构……一旦关于风景的观念、神话或想象在某处形成之后，它们便会以一种独特的方式混淆分类，赋予隐喻比其所指更高的真实，事实上，它们就是风景的一部分。"① 牡丹国色天香、姿态万千，隐喻着高贵华丽、富庶繁荣，是皇家贵族喜欢赏玩的品类。牡丹南迁至此，又由建文帝亲手栽培，两者之间不能不说存在某种隐喻关联。诉诸牡丹的意象，由中原盛世景象转变为娇弱、稀缺、神秘的意象。当地人对牡丹讨论最多的一个话题是："牡丹花如何能在本地存活下去？有些什么种花秘方？"每年3月举办的牡丹节是狮子山著名一景，同时也逐渐演变为民间喜闻乐见的民俗节日。3月间几乎每家每户都会全家出动到牡丹园游玩，踏青赏花、品尝各类小吃、参加丰富多彩的游园活动，牡丹节很快成为人们一年一度期盼的节日。武定县政府还举办过牡丹花选美比赛，选出县城最美丽的姑娘担任形象大使。由此，我们可以看到由对景观的认同生发出来的民俗活动，其背后"蕴含着人与人之间交往主题的互动和整合，同时在一般意义上揭示了支撑武定社会生活的社会动力和文化价值"②。

（二）爬山者与狮山大道认同空间的形成

狮子山空气清新，海拔适宜，风景秀丽，吸引了一大批爬山爱好者，他们每天早晨天不亮就从家里出发，天色渐亮，越来越多的人往山上走：或停或走，三三两两，说说笑笑。爬山者以老年人、中年人居多。人们首先进入省级风景名胜区入口，沿着公路一直走，走到山脚处再沿山麓往上爬，沿途风景如画。很多人走到半山，接一桶清泉水便心满意足地下山了，有的人还继续往上走。上午八九点人们陆续下山，开始一天的新生活。受《风景与认同》对湖区徒步旅行形成的认同研究的启发，笔者认为对狮子山风景的认同亦能促进人与人之间的相互认同。"风景成为认同形成的场所，依据人们如何阅读、游览、体验、实地观景或欣赏印刷画册、谈论及绘画风景而形成认同。"③ 爬山行为每天都在重复，"空间是实践的地方，是被移动、行为、叙事和符号激活的场所"④。爬山成为有闲阶级的时尚，他们把每天多余的时间和精力都用在这上面，从而使爬山途经的空间在不知不觉中变成实践空间——景观空间。

《武定县志》载："解放后武定县城规划共进行过两次，第一次规划于1956年，县建设科作出《关于武定城市建设初步规划（草案）》，其要点是：1.规划主街道一条，即现在的中心街。2.南北街旧街道整修。3.以县委、人委、法院为中心化为行政区域。4.在大礼堂附近规划文化娱乐区。5.文教、卫生为狮山脚中学附近……"⑤ 规划显示：1956年至20世纪80年代，武定县城以中心街为主街，以大礼堂为娱乐活动中心，反映了计划经济向市场经济过渡时期人们对景观的需求主要集中于赶集、凑热闹、看电影、打桌球等活动。90年代以后，随着生活方式及娱乐方式的改变，走向自然、回归内心的爬山活动逐渐取代了喧嚣的大众化娱乐项目。人们重新发现了一个新的景观——狮子山，虽然狮子山并不算新兴事物，但此时它在人们眼中焕发出新的魅力，成为健康、时尚、社交、新的消费方式的象征。

---

① 西蒙·沙玛：《风景与记忆》，胡淑陈、冯樨译，译林出版社2013年版，第60页。
② 西奥多·C.贝斯特：《邻里东京》，国云丹译，上海译文出版社2008年版，第237页。
③ 温迪·J.达比：《风景与认同》，张箭飞、赵红英译，译林出版社2014年版，第72页。
④ Michel De Certeau. *The Practice of Everyday Life*，Berkeley：University of California Press，1988，117.
⑤ 云南省武定县志纂委员会编《武定县志》，天津人民出版社1990年版，第302页。

"人们对世俗风景的感知一般不同于对圣地的凝视，但也模仿了后者的'净化'仪式——风景意味着人们把对自然的视觉消费从使用价值、商业、宗教意义或者任何易读的象征符号中解放出来，转而投向一种沉思的、审美的形式，一种因自然本身而对其进行的再现或者感知。"① 人们之所以热衷于爬山，很大程度是因为爬山类似于阈限，具有治疗和净化功能。每天早上固定不变的行程，让每一天的开始都如此清新而美好。美好的获得实际上是对所居场所的一次游离和超脱，携带着对自由的片刻追求。对于压力大、孤独的现代人来说，爬山提供了一个隔离空间。爬山过程中结交的伙伴，彼此认同很少来自地位、权势、金钱的衡量，更多是基于对同一时空的共同体验感。重复的爬山活动建立起某种身体记忆，即通过身体的感应唤醒身体意识，从而构建出一种基于身体的空间感。"类似踢腿和拉伸手臂这样的简单运动对于空间意识是基本的。当有活动的空间时，人们就可以直接体会到空间……空间大致建立了一个以移动和有目的的自我为中心的坐标系。"② 空间感建立以后，再返回内心深处去体验，由此产生对地方的依恋和认同感。可以说，爬山之路建构了驻足在风景之上的记忆共同体。对于个体而言，爬山如同参加了一次仪式一样，肌肉的紧张和身体的劳累，都在提示着人与自然建立起来的短暂联系，这样一种近似"痛苦"的身体感，"使得人对空间的感知集中于'痛苦'与'忍耐'，从而形成一种'处境的空间性'"③。在其中，人"发现自己向一片不同的景色敞开。虽然这一景色空无一人，却神秘地包括了自我，但非怀有个人焦虑或渴望的自我"④。随着爬山的结束，这样的阈限随之消失，又需要下一次的重复。

正因为狮子山沿路风景有如此大的魅力，20 世纪 50 年代规划的中心区域转移到以狮子山和经济开发区为中心的区域。由县城出发至狮子山风景区停车场这条道路，随着爬山者的增多、爬山热情的持续不断、对路面空间及沿途风景需求的不断增长，从"空间"里创造出了"地方"——狮山大道⑤。狮山大道深受当地人喜欢，已变成县城的另一个中心。紧接着，政府也发现了它的价值，2009 年 8 月狮山大道的修建规划顺利通过规划领导小组评审。规划赋予了狮山大道重点区域的优势地位，目标是打造一个集商贸、旅游、文化为一体的多功能开发项目，该项目能迅速提升武定县城的城市品位和形象。据报道，"狮山大道规划为市政级主干道，直接连接至狮子山脚，是整个旅游区的重要组成部分，是实施旅游精品及提高城市形象的标志性工程。狮山大道的开发建设，将为武定城市建设和旅游开发起到龙头作用。同时，对提升武定县城市形象，提升武定总体环境有积极促进作用"⑥。

至此，狮山大道正式成为经官方命名的景观空间，是城市的一张重要名片，同时也成为与当地人生活密不可分的"地方"。作为景观空间，狮山大道已获得本地人的高度认同，认同推动了另一项产业——房地产业的勃兴。2010 年，投资近 7.5 亿元的旧城改造狮子山大道项目正式开工，此处的房产都体现出了优良价值。首先，房价每平方米比县城老房子贵 1000 元左右，购买人经济条件较好，从而使这个区域具有了资本的象征性，形成了区位差异和由此而来的阶层分异。其次，建筑反映了当地政府寻求地方发展的意志。武定是彝族自治县，彝族在人口、政治、经济、文化等方面都比县里其他民族占优势，地方政府一直在努力发掘和利用彝族民族文化资源，以期加强百姓的地方文化认同。狮山

---

① W. J. T. 米切尔编《风景与权力》，杨丽、万信琼译，译林出版社 2014 年版，第 289 页。
② 段义孚：《空间与地方》，王志标译，中国人民大学出版社 2017 年版，第 9 页。
③ 刘朦：《仪式行为象征空间对建筑艺术构形的影响——以藏族叩拜、转经仪式行为为例》，《西南边疆民族研究》2016 年第 1 期。
④ 西蒙·沙玛：《风景与记忆》，胡淑陈、冯樨译，译林出版社 2013 年版，第 254 页。
⑤ 狮山大道指从新修的山门到山脚的一条大路。
⑥ 贺明辉：《婺故土满眼春——写在武定县城旧城改造狮山大道开工之际》，《楚雄日报》2010 年 1 月 9 日，第 1 版。

大道连接狮子山景区，是整个旅游区的重要环节，是打造城市形象的标志性工程，娱乐休闲功能极大地改善了当地居民的生活、工作环境。地方发展的意志反映于建筑形式之上，便是要建立具有"民族特色"的建筑。进入狮山大道，一座彝族建筑风格的牌坊映入眼帘（见图1），三层厦重檐，极富层次感，檐尾向上起翘，形成优美的弧线。梁坊、拱架处刻有怪兽神鸟、花木虫鱼等图案，并刻有四方雷纹、小花格窗、卷曹纹等纹样。狮山大道两旁的建筑，集现代楼房空间格局与彝式符号为一体：内部空间设计满足于商业经济的需要，彝族建筑符号则反映了对彝族文化的认同（见图2）。具体体现在：屋顶采用了人字坡瓦屋顶；建筑材料部分选用木质材料；颜色选用了红、黑、白、黄、蓝等彝族人喜爱的颜色；外墙、檐口、门窗和台基局部画有装饰性图案。

狮山大道的建筑形式，呈现现代化的"空间格局 + 彝式风格"，其实质是对彝族文化认同的一种反映，同时也是对景观所产生的商业价值和文化象征资本的认可。

图1 狮山大道入口的彝式牌坊（作者摄）

图2 狮山大道建筑（作者摄）

综上，我们可以看到一条清晰的线索：由对狮子山风景的爱好到对此景观的地方性认同（与身份认同相互联系），并进入记忆空间形成地方记忆。随着娱乐活动的转变，爬山成为大部分当地人朝圣似的日常活动，群体认同感在爬山过程中建立，于是爬山之路成为新的认同空间，并且逐渐从空间转化为"地方",狮山大道由此而来。民间的认同引起了官方的重视,为了获取经济价值,狮山大道正式投入建设,街道两旁的商品房也纷纷建成,成为人们生活、工作的新区域,也在经济上成为区分阶层的又一象征。商品房采用"内部现代化空间模式 + 外部彝式建筑符号"的复合风格,彰显其对彝族文化和现代文明的双重认同。

三 罗婺古镇的符号选择与表征

继狮子山风景区至狮山大道景观项目的成功开发后,打造武定为旅游地的规划也逐渐明确。旅游以文化为依托,作为彝族自治县的武定自然以彝族文化为基础。武定是彝族世居之地,早在两千多年前就已经有彝族先民的活动,唐宋时期,设有罗婺部。①明朝时改为凤氏,统治范围和势力一度很强大。清初改为那氏。武定自元代以来一直在土司制度的统治下。据史载,元代以来这片土地上发现汉冢,却不见汉人,究其原因是"变服,从其俗"。至少可以推测,元代以前,汉人进入武定境地,习俗大多被彝族同化。南诏时期,罗婺部族势力渐盛,一度成为三十七部之首。从武定地名来看,出自罗婺部一说,应是比较可靠的说法,因为彝族人崇祖,以祖先的名字冠名自己生息之地完全合乎情理。

武定隶属楚雄彝族自治州,历史上属古西南彝族部落。在全国上下仿古镇潮流,特别是楚雄彝人古镇的影响下,武定也开始着手打造自己的彝人古镇——罗婺古镇。罗婺古镇建于县城东南角,占地约 500 亩,试图复原彝族故部落文化、居住形态和历史街区,以推动当地文化、经济、旅游等的发展。这样的规划愿景,笔者称之为民族景观复兴。当口传和书写文本已无法再恢复原有的情境时,风景的再现也许不啻为一个好的选择。与历史记录相比,它更不容易损毁,也更能激发人的认同意识。

事实上,武定旧城建筑大多杂乱、无特点,已经不太能看到彝族古村落的风貌了。但还是依稀保有一些彝族文化的肌理,例如古代城市的"环状"样态在旧城有所体现,是彝族聚落"同"模式的反映(见图 3)。

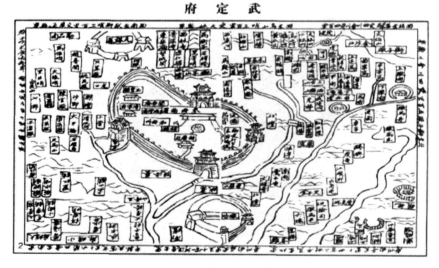

图 3 武定旧城图②

---

① 东爨乌蛮的后裔,以远祖的名字为其部落名,是滇东三十七部之一。
② 白辉:《回到罗婺部落——云南武定旧城保护更新地区性风格尝试》,《新建筑》2007 年第 6 期。

据新闻报道，"罗婺古镇建设项目位于县城菜园河区域，总用地面积 495 亩，总投资为 3.4 亿元，合计建筑 575 栋，其中土掌房 97 栋、木楞房 203 栋、瓦草房 270 栋，土司府 5200 平方米，停车泊位 297 个。该项目以罗婺部古寨、武定古城门及府衙为蓝本"①。随着罗婺古镇的开发和打造，武定彝族土司文化开始声名远播，媒体用"罗婺故地"这样的词来指称武定，越来越多的人也开始了解这段尘封已久的历史。这其实也是在重启一段集体记忆，"每一种社会群体都有其对应的集体记忆，该群体得以凝聚及延续"②。正如 Gresswell 所指出的："建构记忆的主要方式之一，就是透过地方的生产。纪念物、博物馆、特定建筑物（而非其他建筑物）的保存、匾额、碑铭，以及将整个熟识邻里之定位'史迹地区'，都是将记忆安置于地方的例子。"③ 因此，建筑物是承载地方记忆的最佳媒介，通过建筑物的重建来唤起和复兴历史记忆无疑是可行的。

图 4 罗婺古镇大门（作者摄）

众所周知，仿古镇的最大特点就是"仿"，"仿"实际上就是把原型进行符号化。如何选择符号？怎样符号化？背后无不蕴含着规划者的文化认同及表征策略。

（一）罗婺古镇的符号选择分析

1. 街道

街道是辨识一个地方最为直观的符号系统。一个人要认识、熟悉一个地方，首先就是从道路开始。罗婺古镇街道为 T 字形，道路分别为宽 7 米、5 米和 3 米。7 米宽的为主干道，形成环路。道路形态顺应地形，模拟古镇的道路肌理。环路串联着各处景观，建筑高度与街区宽度比为 1 : 1④，尺度较为宜人。街名命名为：牛街、马街。牛街、马街，这样的命名方式与彝族计算时间的方法有关，来源于彝族"十二兽"（即十二属相）。⑤ 罗婺古镇的街道设计较好地复原了彝族古村落的道路模式，是对"同"模式的认同。相比之下，楚雄彝人古镇却设计为方正的交通路网，寓意着对汉文化的认同。

2. 屋顶

罗婺古镇对屋顶风格进行了区分与强调：府衙采用一字型瓦屋面，庄严肃穆，檐口下有壁画装饰；

---

① 晏自军、普绍华：《武定县加快罗婺古镇建设步伐》，《楚雄日报》2007 年 4 月 25 日，第 2 版。

② 王明珂：《华夏边缘：历史记忆与族群认同》，允晨文化实业股份有限公司 1997 年版，第 50 页。

③ Tim Gresswell：《地方：记忆、想象与认同》，王志弘、徐苔玲译，群学出版有限公司 2006 年版，第 138 页。

④ 日本建筑师芦原信义在《街道美学》中提到：沿街建筑高度和宽度比为 1 : 1 的空间关系，是人类最喜欢的空间关系，既不开阔，也不压抑。

⑤ 彝族用"十二兽"表示集市的集期和集场。牛街、马街为集场名，推之集期为属牛日、属马日。

庙宇采用歇山顶瓦屋面，屋脊装饰感强，脊尾似牛角状翘起；土掌房为平顶，适应于本地地理气候、民风民俗，形成特殊的平顶景观；木楞房采用木板铺盖，上压有石块或瓦片。各个类型的建筑相得益彰，比例均匀。

3. 颜色

彝族建筑以红、黄、黑三色为主，各有其象征意义，用色上着重于这三个基本色及辅助色褐、白、青、蓝等自然色的运用，色调古典又兼具现代气息。

4. 装饰图案、雕塑

装饰是彝族建筑的醒目要素，是图腾崇拜的物化反映。例如，在罗婺古镇中，牛头、黑虎可以做成雕塑悬挂于门头，也可以绘制为壁面图案；马缨花、羊角纹、虎形纹等纹样则作为梁、拱、门、柱等的装饰性图案。

5. 标志物

注重对标志物寨门、塔、雕像的复原和塑造，形成游客凝视。

6. 公共景观

公共空间由一些小景构成，如"四眼井"。四眼井是人们茶余饭后闲谈、休息、乘凉的地方，是村落中必不可少的公共空间，是村落成员建立亲密关系的纽带。人们喜欢把四眼井当镜子照，因为一下就能照到四个影子，富有较强的趣味性。重建"四眼井"目的在于恢复亲密邻里关系和温馨的生活空间。

7. 材料

在部分具有象征性意义的构件，如门、柱子、屋顶中使用传统的木、石或瓦片等材料。非象征性构件则采用现代化的物料。

（二）罗婺古镇在符号选择上的原则和特点

1. 对彝族古老时空观的遵循

彝族的历法是十月历，反映了彝族的时空观。彝族的十月历一年分为五季，"每一个季节包含同一要素中的公母两个月，合计七十二天（每月三十六天）。五季实际上代表了太阳在天球上经过的东、西、南、北、中五个方位，十月中，双月为雌（母），单月为雄（公），雌雄相当于汉族的阴阳概念"[1]。五季与五个方位相对应，宇宙结构以万物一分为二的雌雄观念为基础，这样的时空观念表现在聚落中，体现为向心型聚落分布，即中心是一个家支或部落最重要的建筑场所所在，其余的环绕四周。判断雌雄和阴阳首先是从方位开始，去除一个中心以外，剩余四个方位形成公、母共八组方位。彝族纪年的方式为八方之年，通过此种纪年的方式来确定环境意向、聚落选址、建筑物方位设置和形态。

2. 图腾的物化

彝族把与生活生产最密切联系的动、植物作为崇拜的对象，并且把它们物化为景观的一部分。例如，牛、虎形象的使用，它们被制作成木雕悬在门头或画在山墙上，形成壁面装饰和象征。新的寨子继续保留了这样的方法，只不过物的灵性消失了。

3. 传统与现代的相互交融

在建筑体显性符号的运用上多采取符号提炼的方法，把传统建筑中容易形成凝视的部分进行符号

---

① 刘尧汉：《文明中国的彝族十月历》，云南人民出版社 1986 年版，第 49 页。

化提炼，如装饰、颜色和屋顶造型；而隐性符号——空间结构、使用功能等内部不容易形成凝视的部分，则进行现代性改造。新、旧两部分也并不是截然分开的，而是互相渗透的。例如，"门"是吊脚楼空间在变化的过程中遗留的一个符号，作为人们的潜意识作用于空间的实践。在旅游开发背景下的空间实践中，门的样式更换了，但依然保留在原先的位置。① 对于彝族建筑而言，同样如此。

综上，古镇景观设计很大程度上遵循了传统古镇的文化肌理，符号选择也尽可能彰显传统要素，但也不可避免地借鉴了众多仿古镇建设的思路，采用显性符号传统化、隐性符号现代化的方式打造古镇景观。以显性符号，如屋顶、颜色、装饰、标志物等符号对彝族文化进行表征，街道、节点的安排也在时时表征着彝族人的传统生活轨迹；隐性符号，如空间结构、使用功能等则倾向于满足现代化的需求。符号的生成，不再是从内到外的自发生成，而是从外到内的"被赋予"。符号和空间皆属于可被生产之物，具备可复制性，随时在各处古镇可见。

在楚雄旅游网上，可以看到各个彝族自治县对于彝族传说、历史、文化源头资源的争夺，其背后所反映的是对彝族文化的认同。景观成为文化认同的主要呈现方式，通过历史建筑的复原与重建，塑造人们的地方感知、认同和空间行为，进而反过来强化了文化认同，并为城市增加象征资本提供了有力保障。罗婺古镇的修建，一方面，激励人们回顾历史，认知本土文化内涵，呼唤彝族文化空间的重建；另一方面，该项目是楚雄彝族自治州打造彝人形象系列工程的一部分，自然免不了模仿和借鉴楚雄彝人古镇的经验，体现了对民族文化空间的认同。同时，从其与楚雄彝人古镇建设方案不同所反映的历史内容不一样的角度来看，又暗含着想要脱离民族文化叙事话语圈的桎梏，打造本地特色的意图。

四　结语

从行政区域范围来看，武定从属楚雄彝族自治州；从地理距离来看，它离省会城市（昆明）比楚雄要近得多。武定距离昆明仅 60 公里（大约一小时车程），属于昆明半小时经济圈，本应划归昆明所属区县，但从文化上来讲，武定又与楚雄彝族自治州非常接近，所以最终划归楚雄彝族自治州管辖。因此，武定在一定程度上产生了地理空间与文化空间的断裂，文化认同也显示了双重性：一是对武定本地彝族部落文化及周边汉文化的认同；二是对楚雄州彝族文化圈的认同，从而疏远了在地理区域上较为接近的禄劝、昆明等地的彝族文化。

如果说狮山大道及其彝族建筑是对帝王文化、佛教文化及彝族文化认同的自然延伸（表现），那么古镇的建立则是希望通过对罗婺古镇旧址景观的复原让更多的人知晓和认同彝族文化，强化彝人文化空间在本地的地位，从而带动经济的发展，充分印证了布迪厄建立文化资本的原理。

事实证明，狮山大道的开发是成功的，它是当地人认同的结果，符合人们的认知模式，是民意所归的地方。罗婺古镇的成功则取决于它在多大程度上成为当地政治、经济、文化、宗教、生活的核心，从它出发可以产生出多少内部互动性。从目前来看，罗婺古镇已为当地人提供了娱乐、生活的便利，成为当地人茶余饭后休闲散步的地方。但与楚雄彝人古镇丰富多彩的传统民俗节目展演相比，罗婺古镇的民俗生活空间几乎是缺失的，无论是景观认同还是文化认同难度都比较大。因此，如何使建筑空间成为民生、民俗空间，让建筑成为活的历史载体，成为记忆的容器，使认同空间不再只是表征，而发自民心，都是值得我们持续思考的问题。

---

① 覃莉、王星星：《消解与重构：土家族吊脚楼的表征性空间与空间实践的互动性研究》，《原生态民族文化学刊》2018 年第 3 期。

Identity Space and Symbolic Representation: Study on the Architectural Landscape Shaping of the Yi in Wuding

Liu Meng

Abstract: Take Wuding Yi autonomous County as an example, by using space product theory, this paper discuss the mutual relationships between landscape, identity space and symbolic representation. It is believed that: (1) the identity of landscape forms collective identity and self – identity, which in turn shapes a new identity space and architectural landscape; (2) the identification space derives from the identity of culture, and the architectural landscape represents the identity space through the choice of symbols. The above two approaches deduce the path of space production together.

Keywords: Wuding Yi Autonomous County; Identity Space; Symbolic Representation

《西南边疆民族研究》 第 28 辑

第 119~128 页

© SSAP, 2019

人文区位中的民间文化

——承德张湾考察

张　爽 *

摘　要　张湾村的地方性自我认同是通过包含人、物、神等在内的人文关系建构而成的，这是理解张湾人文社会的一个途径。从最初的移民祖先到现在的村民群体，地方人文区位关系不断地被当地人共同营造、再营造，被认为"无历史"的民间社会实际上具有强大的创造力。正是这一能力的存在，使地方社会能够超越其地域形象的标签化想象，基于这一观点展开的研究有助于深化学界对于地方研究的理解。

关键词　人文关系；地名；神灵信仰；民间文化；地方

DOI：10.13835/b.eayn.28.13

芝加哥学派人文区位学起源于威廉兹（J. M. Williams）的城市社区研究和高尔宾（C. J. Calpin）的乡村社区研究，帕克（Robert Ezra Park）受到高氏研究的启发，将之引入城市社会学研究中。该学派首先着眼于城市空间结构，关心土地利用模式，强调不同人群与所处空间结构的对应关系，形成了以人为核心的空间发展规律。该学派的社区研究不止于一般社会调查的事实描述，而是更进一步地分析其背后的原因和意义。20 世纪 30 年代，社会学家吴文藻将人文区位学、功能论与民族志研究相结合，形成了"社区研究"方法论，并在中国西南地区进行了广泛实践，取得了一系列研究成果。这些成果被英国人类学家弗里德曼（Maurice Freedman）誉为"社会人类学中国学派"的代表之作。吴文藻将社区视为社会的具体呈现，他认为社区包含人、人造空间、人造文化三个要素，通过社区可以把握诸种复杂社会关系之和构成的抽象社会①。在他的邀请下，拉德克里夫－布朗（Alfred Radcliffe-Brown）来华讲座，并亲自制定了研究中国社区的方法工具，拉氏在讲座中介绍了美国人类学家雷德菲尔德（Robert Redfield）提出的"城乡连续体"概念。雷德菲尔德提出，应该将人类学关于部落社会的民族志研究纳入文明之整体的乡民社会研究中，乡村社区与相对独立的部落社会不同，它是所在的整体性文明世界的局部（partial societies）。要全面认识乡村社会的整体面貌，就要认识其所处文明的外部（"大传统"）与自身内部（"小传统"）之间的关系。杨庆堃基于大小传统理论提出了分析中国宗教的"制度性宗教"（institutional religion）与"弥散性宗教"（diffused religion）概念。李亦园也基于此区分了精英文化与大众文化之间的联系与差异，并将民间社会的研究置于官方文化的"他者"层面

---

* 张爽，满族，北京师范大学社会学院人类学博士研究生，主要研究方向为社会人类学。

① 吴文藻：《论人类学中国化》，商务印书馆 2010 年版，第 432~433 页。

进行讨论。

由此可知，当时的中国人类学者们经历着一个从整体社会到局部社会的视角转向，无论是意欲将中国的社会学研究从民俗引向民族志，还是将部落社会转向乡民社会，对于共同体这一单位的研究都成为一种被学者们普遍认可的"窥视"中国社会整体的共识。20 世纪 80 年代以来，学界在社区研究透视中国社会整体的思路上出现转变，将村落与国家关系过程的分析置于更重要的位置，关注社区变迁历程与国家现代化计划实施之间所反映的政治经济与意识形态内容。①

在社区研究中，因民族志研究的"微观"视野，以及功能学派的结构化框架，乡村研究的整体性往往被误解为社会功能意义上的村落结构。这种近乎独立的部落社会研究模式，将乡村社会视为"封闭性聚落"②，特别是近年来，"地方知识"的本体论意义被过于重视，使对社区内外关系的研究更受到忽视。人类学是研究"体质与文化"的科学③，其所强调的整体性既包括物质性、体质性的人，也包括精神性的人及其创造的文化，同时人造文化的社会性、历史性也是其关注的方面。启蒙运动以来，人文主义兴起且在世界范围内扩展，使得一般社会科学界对于"社会"的界定专指人与人之间的关系。王铭铭在分析"社会"概念时已经认识到了这一点，他指出近代社会科学所指的"社会"是人间社会的范畴，但从整体意义上看，社会性不是仅指人与人的关系，而是指作为不同关系之源的其他关系的复合，其中，最为关键的是人与神、人与自然的关系，这三者形成了理解社会整体性的根本。地方社会的整体性区位逻辑通过"广义人文关系"呈现出来，主要表现在人与周遭世界的意义阐释上，以人与人、人与自然、人与神之间的互动关系呈现。④

张湾⑤位于河北省承德市，是一个行政村，属于历史上移民及其后裔所形成的移民村落。该村落位于长城以北，汉族移民与满、蒙古族村民相杂居，因而文化资源丰富，民间信仰多元、杂糅，既包括国家认可的村庙信仰、祖先崇拜，也包括民间的火神崇拜、仙灵崇拜。其中，以公共性的村庙信仰和火神崇拜最为盛大。该村落面积约为 10 平方公里，坐落于山梁转弯处的河谷阶地，大体呈条带状、沿东西走向分布，其空间范围包括南、北两主街（当地人称前、后街），目前的村落规模是从后街东侧发展而成。国道 112 线与南街主干道重合，原为日伪统治时期修建的铁路线，在 20 世纪 70 年代初期改为公路线。村庄北部有河名叫兴州河，流向自西向东，与滦河在此交汇，为农业生产提供灌溉水源。镇政府驻该村，村中东侧后街有卫生院，西侧后街有学校一所，村委会、村庙东西并列于后街中心。该村交通便利，东距承德市区 49 公里，西距滦平县城 20 公里。

张湾在典型意义上符合吴文藻所界定的社区概念，它所拥有的人口来自移民及其后代。张湾属于乡村社会中的社区，生活于其中的民众是典型的农民，而非城市居民。村民的生计方式呈现出复合性，包括农耕生产、外出打工、零售商业等；村民长期与周边的乡村、城市相互往来，每周六张湾的后街有集市。这一人文区位下的社会生活形态，是本地长期自发形成的地方认知，它介于农村与城市两种形态之间。张湾人生活于自己的社区，创造着符合本地逻辑的意义世界。

本文旨在分析张湾民众对自身所处地方世界的意义建构，以此呈现作为整体社会之局部的社区所具有的人文区位关系，并展现地方社会在现代性过程中为保持地方性所采用的方式和策略。

---

① 王铭铭：《走在乡土上——历史人类学札记》，中国人民大学出版社 2003 年版，第 12 页。
② 王铭铭：《局部作为整体——从一个案例看社区研究的视野拓展》，《社会学研究》2016 年第 3 期。
③ 吴文藻：《论人类学中国化》，商务印书馆 2010 年版，第 11 页。
④ 王铭铭：《民族志：一种广义人文关系学的界定》，《学术月刊》2015 年第 3 期。
⑤ 该地村名并非"张湾"，本文采用的是当地村民日常的称呼，特此说明。

一 为"地名"赋予意义

从对地名、村名及地理空间的文化认知中，我们可以看到当地人对所处"自然世界"的整体性感知。张湾地名存在着一个从神话传说到民间记忆，再到历史事实的历时性流变过程，各种说法杂糅其间，共同构成了作为"张湾"地方的本土意象。

关于当地张姓由来的传说，笔者的报道人回忆道：

> 我们这儿是"受皇风之地"，皇帝都上这儿来。传说玉皇大帝想体验民间生活，就下界到我们村后边的"后洼坑"的人家。那时候这里还不是大坑呢，原来那块儿有三户人家，正中那家姓张，正好玉帝也姓张，就投在他家了，日复一日地生活。但是天上的神仙不干了，好几天没找到玉帝了，他们就拨开云雾寻找，就发现他在那里生活了，就派太白李金星去找他回来，他不回来，还说在这儿挺好的。太白金星寻思不能这样啊，就说那就把他们都带上吧，回天上生活。玉帝说我这些东西和邻居咋办啊，我们关系挺好的。李金星说那就都带上吧。就这么着就连房子和人，直接拔起带到了天上，就在原地形成了一个大坑，被称为"后洼坑"。原来的"后洼坑"是风水宝地，据说里边还有金鱼呢。现在都被挖沙子的填上了。

传说体现了政治统治秩序自上而下强加于民间社会的过程，其中心观点在于叙述超地方的观念支配对地方世界的秩序改造。民间传说通过建构与神明的关联来呈现地方世界的神圣性，同时，也表达着村民因地方性、神圣性被现代社会变迁破坏而生出的不满和惋惜。

该村村名在当地还流传着更为人熟知的一种说法。据传，该村庄北部河流是滦河支流兴州河与干流交汇处，汇合后的滦河恰好于山前处转弯而流向东方出村。在清朝年间，当地百姓以农业为主要生计。该地水草丰美，树木繁荣，河道宽阔，能行驶舟筏，而且是承德地区兴建宫廷楼观、寺庙坛庄所需物资的水路转运处。皇木、皇粮、石材，以及其他储存的货物，或经陆路运输至此，再经水路顺势运往下游，或水运至此，再经陆路运往城区。所囤物资之丰富，附近百姓称其足有"百万"之多，且看管此地的皇粮庄头姓张，因之称此地为"张百万"。随着时间的推移，加之河道、地形等地貌特征，当地人改称此地为"张百湾"。村民说，"叫白了，叫成张百湾"。在移民社区中，以该地首领、第一户到来的家庭或第一个人的姓氏乃至名字来命名的聚落尤为常见，基本已成为一种惯例。

官方记载的历史资料中，该地地名最早出现于清中期编撰的《承德府志》卷七《疆域十八》中：

> （滦平）县之西迤北境属喇嘛洞汛辖，张博湾在七间房西十里，在县治西六十里。

"张博湾"的空间方位、基准距离与现在的张湾契合，由此可知现在的村名是由此而来。有证据显示，新中国成立后"张博湾"曾在公共事务中写作"张柏湾"。[①] 由于"柏"字有"bó"、"bǎi"两种音，而"bǎi"音较为常见，随之将"张柏（bó）湾"唤为"张柏（bǎi）湾"，随着音讹，书写也从"柏"字简化为同音的"百"字，遂形成了"张百湾"的称谓。

---

① 在田野调查中，笔者发现了一张 20 世纪 50 年代当地通用的汽车票，上面写明了"凤山—张柏湾"字样。

关于本地山名，村里亦存在诸多说法。村西北山名曰九梁顶，当地民众称之为肋巴山。因从村内看去，山坡处有多条山脊呈东北、西南走向平行排列，形如肋骨，故得此名。东北山名曰炮台山，传言该山在封建王朝征战中有炮架子立于山上。该山以北，村民称为王帽山，因该山顶处有一凸起平顶，如同皇帝的帽子而得名。再向北望去，是老公山（或称云盘山）。相传，清朝时，有一位"老公"（指宫廷宦官）来此山出家，并葬于此山。同时，当地人经常见到空中的白云盘绕在该山顶，故也称之为云盘山。该村南侧的山名曰南梁。村民以村落中心所在地为基准，通过方位、形状、传说等对所处的自然世界景观进行编码，以适应日常生活的需要，这种建构地方性的象征手法是移民社区常用的手段。通过将四个方位的自然景观赋予人文意义，当地人以人格化的方式构建起象征"四方–中央"的疆域观念，并以伦理化的组织形式表现在当地的日常生活中，是帝国宇宙观的具体化表现。

从当地人的主位视角出发，人们对生活地域的意义建构有着一套自成体系的方式。人们的记忆随着时间的推移不断变换，以至于将原本的名称忘却。鲜活的现实转变为逝去的历史，名称符号所包括的创作者和普通百姓心照不宣的丰富内涵，终归难以抵挡时间的"逝者如斯"。"记忆依赖社会环境……正是在这个意义上，集体记忆和记忆的社会框架才是存在的。"[1] 个人记忆在参与社会记忆的互动中置身于这一框架之中，如果失去了既存的社会氛围，就不会形成群体性的集体记忆，而只能在有意记录这一典故的知识阶层中间细水长流。

二 为"神灵"赋予意义

从自然地理的意义到人文社会的主观形成，存在着一个缓冲性的过渡空间，村民对超自然力量、神明的崇拜信仰既有自然性内涵，又有社会性内涵。当地人对庙宇、神祇以及相应仪式的意义表述，是从与之相关的神灵信仰、人神互动中彰显出来的。

（一）神灵信仰

如今，张湾的神灵信仰在当地民众、文化精英、村干部等社会各阶层的共同参与下得以"重生"[2]，村庙也重启、翻建，仪式活动得以开展。在这一过程中，当地的人文世界和物质景观也出现了一系列的变化。

张湾每年的正月十三至十六日均会举行"火神圣会"，以此寻求象征着自然属性"火"的神明——"火德真君"的庇护。在当地人的观念中，"火神"既可保护村庄家户不"走水"（意为发生火灾），又可护佑庄稼风调雨顺、六畜兴旺。该信仰供奉至今已有几百年历史，与大多数民间神明一样，当地的"火神"崇拜起源已无从考证，但均与国家皇权、神权有着紧密联系。村民相传，康熙皇帝曾为"火神"于此地显灵而前来祭拜，回宫时将銮驾放于此地以供神明使用。围绕此事，就形成了年度节日庆典仪式——"火神圣会"。

张湾现存的庙宇仅有两处，一是位于后街中心北侧的清净寺；二是位于村北河道边上的河神庙，该庙仅有一平方米见方。河神庙仪式规模小，在正月十二日，村民向河神排位上香、"升钱"、摆供品，仅此而已。清净寺是当地村民信仰的核心，在类别上属于典型的民间"儒、释、道"合一的信仰系统，当地人习惯称之为"庙"。该寺分前、后两殿，前殿正中供奉关圣帝君像，东、西两侧分别是

---

① 赵世瑜：《狂欢与日常——明清以来的庙会与民间社会》，北京大学出版社 2017 年版，第 273 页。
② 王铭铭：《村落视野中的文化与权力——闽台三村五论》，三联书店 1998 年版，第 58 ~ 60 页。

关平、周仓像，东侧壁画为三英战吕布图，西侧壁画为关公刮骨疗伤图。前殿后门供奉佛教护法——韦陀护法神像。后殿分为三个房间，中间大殿为佛殿，正中供奉释迦牟尼佛，东、西两侧分别为观音菩萨、大势至菩萨，两侧壁画为十八罗汉图。东侧偏房供奉药王像，东侧壁画为时针采药图，西侧为十大名医画像。西侧偏房为九神殿，分别供奉电母、雷公、虫王、马王、龙王、阎王、苗王、土地爷、土地奶奶神像，门口东、西分别矗立着执笔判官、拿锁小鬼像。前、后殿主要神像均为坐北朝南，但是韦陀护法神像为坐南朝北面向佛殿，电母、雷公为坐西朝东，土地爷、土地奶奶为坐东朝西。主神的辅神像，如关平、周仓，呈东西方向。整个寺庙的布局呈现四周拱卫中央的空间排布。

在村民的记忆中，清净寺以西不远处原有"墩台"一座，当地人回忆道：

> 村西头有墩台老长仙，原先村西头还有个墩台来着，就在现在收购站那个大院，还挺高的。后来他们把那个墩台给平了，那老长仙也没走啊，保佑着张湾。

该墩台在20世纪50年代中期的社会运动中被村民拆毁，石砖上刻"喀喇河屯厅喇嘛洞汛"字样，是清朝时所建立的"营汛"防御设施之一。村民通过赋予"神灵"属性的方式，对官方兵防之物加以崇拜，既表达着村民对政治秩序的遵守、对神灵信仰的崇奉，也是构建地方象征的文化标记。值得一提的是，尽管该神明所在的建筑物早已不存在，但它并未就此退出张湾人的信仰世界，而是以记忆的形式存续。但村中年轻人对其并不关注，这使得这一信仰随着年长者的逝去而变得微弱。

在当地人的信仰图层中，存在着不同类型的神明：首先是正神，参与人们日常生活各个方面，且神明正式固定于村落中，为村民提供持续性保护；其次是游神，仅在固定的节庆典礼出现，该神明有特殊的职能，给予村民周期性保护；最后是不为官方认可的散仙，尽管同样提供持续性保护，但其位于"神"之下而渐渐失去人心。这三个类别呈现出两条线索：一是村落－游神的地域性崇拜序列，代表着"公/私"之间的分野，实质是地方社会公共性与私人性的"地方认同"；二是正神－散仙的层级性崇拜序列，代表着民间社会的等级性社会秩序。前者关涉村落范畴与内部整合，后者则区分着内/外、神/仙的秩序之别。神明信仰表现出张湾人对世界认知的逻辑图式。[①]

（二）人神"互动"

在每年的仪式实践中，"火神圣会"的会首都会念叨"请火神爷降临，享受供奉"、"保佑张湾不走水，风调雨顺"之类的话语，随之人们燃放鞭炮、下跪、叩首。这一整套的仪式实践一方面表达着人对神明的虔诚，另一方面也强调着人神互动中人的一面。神的能动性通过两个方面呈现，一是人们的记忆，二是物质表达。笔者在村里访谈时，赵爷爷回忆说：

> 原先正月十五，这个火球就真来，原先大伙儿都看见了。那会儿也没有电灯啊，到咱庙这儿就没有了，那个火球进咱们庙里了。

报道人王奶奶也满含夸张的语气，回忆道：

> 哎哟，接火神爷，有一年大火球，我们都亲眼看着，就那火球。火神爷么。要不人家都说，

---

① 王铭铭等：《地理与社会视野中的民间文化——惠东小岞考察》，《民俗研究》2017年第2期。

你不亲眼看谁也不服，你非得亲眼看见，大伙儿才服呢。那年在咱们庙那块儿，出来，又奔到庙，会上趁滦平（县城），又跑到滦平，在那转啊，我们大伙儿都瞅那大火球。

"火神"以村民理解的火球的方式呈现在村民的记忆中，直接的神明现身更加剧了民众对这一自然力量的信仰。除此之外，神对人的能动性也通过物质来反映，表现就是香火、纸糊品的燃烧程度。在庙中，人们每逢上香都会将火苗旺盛与否视为人世现实吉祸的反映，庙主将香的燃烧程度区分为"甩香"与"不甩香"。"甩香"则表示着上香人有灾祸，不同程度的"甩香"象征着不同程度的灾祸。"甩香"是神明通过香火来影响人世的手段之一。纸糊品燃烧时的状态也表明神明降临将所烧的"钱物财资"收走，燃烧的灰烬飘上天际，喻示着神明收下人的供奉。是否真实地出现过村民们所回忆的场景，并非人类学关注的焦点，但与之有关的民间记忆及其对民众生活的真切影响，却有着极大的意义，更何况这种记忆并非个体性的。在地缘崇拜中，这种意义上的人神互动凝聚着当地人对地域神明的信仰，使得宗教力量能够发挥出强大的整合功能。

西方学者十分关注地域神崇拜对地缘群体或组织的凝聚作用。如华琛（James Watson）曾以此出发，指出东南地域妈祖信仰对于该地域群体的团结作用以及国家整合功能[1]；宋怡明（Michael Szonyi）进一步指出，"神明标准化"的地方性特征在于对国家结构的适应与改变[2]。通过构建神明象征来达到对地域组织的团结整合，其实质是一个塑造和强化权威的过程。

在地方世界的实践中，地域神、行业神、祖先等被赋予神明色彩，表达着两种基本要求：一是构成并加强对内部的集体认同，二是在外部被其他群体所认同。因此，在地缘道德、行业道德、家庭道德等具有永恒性、超越性的道德层面，特定群体通过"神道"的方式呈现在外部群体面前。这样做既表达着群体对社会的要求、对生活世界的希冀，也使得他们在精神层面获得归属感。

（三）人与自然

人与自然的关系一方面通过人与物质之间的关系表达，另一方面又通过时间、空间得以表达。通过人造之物建立与自然世界的联系，是物质文化研究的关注点。物的能动性既使得人的存在与认同成为可能，又使得人与自然之间的联系成为现实，物品的客观性在时间与空间的表达中也塑造着人。人与物之间建构彼此关联，并由此上升为文化与自然的二元关系，这表明了物质在形塑和确立文化认同过程中的效用。物品的重要性在于其所承载的意义和知识，特别是对偏离中央的地方的记载，物品本身包含着对没有文字的地方历史的理解。

作为物质文化遗产，张湾清净寺的存在就是人们对于物质本身的文化理解，这种理解基于仪式行为表现出来。纵观历史，清净寺是张湾村民进行仪式活动的主要场所，人们通过不断地翻修、整修寺庙建筑来表达对神明的敬仰、对地方文化的认同。这种物质意识也与官方层面的态度互嵌，政府有责任通过文化遗产来维系一种传承的延续性，因此，得到县文物部门、宗教部门的认可是村民们的普遍期盼，他们将官方承认视为神明认可的另一种表达方式。但在地方知识的话语情境中，也存在着不同表达。在与庙管委会人员的交谈中，曹爷爷会把县文物部门颁发的证书拿出来，其自豪感油然而生。

---

① 华琛：《神的标准化：在中国南方沿海地区对崇拜天后的鼓励（960–1960）》，载武雅士《中国社会中的宗教与仪式》，彭泽安译，江苏人民出版社 2014 年版，第 57～92 页。

② 宋怡明：《帝制中国晚期的标准化和正确行动之说辞——从华琛理论看福州地区的仪式与崇拜》，载刘永华《中国社会文化史读本》，北京大学出版社 2011 年版，第 150～167 页。

而王奶奶则认为得到神明认可才算是功德无量，现世政府的奖状不能代表功业。①迈克尔·罗兰（Michael Rowlands）指出，"正是一种超越时间的努力，使得本真性凸显出来，并使得神圣处所、艺术、仪式成为本真性的'自然'栖息地"②。国家通过物质遗产的方式来声称中华民族普遍文化价值的背后，其实也是在用官方关于物质遗产的知识来认定"地方知识"。其所受到的必然是基于本地方式的理解与回应，因此，争取官方认可与反对政府嘉奖同时出现就不足为奇了。

在仪式过程中，"上香"既"通神"，也"事人"，是人神沟通的媒介。香烟袅袅飘上天际，以此来送达供奉者对天神的献礼，为天神降落凡间享受供品、赐予福佑指明道路。"蜡烛"为神明照亮道路，指引光明，以此证明祭拜者心地虔诚、光明正大、毫无隐瞒地面对天神，请求赐予福佑。金钱、银钱等纸糊品代表人间的财产，通过"升钱"供养神明、祖先灵魂、孤魂野鬼，以此求得对人世间的护佑与赎罪。献祭物品也是村民沟通"人神"关系的重要表达，供品包括馒头、水果、烟、酒水等。不同的神殿，供品不同，佛殿不能有酒、肉食，而前殿、九神殿可以有。对神明的供奉规则与现世的规则要保持一致，否则会招致神明的怪罪。在上供结束之后，神明取走供品中属灵的部分，供品实物则由在寺庙帮忙的村民分享。他们认为上供的食物对人有好处，而且认为分食也有规制：

> 如果你在庙里干活，饿了、渴了，完全可以在神前双手一合，念叨念叨，拿点供品吃。这样神不会怪罪你，还对你有好处。但是，你要是私自拿多了、浪费或者多拿回家吃就不行。③

这种分食是共餐仪式的缩影，通过简化的共餐，使得有共同关系的个体借助分享食物来表达彼此之间的亲密性。如果打破分食的普惠形式，就会产生群体之间的不平等感受。"作为身体技术的献祭，已成为一种创造主体、赋予生命的行为，通常这一过程与供食、分食相关"④，物质与社会文化之间由此达成了一种因果关系，从而补救损失、活化物质，通行于村庄的丧葬仪式与此同理。可以看到，在物质向观念的运动中，仪式行为激活了物质本身的能动性，也为人们创造了向生的能量。正如提姆·英德尔格（Tim Ingold）强调的，物质本身具有独立于人的意图的自主性⑤，在人与物的沟通中，器物的自主性也得以表达。

人与自然的关系同样也在仪式空间中得以表达。张湾的主位空间是通过"社火"仪式的表演塑造出来的，不同时代的"火神圣会"仪式展演范围确定着作为"张湾"这一称谓所象征的空间范畴。在传统社会中，"圣会"的巡境仅到村落东头的一条主街，即现在的东头后街。伴随着村落空间的发展、人口的增长、行政区划的变迁，张湾的村落范围逐渐扩大。20世纪70年代南街的铁道改为公路，更进一步拓宽了道路所通达的村落地域，"圣会"也通过"双向巡境"顺势将其纳入村落的空间范围。伴随着外部行政力量的变动，当地的空间也相应地调整着，但始终有超越时间的空间范畴存续于村庄之中。每年的"圣会"首先要去往村东头，以此纪念原村落的起始之地，随后进行村落巡境，确定范围。

---

① 根据2017年1月笔者对村里人曹爷爷、王奶奶的访谈整理所得。
② 迈克尔·罗兰：《历史、物质性与遗产》，汤芸、张原译，北京联合出版社2015年版，第12页。
③ 根据2017年2月笔者对庙管委会出纳的访谈整理所得。
④ 迈克尔·罗兰：《历史、物质性与遗产》，汤芸、张原译，北京联合出版社2015年版，第144页。
⑤ 迈克尔·罗兰：《历史、物质性与遗产》，汤芸、张原译，北京联合出版社2015年版，第121页。

三 为"社会"赋予意义

基于地缘、血缘、历史的"共同体"意象，是人与人关系的界定和认同。前面所谈的人与神、人与自然之间的关系是以一种自上而下式的纵向关系进行的分析，而对地方空间的理解随着主体性的增强，存在着一种自下而上式的反思与讨论，这种以社会为核心理解村落地方性的形式，通过社会组织、仪式行为来体现。

在张湾，人与人之间的互动体现在自发组织、仪式行为两个方面。清净寺的管理存在一个正式的组织，即"清净寺"管理委员会（以下简称庙管委会）。庙管委会分设庙主、副庙主、会计、出纳、安全员、建筑维修员六个职位，并有严格的规章制度进行职责安排，以确保清净寺的运转正常。该组织受村委会管辖，名义上属于村委会的管理机构。在实际工作中，由庙管委会成员自行决定相关事宜，在对外接待、沟通方面则由村委会出面。在清净寺的运行中，不仅有庙管委会的人员参与庙的日常工作，还有乐于从事庙中事务的其他村民参与其中。特别是在庙会等重要时间节点上，在庙帮工的村民众多，而且以老年人、女性居多。

清净寺的仪式活动有正月十三日至十六日的"火神圣会"、四月十五日的庙会以及每月初一、十五日开庙门的上香。其中，"火神圣会"与庙原本同为一体，随着时间的推移，二者在组织上逐渐分离。但"圣会"期间，依旧与庙的上香仪式紧密地连接在一起。正月十五日，村里的"圣会"表演者会到庙里吹奏"十番乐"。正式的庙会是在每年的四月十五日，其间会请县里的剧团前来唱戏。戏团表演人员在开场前，要先为庙中诸神唱戏以示"酬神"，随后才会为普通村民表演。每月的初一、十五开庙门，供人们上香、祈福，并无较大规模的仪式活动。由此可见，村民们对于神明的信仰已不仅是信仰本身的显现，也有组织意识的彰显，尤其是在共同的地域意识基础上，形成了新的以组织为核心的共同体意识。这种虔诚而浓厚的祭祀特征，使其不同于周遭的地域共同体和传统观念中的"委员会"。信仰基础与组织意识成为将全村人紧密团结起来的关键因素，二者共同发挥着村庄道德治理的现实功能[①]。

对"人－人"关系构成的"社会"加以理解，成为观察张湾地方性实践的一个侧面，在此过程中，宗教性与地缘性呈现出一个复合性形态。总而言之，围绕着"张湾"这一概念而形成的观念与实践，成为多重力量交汇与商榷的领域。其中，既有自上而下的关于村落的客观建构，它是由国家主导、以行政力量进行地方控制的理解方式；又有自下而上的地方自发形式，即基于当地不同文化需求与地域身份认同而表现的多元化理解方式。官方的理解多注重文化政治身份和政治秩序，而一系列地方层面的社会力量则重视文化认同，它们加入表达自身的行列之中，共同形塑着新的认同与政治归属，这使得村落的历史研究呈现动态性特征。

四 总结与讨论

通过对张湾地名、神灵信仰、社会组织等的理解分析，本文达成了对"地方性"这一概念的反思。所谓"地方"就是一个"地方感"的获得过程，也是"意义"的获得过程，这对理解移民社区的

---

① 张爽：《民间文化逻辑嵌入乡村治理的思考——基于河北张村的田野调查》，《石家庄学院学报》2018 年第 5 期。

形成具有普遍适用性。移民社区能够成为"地方",需要一个"赋予意义"的机制。地名所承载的文化价值必然会随着时代的变迁而愈加深厚,以至于掩盖了最初的文化意义,但任何的意义叠写都是围绕核心内涵进行重构的过程。基于地缘的神灵信仰,在建构地方认同的同时也使得这一信仰本身客体化,以此带来的物质性成为价值理性与工具理性并行作用的标志。即使在"文革"时期的严格社会环境中,人们对于神明的供奉也未完全隔断,说明人神之间的关系已然成为一种不可让渡性的存在,且成为一种地域文化象征得以传承下去的标志。以物质和时空关系为特征的"自然"世界,在人的能动性改造中变为客体化知识,物质的自主性反过来也为"社会"的形成提供了"外部性"。正如王铭铭所提出的,"我们要关注到对外在于人的'物'与内在于人的'人'之间的互为隐喻的等级化结合和'变通',这是文化创造的基本逻辑"①。社会力量的复兴代表着这个时代的发展方向,地方的多元性理解在社会性的伸张中被建构起来。这一趋势也预示着,对于地方的理解是多元的,应基于地方所处的人文生态而非以一种外在的、客观的观点来理解地方及其文化价值。在中国,"十里不同音,百里不同俗",其地方多样性和文化差异性,是需要深入研究的领域。

德国民俗学家鲍辛格(Hermann Bausinger)指出,我们认为属于"现代"社会的某些特征,事实上在传统社会中同样存在,而技术时代也并没有从根本上改变民间社会的"传统"色彩。② 当前社会所经历的变革很可能是"传统"社会在"现代性"运动的话语建构中发展、延续而来的,因此,从认识论的视角上,关注发展本身的意义,需要引入历时性的维度。我们关注的变迁是被理解为从"传统"到"现代"的运动过程,这样的"二元"断裂性理解很可能是误读了"传统"本身的变化过程。通过对张湾人文区位关系的总体呈现,本文揭示了人与神、人与自然、人与人之间的整体性关系。费孝通指出,"我们的生活日益现代化,这种基本上的物我对立意识也越来越浓。在这种倾向下,人文世界被理解为人改造自然世界的成就,由此不但把人文世界与自然世界对立,而且也把生物的人和自然世界对立起来"③。这段话,深刻地反思着"发展"这一概念,现代性运动在极大地宣扬物质决定论的同时,使得"人定胜天"的思想占据主导地位,并指导着一系列的实践行为。过于重视人与人之间的关系而导致人文关系趋于断裂,这也是造成当前社会治理困境的一个重要因素。物质性运动的扩张,必然会造成世俗化的普及,也导致地方性意义的逐渐丧失。民间社会实际上存在着强大的自我创造力和自我愈合能力,正是这些能力的存在,地方社会能够超越其地域形象的标签化想象,因而,基于"人-人、人-物、人-神"的整体性关系研究将深化学界对地方性研究的理解。

Folk Culture in Humanistic Location: A Study of Zhangwan in Chengde

Zhang Shuang

Abstract: The local self-identity of Zhangwan village is constructed through human relations among hu-

---

① 王铭铭:《心与物游》,广西师范大学出版社 2006 年版,第 85 页。

② 赫尔曼·鲍辛格:《技术世界中的民间文化》,户晓辉译,广西师范大学出版社 2014 年版,第 25 页。

③ 费孝通:《论人类学与文化自觉》,华夏出版社 2004 年版,第 227 页。

mans, things, and divinities, which is a way to understand the humanistic community of this village. From the original immigrant ancestors to the current villagers, they are constantly creating local human relations. Therefore, the folk society known as "no history" actually has strong creativity of its own. It is the existence of this ability that local society can transcend the label imagination of its regional image, and the research based on which is conducive to deepen the understanding of local study in academic circles.

Keywords: Human Relations; Toponym; Divinity Belief; Folk Culture; Local Place

《西南边疆民族研究》 第 28 辑
第 129～139 页
© SSAP, 2019

固本扩边理论视角下特色村寨文化发展的空间互动研究[*]

李　军　向　轼　徐　宏^{**}

摘　要　民族文化在特色村寨振兴中发挥着基础性与战略性作用，而文化之间的相互借鉴与吸纳融合是生成文化能量与保持文化活力的重要途径。本文以乡村振兴为背景，以特色村寨为载体，以固本扩边为理论，探讨了特色村寨文化与外来文化的空间互动问题。研究认为，固本扩边是特色村寨文化与外来文化空间互动的总体特征，即要以特色村寨自身文化为"本"，以外来文化为"边"；并从文化的民族性、功能性与地方性特征论述了以本土文化为空间互动"元点"的缘由，从文化发展自我完善性、文化系统开放性、多元文化共生性等视角论述了以外来文化为空间互动"支点"的理由。

关键词　固本扩边；特色村寨；空间互动；吸纳融合

DOI：10.13835/b.eayn.28.14

一　文献回顾与问题提出

党的十九大报告首次提出乡村振兴战略，其总体要求是产业兴旺、生态宜居、乡风文明、治理有效、生活富裕。实现这一战略既需要外部注入人力、物力、财力等新的物质能量，更需要激活乡村社会内部的文化能量。正所谓"文化兴国运兴，文化强民族强"，乡村文化是中华文化的源头和主干，乡村文化的复兴在乡村振兴中具有基础性和战略意义，是乡村振兴的关键之举[1]，是乡村振兴凝心聚力的黏合剂和发动机，是城乡融合发展的巨大文化资本[2]。为此，要通过人为的干预措施重构传统村落中的乡土文化[3]，尤其是要充分挖掘乡土文化的价值，把对传统文化的传承发展与同现代文化的融合创新有机结合起来，充分发挥文化在现代乡村经济、社会以及促进城乡融合发展方面的作用[4]。特色村寨是民族地区乡村聚落的基本形态，记载了特定地域社会、经济、文化发展的历史过程，是地域文化、山水文化、民俗文化、建筑文化乃至民族文化的典范之作，创造和传承了我国博大精深的乡土

---

* 本文系国家社科基金一般项目"新型城镇化进程中武陵民族地区公共空间建设研究"（17BMZ097）的阶段性成果。

** 李军，凯里学院旅游学院副教授，研究方向为民族文化与民族经济；向轼，重庆文理学院非物质文化遗产研究中心研究人员，研究方向为民族文化保护与社会发展；徐宏，凯里学院旅游学院副教授，研究方向为民族文化旅游。

① 董祚继：《乡村振兴呼唤文化复兴》，《国土资源》2018 年第 2 期。
② 索晓霞：《乡村振兴战略下的乡土文化价值再认识》，《贵州社会科学》2018 年第 1 期。
③ 李军明：《论乡村振兴中的文化重构》，《广西民族研究》2018 年第 5 期。
④ 刘忱：《乡村振兴战略与乡村文化复兴》，《中国领导科学》2018 年第 2 期。

文明①，是民族地区乡村文化的聚宝盆和活化石。因此，推进特色村寨振兴不仅是发展少数民族经济的重要手段，而且是保护少数民族文化的重要举措。特色村寨振兴，要发挥文化的基础性、战略性与整合性作用，而发挥这一作用的关键在于保持特色村寨文化的活力。

特色村寨文化的活力来自哪里呢？一方面，来自特色村寨内部文化的历史性承继与文化主体的创新性发展；另一方面，来自不同文化之间的吸纳融合生成新文化的能量。学界对跨文化的交流融合促进文化发展已有共识：一种文化真正具有活性的特质已不再孤立地由其单纯的构成要素体现，而存在于这些要素引发的反响或作用中，每一种文化只有在被接受时才获得其意义②；任何一种文化不可能完全孤立地生长，只有通过双方不断地联系才能实现全面的发展或达到一种完成的状态③。可以说，民族文化交流是民族文化发展的重要组成部分，涉及在文化交流中吸收他民族文化的优秀部分与保持本民族文化的精华部分，并将二者交融消化，变成本民族文化新的组成部分的问题④。由此观之，要充分发挥特色村寨文化在乡村振兴中的作用，就应当保持特色村寨文化的活力，也就要求走不同文化的相互采借与融合发展之路，从而汲取新的养分，生成新的文化能量。但较为遗憾的是，现有研究成果多从宏观视角论述文化之间交流交往交融的重要性，而对不同文化之间吸纳融合的学理基础、基本原则、微观个案等方面尚未进行深入研究；同时，鲜有学者从空间视角探讨跨文化的共生发展问题。基于此，笔者以乡村振兴为背景，以特色村寨为载体，以固本扩边为理论，探讨跨文化的空间互动与吸纳融合问题。

二 固本扩边：空间互动的总体性特征

李忠斌、李军、文晓国在《民族研究》2016 年第 1 期发表了有关特色村寨文化建设的理论探讨文章《固本扩边：少数民族特色村寨建设的理论探讨》。该文章的核心思想是在特色村寨建设中要以民族文化为出发点和落脚点，通过文化内部机制的建立和营造良好的文化外部环境实现民族文化的保护传承，在整个过程中要重视"本"以及与"本"有关的各个"边"。"本"是指特色村寨中的民族文化，"边"是指有利于民族文化保护传承的外部运行环境。而"展示—吸纳—融合"是支撑特色村寨文化保护与的重要"边"，即"从不同空间视角展示本民族文化，提高文化知名度，达到文化增值目的。任何一种文化都处在不断的变迁之中，要把握时代脉络，与时俱进，把他文化的精华与自身文化的发展演变结合起来，并借助主流文化载体促进自身文化转型发展"⑤。相应的应用研究随之展开，李忠斌、李军等以此为理论基点为武陵山区特色村寨建设提出了具体的思路，如整合—展示与吸纳—融合的文化发展理念、村寨—文化—环境三位一体的生态文明等⑥；李军、罗永常等以此为理论基础提出民族特色小镇空间圈形扩展的学术命题，认为特色村寨与邻近村寨构成民族特色小镇的整体⑦。从该理论的核心思想可知，在特色村寨文化建设中，对原有文化的保护传承是"本"，而对外来文化的

---

① 王露：《中外乡村旅游内涵及发展模式比较》，《中国名城》2017 年第 3 期。

② 王才勇：《文化间性问题论要》，《江西社会科学》2007 年第 4 期。

③ 陈国明、余彤：《跨文化适应理论构建》，《学术研究》2012 年第 1 期。

④ 金炳镐、肖锐、毕跃光：《论民族交流交往交融》，《新疆师范大学学报》（哲学社会科学版）2011 年第 1 期。

⑤ 李忠斌、李军、文晓国：《固本扩边：少数民族特色村寨建设的理论探讨》，《民族研究》2016 年第 1 期。

⑥ 李忠斌、李军、文晓国：《武陵山区特色村寨建设新思路：基于夹壁村的调研》，《西南民族大学学报》（人文社会科学版）2016 年第 2 期。

⑦ 李军、罗永常、李忠斌：《"固本扩边"理论视角下民族特色小镇空间圈形扩展》，《广西民族研究》2017 年第 6 期。

吸纳融合是支撑特色村寨文化发展的重要"边",是"固本"的有力支点。这在客观上要求在特色村寨文化建设中把对本民族文化的保护传承与外来文化的优势因子有机结合起来,以空间互动的方式达到吸纳融合之目的,且在这一过程中要以特色村寨文化为"本",以外来文化为"边",通过"本"与"边"的良性互动促进特色村寨文化的转型发展。

在城镇化、市场化与信息化的共同作用下,世界日益成为"地球村"是不可阻挡的历史趋势。正因为如此,跨国家、跨区域、跨民族的文化互动交流日益频繁,形成了"你中有我,我中有你"的共生文化元。可以说,不同文化系统之间的相互借取与融合发展是一种常态,而某单一文化系统的自我孤立与封闭却是反常态,这是当今世界文化发展的总体趋势。特色村寨作为一个相对独立的文化系统,因地理区位、发展基础、历史条件等原因有其相对封闭性,但这一独立文化系统要稳态运行仍需要不断与其他文化系统进行物质、能量、信息的交换。可以说吸纳融合仍是特色村寨本土文化与外来文化空间互动的常态特征。在这一空间互动过程中,特色村寨本土文化转型将经历"文化冲突—文化自觉—文化吸纳—文化融合"四个阶段(如图1所示,其中大圆圈 A 表示本土文化系统;小圆圈 B 表示外来文化系统)。无论是特色村寨中的本土文化还是外来文化,都有相对独立的文化系统。在空间互动的初期阶段,因各自文化系统的差异性特征会产生冲突与矛盾,而且有明显的边界特征(第一阶段之文化冲突,图1中用①表示),而正是这种冲突与矛盾使其明晰自身文化所处的优势地位及劣势条件,并知晓外来文化的相对优势是什么,哪些文化要素应当借取吸收,哪些文化要素加以拒绝排斥①(第二阶段之文化自觉,图1中用②表示);如此就会以更加开放的态度主动采借外来文化的合理成分,并结合本民族文化既定的运行机制加以系统性消化吸收,将这些优秀文化元素融入本民族的文化系统中,使其成为自身文化系统的有机组成部分(第三阶段之文化吸纳,图1中用③表示),从而形成一种既有本民族文化特色,又有时代特征和他文化因子的新型文化形态。这种文化形态既保留了传统文化的核心内涵(如民族精神、民族习俗、民族信仰),延续了特色村寨中的传统文脉,促进了民族文化的保护传承;又体现出外来文化的某些特质,增强了不同文化的兼容性,扩大了不同文化之间的共生界面(如图1中的阴影部分所示),使特色村寨文化调适于转型中的社会环境(第四阶段之文化适应,图1中用④表示)。由此可见,"文化发展就是选择、吸纳、同化不同系统的文化成分使其变成自己的构成性要素,其发展、壮大永远离不开与其他文化的交流、沟通和传播"②,正是通过不同文化空间互动形成一种新型文化,既有民族特色,又有新型特质,真正做到本土与外来的融合,从而提高特色村寨文化的生命力。

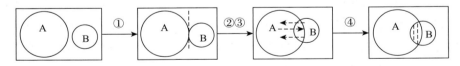

图 1 特色村寨文化与外来文化空间互动过程

从前文的表述可知,特色村寨文化与外来文化的空间互动与吸纳融合是一种常态,但这并不意味着特色村寨文化为提高自运行能力刻意贬低或否定本土文化的价值,甚至以牺牲自身文化特色为代价,被外来文化所同化或完全照搬外来文化模式。这样的空间互动是不可持续的,是对原有文化的异化与

---

① 文化自觉是文化系统的自组织行为,是接触对外来文化后的文化反思,但这一过程无法平面展示。为了展示的完整性和叙述的连贯性,在图1中将其与③放在一起。
② 苏国勋:《全球背景下的文化冲突与共生(下)》,《国外社会科学》2003 年第 4 期。

改性,将会对特色村寨原生文化系统造成毁灭性的破坏,在实践中必然遭到文化持有者的强烈反对。为此,笔者提出一种全新的互动融合方式,即特色村寨本土文化与外来文化共生、共存、共荣的空间互动方式,其核心理念是以自我文化为中心并以强化自身优势与特色为目的空间互动。在这一互动中的文化采借与吸纳融合是为适应变化中的环境所进行的文化汰选,其根本目的是使自身文化发展获得更大的生存空间。恰如郑德聘所言,两种文化在交流互识的基础上,并非僵硬、机械地吸收或移植对方文化,而是从他种文化中汲取本文化所需的、对本文化有益的,能够弥补本文化不足的文化因素①。也就是在本土文化与外来文化的空间互动中,不是无原则、无目的、无底线地全盘吸收,而是根据文化系统发展演变的需要有选择性地采借。一方面表现出各自既有的特质属性,另一方面通过吸纳对方特质属性生成新的文化意义,从而达到对自我文化的补充与更新。因此,在特色村寨本土文化与外来文化交流交往中,以传统文化为"本"是空间互动的"元点",而以外来文化为"边"是空间互动的"支点",通过"本"对"边"的吸纳融合,实现了不同文化能量之间的互换,从而维持特色村寨文化系统运行的稳定有序。

在特色村寨文化建设中,"固本"与"扩边"是相互联系、相互影响、相互作用的有机统一体。"固本"是出发点,也是目的;"扩边"是手段,也是支点。首先,"本"(特色村寨文化)是空间互动与吸纳融合的根本前提和立足点。特色村寨文化以空间互动方式吸纳外来文化要素,是为了使本民族文化发展获得新的依附载体与生存土壤。若脱离特色村寨原有文化基础或传统文化这一"本",所型构出来的文化形态不仅丧失其原真性,而且也会失去其深厚的群众根基。任何一种文化都具有地方性特征,即文化是自然环境与社会环境的双重产物,具有明显的区域性与民族性等特性。即便植入或借取的外来文化要素较之村寨文化原有文化因子(如技术手段)具有相对优越性,但如脱离其特有的社会文化运行机制,所植入或借取的新型文化元素就很难被民族群众所接受、所理解。那么,本土文化与外来文化的空间互动就难以为继,外来文化会因缺乏民族群众的认同而最终成为空中楼阁。因此,在特色村寨文化建设中以自身传统文化为"本",这既是保护传承本民族文化的需要,也是外来文化要素获得群众认同的需要。其次,"边"(外来文化)是空间互动与吸纳融合不可或缺的必要条件。不同文化借取("扩边")是为了增强特色村寨文化适应能力("固本")的需要,可以说以空间互动的方式吸收外来文化的合理成分是增强和提高本民族文化生命力与文化竞争力的必备条件。因为任何一种文化不仅有其自身的价值,而且有一套完整的运行系统,若没有不同文化之间的空间互动,彼此就不可能获得新的发展能量。不可忽视的是,任何一种文化生成系统,都具有自我生产、自我强化与自我复制的功能,会沿着既定的文化路径演进(文化惯习),长此以往必将处于封闭和孤立状态,会导致该文化系统的适应性、包容性及兼容性减弱。一旦该文化系统所处外部环境发生急速变化,现运行文化系统中的各成分、各要素很可能因来不及适应新的环境而面临消亡的危险,也就是文化系统与所处环境之间的灵活性较差。这说明不同文化之间的空间互动有利于提高本民族文化系统的自适应能力。同时,外来文化在与特色村寨文化空间互动的过程中,其合理成分(要素)能被吸收借鉴,这从另一方面表明空间互动是拓展自身文化生存空间的有效手段与可行方式。

---

① 郑德聘:《间性理论与文化间性》,《广东广播电视大学学报》2008 年第 4 期。

三　本土文化：空间互动的"元点"①

前文分析了特色村寨传统文化与外来文化空间互动的总体特征，即在多元文化的双向互动中，要以特色村寨文化为"本"，以外来文化为"边"，通过"本"与"边"的良性互动促进特色村寨文化的转型发展。那么，在特色村寨本土文化与外来文化的双向互动过程中，以本土文化作为空间互动"元点"的学理依据是什么，即要回答为什么要以特色村寨自身文化为"本"的学术命题。

首先，特色村寨文化的民族性特征要以传统文化为"本"。习近平总书记在党的十九大报告中指出，"文化是一个国家、一个民族的灵魂"。可以说，任何一种文化在特定时代语境中都有其内在的显著性特点——民族性特征。所谓文化的民族性"是指一个民族群体的文化，在其发展过程中形成的、具有民族群体共有的而与其他民族群体相区别的民族群体文化特征"②。一个民族之所以成为民族，最根本的莫过于形成自己的特有文化……体现在每个成员的实际生活中，体现在他们的思维方式和行为方式上，体现在他们所创造的物质产品和精神产品上③。可以说，文化是一个民族的灵魂所在，是一个民族的精神家园，是一个民族区别于另一个民族的重要标志。从不同族群视角看，民族性是本民族存在的核心象征，是区别于其他民族的关键符号，是凝聚一个民族的核心力量；从族群内部微观视角看，民族性是族群成员的价值观和行为方式的具体体现，如贵州西江苗寨、贵州肇兴侗寨、四川桃坪羌寨、湖北车溪土家族村寨、广西壮族平安寨等特色村寨在建筑风格、生产技术、风俗习惯、民族节庆等方面有着较大差异。不同村寨文化的差异性是民族性的具体表征，也正是这些差异性构成了中华民族文化的多样性，"七彩云南"、"多彩贵州"等旅游胜地正是"各美其美"与"美人之美"（文化差异性）的生动写照。这说明，不同特色村寨承载的民族文化既是"多元一体"的有机组成部分，也是"一体多元"的具体指向；既是民族群众获得持续生计的谋生之道，也是民族群众走向世界的文化资本。因此，在特色村寨文化与外来文化的空间互动中要坚守民族性特征，这是文化采借的底线所在。民族文化中最根本的东西，它的灵魂、它的核心内容和实质标志（民族性——笔者注），则是这个民族自主地生存发展的权利与责任……任何一个民族，如果丧失了对自己文化权利与责任的担当，那么不仅意味着这个民族的文化将消失，而且意味着这个民族主体历史的终结④。但反观现实，在现代信息社会中本土文化在与外来文化的空间互动中并不占优势，而在很大程度上处于被动地位，因此特色村寨文化为获得更大生存空间应当对有利于保护传承与创新发展本民族文化的外来文化要素加以吸收利用，但同时要对有可能弱化民族性的外来要素加以排斥抵制，如此才能更好发展、展示与延续的文化的民族性。若偏离民族性底线对外来文化无目的无原则地全盘采借，短期内有可能提高特色村寨文化系统的运行能力，但会带来一系列文化危机：其一，过度采借外来文化不仅对世界文化多样性构成威胁，而且会丧失该民族群体在国内乃至世界舞台上的文化话语权；其二，过度采借外来文化不

---

①　"元点"，意味着初元。在不同文化互动中要以特色村寨自身文化为起点或初元，这是不同文化空间互动的基点所在，也是彰显本民族文化自信的基点所在。"支点"与"边"相同，与"固本"和"元点"相对。在不同文化的空间互动中，要固本，更要扩边，以此为支点吸收他文化的优势特征。

②　杨镜江：《论文化的民族性和时代性的辩证统一》，《北京师范大学学报》（社会科学版）1992 年第 4 期。

③　林耀华：《民族学通论》，中央民族大学出版社 1997 年版，第 399 页。

④　李德顺：《怎样科学对待传统文化》，《政协天地》2015 年第 1 期。

仅会丧失自身文化的民族性，而且会导致现行文化系统的紊乱和民族精神家园的迷茫。因此，在特色村寨本土文化与外来文化的空间互动中，要以特色村寨文化为"本"，以外来文化为"边"，通过对外来文化的吸纳融合更好地展示与发展本民族文化。

其次，特色村寨文化的功能性属性要以自身文化为"本"。任一文化事项得以传承至今并呈现活态特性，其根本动力在于文化的功能性特征。因为一切文化现象都具有特定的功能，无论是整个社会还是社会中的某个社区，都是一个功能统一体[①]。也正如李忠斌、李军指出的，文化的产生、发展、传承是族群及其成员的需要，不被族群及成员需求的文化会自行消亡[②]。文化的活态性与人的活态性一脉相连，人既是文化的创造者，也是文化的再生产者。文化作为一种非物质性社会存在，其在传播者与接受者之间的一切运作都必须借助物质载体的运作来实现。载体存则文化存，载体灭则文化灭，这样的载体本身也成为文化的重要组成部分[③]。可以说，生活在特色村寨的村民不再是简单意义上的人，而是一个个"活"的文化符号，是活态文化基因的载体。人的客观存在是特色村寨文化的核心组成部分，而文化是村寨民族群众的生存与发展之道。这也正体现出文化的生命力在于满足民族群众生产生活的各种需要（物质需要与精神需要、社会秩序稳定的需要），并通过既定的社会文化机制发挥各种功能作用。而内部成员为获得生存发展又必须遵循现有的社会文化机制，通过学习获得相应的文化资本，从而完成文化传递与再生产。因为"人出生以后就生活在人文世界中，这个世界不是个人造出来的，是前人留下来的遗产，个人通过学习在人文世界里生活。人本来是自然世界的一部分，但人的生活方式，包括思想方式和认识事物的方式都是前人给予的，是向前人学习而来的"[④]。可以说，特色村寨文化是民族群众劳动实践的产物，文化渗入民族群众生产生活的各个方面，被他们所接受、所认同，是当地村民最重要的社会习惯记忆，即只要特色村寨社会环境结构不发生根本性的变化，人们便会习惯性地不断重复这样的文化实践。例如，贵州小黄村的稻鱼鸭共生系统、广西龙脊平安寨的梯田生态文化系统、贵州西江苗寨的枫木图腾以及贵州芭莎的树神崇拜等。村民为获得持续的文化生计资本，就会自觉地去传承、发展与创新这一套成型的文化体系。在这一过程中还会形成一道天然的屏障，吸收外来有用文化要素，过滤不利文化要素。因此，在特色村寨文化与外来文化的空间互动中，只有以特色村寨中的原有文化为"本"，才能更好地发挥原有文化的功能作用，也才能更好地服务于民族群众生产生活，增强民族群众的文化自觉与文化自信。

再次，特色村寨文化的地方性特征要以自身文化为"本"。生态人类学认为，文化的适应是双重的调试，即对自然的调试和对社会的调试，文化适应的双重性乃是文化的根本属性之一，人类社会的发展也只能在这双重适应的辩证统一中求得平衡[⑤]，即文化对所处自然环境与社会环境的适应，而地方性是民族文化双重适应的本质特征。特色村寨文化作为相对独立的文化系统，其产生、发展及演变有着不以人的意志为转移的客观规律，而地方性就是其不以人的意志为转移的具体指向，理由如下。首先，特色村寨文化的产生与运行有着明显的地方性特征。一方面，特色村寨文化与特定自然环境相

① 李金发：《旅游经济与特色村寨文化整合——以云南红河州慕善彝村为例》，《西南民族大学学报》（人文社会科学版）2011 年第 3 期。
② 李忠斌、李军、文晓国：《以文化为内核的特色村寨遴选指标体系研究》，《广西民族研究》2015 年第 5 期。
③ 苗东升：《文化系统论要略——兼谈文化复杂性（一）》，《系统科学学报》2012 年第 4 期。
④ 费孝通、方李莉：《早年生活与文化熏陶》，《民族艺术》2002 年第 3 期。
⑤ 罗康隆：《论文化适应》，《吉首大学学报》（社会科学版）2005 年第 2 期。

适应。不同的特色村寨有着不同的自然环境，而人本身是自然系统的有机组成部分，在实践中所进行的文化选择必然受其自然环境的规约，且在生产力水平较低时期自然环境对文化主体的实践活动约束力更强，可以说环境是决定人类社会和文化特征的关键因素，人类的生产方式、生活习惯以及社会结构等都可以通过人类所处的自然环境得以解释①。另一方面，特色村寨文化与所处社会环境相适应。文化是人的实践活动作用于客观对象的产物，其产生也会受到社会环境的规制，不同的民族具有不同的社会结构、社会心理及社会品格，不同的社会环境通过文化主体的实践所选择的文化模式必然不同，即现在运行着的文化系统是与特定社会环境相适应的。例如，贵州占里村生育文化是自然环境与社会环境共同作用的产物。面对人口增长（社会环境），子孙们将无田可耕、无地可种（自然环境）的潜在威胁，吴氏祖先召集村民到鼓楼开会订立寨规：一对夫妇只允许生两个孩子，严重超生永远逐出寨门②，借助特殊的生育文化机制来进行调节，这样就有效缓解了人口增长与现有资源、环境之间的矛盾。同理，外来文化的发展演变有着与之相适应的自然环境和社会环境，若要在变化了的文化环境中获得生存，就应当尊重所处文化系统的地方性特征，在与其互动中形成兼容的共生界面，把自身某些文化要素从分散孤立状态变为聚合共生状态。其次，特色村寨文化的发展与演变具有地方性特征。任一文化系统都处在动态发展与演变中，文化所处环境的变化会引起文化系统的涨落与失稳。这也是文化适应性的具体体现，但这一过程是缓慢的、渐进的而非突变的。不同文化在空间互动中的动态平衡最先是从渐变开始，只有当渐变达到饱和状态，不同文化的适应过程才会加速。李霞林指出，一种文化在外来文化的冲击下，它的物质文化、社会规范、社会制度也发生相应的进步，但最核心的观念文化的变化则是比较缓慢的③。这说明文化系统的发展变化是一个缓慢过程。若在这种双向互动中一开始便大量采借外来文化要素而忽略地方性特征，特色村寨文化系统所处环境在短期内急速变化，文化与环境的适应性规律就会被破坏。这将会导致特色村寨文化系统处于混沌无序状态。因此，在特色村寨文化与外来文化的空间互动中，应当充分尊重特色村寨文化的地方性特征，要以特色村寨既有文化系统为"本"，只有把外来文化要素吸纳并融合到现有的文化系统中才能充分发挥其作用。

四 外来文化：空间互动的支点

固本扩边理论认为，在特色村寨文化与外来文化的空间互动中要以自身文化为"本"，以外来文化为"边"，通过"本"与"边"的空间互动达到吸纳融合之目的，这样既增加了不同文化之间的相互理解，又增进了不同文化之间的相互尊重，而且拓展了不同文化之间的共生界面。前文从特色村寨文化的民族性、功能性及地方性视角论述了为什么要以本土文化为空间互动之"元点"，可以说"固本"是新时期特色村寨民族群众生成文化自信与形成文化自觉的力量源泉，但在固"本"的基础上也应当充分采借吸收外来文化中的优秀因子，使二者形成一种相互具有内在紧密关联、彼此具有构成性因素的共生文化。也就是在"固本"的同时，更要"扩边"，达到以"边"固"本"，以"本"扩

① 袁同凯：《人类、文化与环境——生态人类学的视角》，《西北第二民族学院学报》（哲学社会科学版）2008 年第 5 期。
② 敖曼：《计划生育"天下第一村"——探析占里侗寨数百年人口、社会与环境和谐发展的原因》，中央民族大学硕士学位论文，2007。
③ 李霞林：《论文化系统的结构和功能》，《系统辩证学学报》2005 年第 2 期。

"边"，使 "本" 与 "边" 形成良性互动与共生发展的格局。笔者将从文化发展自完善性、文化系统开放性及多元文化共生性视角来阐释外来文化是空间互动支点的学术命题。

首先，文化发展的自完善性特征要以外来文化为 "边"。"我国几千年历史留下了丰富的文化遗产，我们应当取其精华，去其糟粕。"① 在特色村寨多元文化空间互动中，既要承认每一种文化都有其独特之处和可取价值，也要看到其不足之处，可以说任一民族的文化要获得发展需要不断自我完善与推陈出新。因为文化是为满足人的需要主观见之于客观的产物，不同类型的民族文化既有其优势特点，也存在某些不以人的意志为转移的 "缺陷"，具体而言由以下几方面所致。其一，环境因素制约文化的产生与发展。如前文所述，文化是人、自然与社会共同形塑的产物，那么在其产生之初就受到当初所处自然环境和社会环境的规约，而随着环境（自然和社会环境）变化，原有的文化必然与新的环境具有某种不协调性，需要根据新的环境吸收外来文化形成一套与之适应和协调的文化系统。其二，文化主体的有限认知能力制约文化产生与发展。文化是由民族群众在与自然和社会的双向互动中凭借集体性经验智慧所创生的。但并不意味着所创造的文化都是对客观事物的理性反映，而是在其建构过程中融入了诸多的主观因素，况且人的认知能力并非无限而是有限的。因为任何一个人的能力是有限的，即便是最聪明、最卓越的人，也不可能是全智全能的②。其三，文化惯习制约文化自我更新。文化系统中的某些消极要素一旦被群众所接受所认可，就会形成文化惯习，即具有自我复制、自我强化、自我生产的功能，就会沿着错误的路径继续运行，将会对特色村寨经济社会发展带来消极影响。笔者在贵州某一极贫村寨蹲点扶贫，当地村民红白喜事好面子，讲排场。事毕后要把所有的礼单张贴出来，以显示自己在整个村寨中的声望、身份、实力及地位，致使整个村寨陷入 "集体性浪费" 的恶性循环中。如 2017 年 12 月该村老年人去世宰杀近 20 头猪，2018 年 2 月该村某村民起房子宰杀 30 多头猪。驻村书记见此情形采取入户方式与即将办理红白喜事的村民交流沟通。"你算算哈，要是每家都简单点操办可以节省很大一笔费用，把这些钱用来搞生产可以获得更多的回报。" 通过驻村书记（外来文化）与当地村民（本土文化）的对话交流，2018 年 5 月笔者回访该村发现村寨内部的攀比之风明显好转。该案例充分说明特色村寨文化在形成与发展过程中受到自然环境、社会环境、人的认知能力以及文化惯习的制约，不可避免地具有某些局限，但通过吸纳融合他文化系统中的积极要素作为新生能量注入特色村寨文化系统中，就可以使之沿着预期的良性轨道发展。

其次，文化系统开放性特征客观上要以外来文化为 "边"。人类社会发展表明，任何一个民族，任何一种文明，任何一种文化，只有保持充分的开放，才有蓬勃生机，才能全面发展，才能屹立于世界民族之林。系统论认为，任何一个系统都具有开放性特征，不断与外界环境进行物质、能量和信息的交换，系统向环境开放是系统得以发展的前提，也是系统得以稳定存在的条件。可以说，不与环境接触、不向环境开放的系统是不存在的③。特色村寨作为一个相对独立的文化系统，随时准备输出或接受某种文化因素。在外部，它每时每刻都在与其他文化系统、与自然系统进行着信息、物质、能量的互换；在内部，则是各层次不断地发生相互作用，进行更迭代谢④。由此可知，特色村寨文化系统的开放性是其自组织演化的重要前提条件之一，要使其保持文化活力，就要远离静态平衡，就要保持

---

① 《江泽民文选》（第三卷），人民出版社 2006 年版，第 110 页。
② 卢风：《论生态伦理、生态哲学与生态文明》，《桂海论丛》2016 年第 1 期。
③ 魏宏森、曾国屏：《系统论——系统科学哲学》，世界图书出版公司 2009 年版，第 228 页。
④ 刘芳君：《文化的系统审视》，《系统科学学报》2007 年第 4 期。

充分的开放，如此特色村寨文化系统与外来文化系统各种能量的充分交换才会成为可能。若特色村寨文化长期处于自我封闭状态，排斥或拒绝从所处环境中引入负熵，该文化系统就不会向非线性非平衡方向发展，无法冲破现有的阻力而自发组织起来。也就是特色村寨文化要获得发展就应该对外来文化进行充分开放。但这是否意味着特色村寨文化系统对外来文化系统的完全或百分之百的开放？答案是否定的。因为自组织系统的开放，都是有选择的开放，以有利于自己的自组织发展，在这样的意义上，无选择的开放一方面对于系统的自组织是无意义的，另一方面对于系统的自组织又是破坏性的[1]。若特色村寨文化系统开放程度为零，就与所处环境隔绝起来形成静态的文化孤岛，无法与外界进行各种能量的交换，因缺乏自组织的活力难以发展。若特色村寨文化系统对外来文化系统完全开放，就没有相对独立的边界，就会失去过滤和选择的屏障作用，很可能原有的文化系统将不复存在。可以说特色村寨文化系统对外来文化系统，既不能完全封闭，也不能完全开放。只有在保持自身文化自主性和特色性基础上的开放才是有价值有意义的开放，即对外来文化系统的适度开放。正如魏宏森指出的，一个系统之所以成为活系统，有其相对独立自主性，那是因为该系统是适度向环境开放的。特色村寨要保持文化发展的活力，就必须坚持适度开放原则，在立足自身文化特色的基础上以外来文化为"边"，从中获取自身文化发展所需要的各种新能量。保持文化系统的稳态有序运行，要充分利用自身文化系统的调节机制，有条件、有选择、有过滤地吸收外来文化系统中的优秀养分。这样既可以保持自身文化系统的特色性与自主性，也可以增强特色村寨文化系统应付环境变化的灵活性。

最后，多元文化的共生性特征客观上要求以外来文化为"边"。特色村寨在保护传承自身优秀文化基因的基础上，应当吸收借鉴外来文化的优秀成分，使其成为本民族文化发展的重要参变量，不断提高自身的文化环境适应能力。这种不同文化之间的平等对话、相互吸收、协同发展是由多元文化共生性特征决定的。所谓文化共生，是指在多元文化时代背景下，传统文化与现代文化、外来文化和民族文化以及一个国家和地区内部的多元民族文化之间的相互作用、和谐共存、平等交融，以实现文化的共同进步、共同繁荣[2]。那么，特色村寨文化与外来文化何能共生？其一，从文化共生的客观条件看，特色村寨文化与外来文化具备某种内在关联，这种关联体现为差异性中的同质性。受人类具有共同的心理、趋同的需求以及文化传播等因素的影响，即便相异较大的文化系统之间也具有某些相同的特质（共生基质），这为特色村寨文化与外来文化的共生提供了某种可能。通过具体的空间互动与吸纳融合扩大了共生界面，生成了新的共生能量，在促进对方发展的同时也使自己获得新的发展条件与生存空间，有利于提高彼此的生存能力和竞争力。其二，从文化共生的价值维度看，文化价值相对性是不同文化共生的价值基础。美国人类学家赫斯科维茨在《文化人类学》中提出了文化相对论，认为每一种文化都有其独创性和充分的价值，每种文化都有自己的价值准则，一切文化的价值都是相对的[3]。国内学者罗康隆从生计视角进一步论证了文化相对论的合理性，指出天生优秀的生计方式从来就没存在过，各民族现今执行着的任何一种生计方式不论在表面看起来有多少缺陷和不足，都是人类的创造，都有其可取之处和存在的价值[4]。例如，贵州黔南怎雷村寨是不同民族分族聚居、多元文化良性互动的典型代表，村内四个寨子居住着不同时期迁移而来的水族和苗族，这两个民族都有自己的文化系统，有着不同的文化模式。但水族与苗族村民在充分尊重、肯定对方文化价值的基础上，以吸

① 魏宏森、曾国屏：《系统论——系统科学哲学》，世界图书出版公司2009年版，第235~236页。
② 邱仁富：《文化共生与和谐文化论略》，《天水行政学院学报》2008年第2期。
③ 任国英：《生态人类学的主要理论及其发展》，《黑龙江民族丛刊》2004年第5期。
④ 罗康隆：《论民族生计方式与生存环境的关系》，《中央民族大学学报》（哲学社会科学版）2004年第5期。

纳融合的方式实现不同文化互浸、互用与共享，具体的文化互动与吸纳融合如下：节日双向认可认同，传统礼俗交相渗透；水、苗鬼师交互上位，相异语言互渗互用；水族参与苗族的斗牛和跳月，同苗族结为老庚伙计关系；苗族参与水族的端节，主动学习水语等①。该案例说明，每一种文化都是人类为适应自然与社会环境的产物，都有其合理性和独特的价值。在充分肯定自身文化价值的同时应当吸收借鉴他民族文化的优秀养分。我们所倡导的不同文化之间的空间互动并非一种文化对另一种文化的同化或取代，而是借助互动平台建立某种文化关联，通过对外来文化的吸纳与融合，实现文明互鉴与优势互补。综上，任何一种文化都不可能孤立存在，而与其他文化系统有着相似的文化基质，并通过某种关联共生于人类社会中，客观上要求文化在自我发展中以外来文化为"边"，通过汲取新的养分生成新的发展能量。

五　结语

民族村寨振兴要充分激发民族文化的活力，这种活力体现在文化的经济价值与精神动力两方面。一方面，要盘活文化资源，为民族经济发展提供物质动能；另一方面，要激活文化功能，为民族经济发展提供精神动力。对前者而言，就是要充分释放特色村寨文化的经济能量，大力发展民族文化旅游、民族文化工艺、民族文化饮食、民族文化医药等特色文化产业，使之成为带动群众就业、增加群众收入的特色产业；对后者而言，需要采取一定措施重构特色村寨文化，全面推进乡风文明建设，使之成为凝聚村寨人心与汇聚多方力量、形成文化自觉与增强文化自信的精神纽带。

文化精神通过影响经济行为主体的行为选择，对一个国家和区域的宏观经济发展和微观经济运行会产生重要影响②；对民族相关的许多问题的解决，也只有在联系民族文化的基础上才能解决，才能解释一定经济状况的历史成因，才能找到民族经济发展的契机③。因此，在民族村寨振兴中要深入挖掘传统文化的价值，激活并释放民族文化的能量，充分发挥民族文化的内在张力，而不同文化空间互动是激发文化活力与生成文化能量的重要途径。现有研究多从理论上强调跨文化互动的重要性，而对为何与如何进行不同文化空间互动缺乏深入的学理探究。为此笔者以乡村振兴为背景，以特色村寨为载体，以固本扩边为理论，探讨不同文化的空间互动问题，认为在本土文化与外来文化的空间互动中，既要"固本"，也要"扩边"，"固本"是目的，"扩边"是手段。在本土文化与外来文化双向空间互动中，本土文化是空间互动的"元点"，外来文化是空间互动的"支点"，只有"本"与"边"的良性互动与共生共存才能促进特色村寨文化创造性转化与创新性发展。总之，为充分发挥民族文化在特色村寨振兴中的作用，笔者尝试用固本扩边理论来探讨特色村寨本土文化与外来文化的空间互动问题，从文化的民族性、功能性、地方性特征论述了为什么要以本土文化为空间互动的"元点"，并从文化发展自完善性、文化系统开放性、多元文化共生性论述了为什么要以外来文化为空间互动的"支点"。

---

① 袁东升：《论民族和谐的形成要件及文化生态》，《广西民族研究》2017 年第 6 期。
② 李永刚：《文化如何成为经济学研究的对象》，《经济学家》2012 年第 2 期。
③ 李忠斌：《民族经济学》，当代中国出版社 2011 年版，第 221 页。

The Research on Spatial Interaction of Characteristic Village Culture Development from the Perspective of "Culture Consolidation and Extension" Theory

Li Jun, Xiang Shi, Xu Hong

Abstract: Ethnic culture plays a fundamental and strategic role in the revitalization of characteristic villages. The mutual reference and absorption of culture is an important way to generate cultural energy and maintain cultural vitality. Based on the Rural Revitalization as the background, with the characteristic villages as the carrier and the theory of culture consolidation and extension as the basis, this paper probes into the spatial interaction between the characteristic village culture and the foreign culture. The research thinks, consolidation and extension is the general characteristic of the interaction between the characteristic village culture and the foreign cultural space. That is to say, we should take the characteristic village's own culture as the "origin" and take the foreign culture as the "edge". And from the characteristics of culture, function and locality, this paper discusses the reasons for the interaction of local culture as the "meta point". The reasons for "fulcrum" in interaction with foreign cultures are discussed from the perspective of cultural development, cultural system openness and multicultural symbiosis.

Keywords: Culture Consolidation and Extension; Characteristic Villages; Space Interaction; Absorption and Integration

《西南边疆民族研究》 第 28 辑
第 140~148 页
© SSAP，2019

亦兵亦"匪"：民国时期滇越边境地区的盐务缉私与边民社会[*]

覃延佳　　刘秋妍^{**}

摘　要　中法越南勘界之后实行的对汛制度，既是中越边境地区社会管理的基础，同时也为边地人群的社会身份转换提供了新的物理空间和制度空间。民国时期发生在马关县都龙区的杀人抢劫案，看似一个地方刑事案件，实则是地方豪绅与地方行政长官之间权力争斗的结果。在此过程中，盐务缉私制度在地方的推行，为边民社会身份转换提供了便利。边地社会非但未因为诸多机构的设置而变得更加"有序"，反而因边民甚为多元的社会能动性而变得更加复杂。

关键词　盐务缉私；边民社会；边地秩序

DOI：10.13835/b.eayn.28.15

在近代中国边疆社会历史研究中，中越边境地区相关研究具有重要意义。一方面，围绕中法战争的资源调配与人事纠葛对中国政治制度和边疆治理的近代转向具有深远影响；另一方面，中法战争之后军事、边政制度的因袭与创设，成为中国近代边疆地区管理演变的重要节点。边境地区的制度创造与人事安排，自下而上地推动了从传统王朝体制下的多元管理模式向基于清晰国家地理边界的民族国家管理方式的转变，这成为我们从中越边境地区观察近代国家边疆管理方式转型的重要切入点。

在历史学领域，围绕中越边境地区展开的研究大致可分为边疆史地研究和区域社会史研究两大取向，但二者交叉之处甚少。前者更加注重"国家视角"下的边疆史地变迁，强调对边地管理制度及其演变之梳理；① 而区域社会史研究则更加凸显"自下而上"的路径，希图在制度演变基础上展现边地人群之社会历史脉络，进而重新诠释边疆之于中国的多维意涵。②

与历史学者较注重过程感与区域感的研究策略不同，以中越边境地区为研究区域的人类学者更关心当下边民之生活状态，探讨具体时空中具体的群体记忆与生活逻辑。因此，围绕中越边境地区壮族、京族、苗族、瑶族等跨境民族的研究积累颇多，主要涉及民族族源、国家认同、族群认同、跨国婚姻、

---

* 本文系广西大学中国-东盟区域发展协同创新中心科研专项、教育部长江学者和创新团队发展计划联合资助（合同编号：CW201610）的阶段性成果。

** 覃延佳，云南大学西南边疆少数民族研究中心副教授，广西大学中国-东盟区域发展协同创新中心研究员；刘秋妍，云南大学民族学与社会学学院中国少数民族史专业硕士研究生。

① 吴智刚：《晚清桂越边务筹办及其嬗变》，中山大学博士学位论文，2013；陈元惠：《云南对汛督办：建立、发展、淬变》，云南大学博士学位论文，2008；彭巧红：《中越历代疆界变迁与中法越南勘界问题研究》，厦门大学博士学位论文，2006。

② 参见：Bradley Camp Davis, *Imperial Bandits: Outlaws and Rebels in the China-Vietnam Borderlands*, University of Washington Press, 2017；杜树海：《边疆建构与社会变迁——宋明以降中越边境广西左、右江上游流域的历史与记忆》，中山大学博士学位论文，2011。

跨国经济等方面的论题。①

中越边境地区不仅是中国边疆史地研究的重要领域之一，同时也是我们从边地社会历史理解中国近代历史的重要切入点。本文认为，欲对中越边境地区历史有更加多维立体的认知，不仅必须勾连"边疆史地研究"与"区域社会史研究"两种研究取径，而且在梳理制度变迁基础上，既要看到国家力量在边地社会的展现与实践，同时也要结合相应的田野调查，从边地社会之具体情境中反思制度实践中的社会演变过程。为达及上述目标，本文将结合对汛档案等文献资料及实地调查材料，对中越边境茅坪对汛一带地区的司法案件及其实践进行梳理，试图说明制度设计与实践会因边地人群的能动性而产生诸多变数。

一 中越边境滇越段的对汛设置及其职能演变

中越边境地区，自宋代以来一直扮演中越两国"藩篱"的角色，制度上的归属虽有明文规定，然边民实际生活却多处于一种"中间地带"。② 但自 1897 年中越边境云南段勘界完毕之后，两国边界的勘定，不仅促使中国与越南之间的界线更加清晰，制度上的规约，更为两国边民的流动提供了新的管理框架。根据中法两国签订的《中越边界会巡章程》，滇越边境商议设立十八处对汛。但因当时情况特殊，最终批准设立对汛督办、副督办，并设立十处对汛。对汛制度的确立，不仅是中国边境管理现代转型的开端，同时也为后世开展边地管理提供了新的制度实践基础。③

麻栗坡对汛副督办在中法越南勘界后不久便设立，与河口副督办同属于驻扎在蒙自的对汛督办管理。在此过程中，云南当局根据《中越边界会巡章程》的规定，对麻栗坡、河口对汛督办之职能进行了详细的界定，其内容主要涉及边界巡查、边界治安及边民出入境管理。④

在设立初期，云南对汛督办由临开广道道员兼任，真正承担边境管理事务的是麻栗坡、河口两副督办。其机构和组织主要以军队建置为主，承担边防功能，作为滇越边地统管军事、司法、行政的机构，理论上具有很强的控制力。但是从清末时期的边地情势看，由于清朝处于风雨飘摇之中，很多条文大多只停留在官方文字上，具体的司法与政治实践，则困难重重。

迨至民国时期，云南对汛制度变化巨大，河口、麻栗坡对汛直接对应省政府，麻栗坡对汛督办公署仍下辖田蓬、攀枝花、天保、董干、茅坪、玉皇阁六个对汛。根据相关资料及以往的研究，我们不难看出，中越边境地区的对汛机构从原来侧重边务管理，逐渐转向边地行政机构，麻栗坡对汛督办所辖各对汛，不仅要承担对外的交涉，更要对辖区内的赋税、户籍、教育、司法、治安等各项社会事务进行管理。⑤ 这既与民国时期国家整体的制度设计及其边地实践相关，更与滇省军政界对于边地的开

---

① 参见：Sarah Turner, *Frontier Livelihoods: Hmong in the Sino - Vietnamese Borderlands*, University of Washington Press, 2015；范宏贵、刘志强：《中越跨境民族研究》，社会科学文献出版社 2015 年版；周建新：《中越中老跨国民族及其族群关系研究》，民族出版社 2002 年版；石茂明：《跨国苗族研究——民族与国家的边界》，民族出版社 2004 年版。
② 覃延佳：《清末民国国家转型与边区族群流动——以桂越边境为考察中心》，《西南边疆民族研究》第 16 辑，云南大学出版社 2015 年版。
③ 黄国安、萧德浩、杨立冰编《近代中越关系史资料选编》（中），广西人民出版社 1988 年版，第 675～676 页。
④ 陈元惠：《云南对汛督办：建立、发展、淬变》，云南大学博士学位论文，2008。
⑤ 具体的制度演变，详见陈元惠《从国防与外交机构到特别行政区——清末民国时期云南对汛督办的设立与演变》，《中国边疆史地研究》2008 年第 2 期。

发与定位关系密切。

在制度变迁过程中，对汛督办作为兼具边防与边政职能的管理机构，在滇越边境地区的社会具体管理实践中起到了重要作用。与此同时，因对汛督办署涉及户籍、司法、教育、赋税、卫生等事宜，留下了诸多行政管理文件。新中国成立后，这批文件得以保留下来，成为对汛管理档案，为我们进一步研究持续了半个多世纪的对汛制度提供了一手材料。本文首次使用藏于文山壮族苗族自治州档案馆的"麻栗坡对汛督办档案"开展研究，希图在新材料中回应前文所述之学术问题。

二 盐务缉私与司法实践：五口洞命案始末

中法战争结束后，云贵总督岑毓英裁撤了不少对法作战的营勇。无处可去又带有一些武器的游勇，成为中越边境地区"匪众日炽"的重要原因之一。对此，民国《马关县志》不仅简要分析了"游勇扰边之原因"，并介绍了地方要员被匪徒绑架之经过：

> 总督岑毓英由安南班师，裁撤营勇，未加安置。遂啸聚滇越边界，蹂躏村邑。光绪十五六年间，匪首黄胜利、阮朝忠等尤为猖獗，边民苦之。都司熊学文往接防务，匪于茅坪截劫而去。拘于大牛（地名），搞胫勒赎。哨长周天长赴省控诉时，谢有功督带义字五营，坐视不救。督府严令申饬，有功惧，始令黄、阮放熊。[1]

由材料可知，就连手握重权的对汛督办官员都被匪徒绑架，可见边境匪势之猖獗。督办被绑，握有兵权的军官谢有功竟"坐视不救"，也可看出地方权力网络之复杂。

本文所讨论的马关县一带，在清代兼食粤盐与滇盐，粤盐自百色运抵开化府（今文山州）行销。[2] 河口通商后，粤盐主要经越南从水路运送至滇南地区，分销文山各地。因盐利颇丰，光绪时期多有贩卖私盐之举，地方官府时常缉拿，但地方利益网络庞杂，收效甚微。民国初期，粤盐被禁止，但市场需求促使边境私盐贩运依旧络绎不绝。而后，龙云政府希图在地方盐政中获取更多利益，通过地方盐务局的设立加强盐务缉私工作。为保护云南盐业，盐务局通过地方承包缉私业务的方式，请当地人作为缉私官员与兵丁，加强对私盐贩运的控制。下文所言及之命案，正是都龙盐务局缉私局丁所引发的。

1936 年 6 月 12 日晚，在玉皇阁、茅坪两对汛盐务局当差的普兴发（马关县都龙人）、魏三（马关县都龙人）和余应坤（西畴县人）三人伙同自当地大马郎而来的"侬亲"（即现在的壮族侬支系），一起前往五口洞寨（今都龙镇辣子村五口洞寨）的普文贵家。普兴发等人开枪打死普文贵及其母亲，并抢劫了枪支、牛马和一些现金。事发后不久，五口洞寨李树章等村民到茅坪对汛告发，其中，普文贵的妻子周氏在控告词中说：

> 那天普兴发他们三个人去到我家，叫我家帮他们买鸡，帮他们买了一阵买不着，拉我家的杀给他们吃，不有要他们的钱。那晚上普兴发说是来短盐的，叫我家借他一个枪。后来又说，帮我

---

① 张自明修，王富臣等纂《马关县志》卷四《兵略志》，民国二十一年（1932 年）。
② 张自明修，王富臣等纂《马关县志》卷五《兵略志》，民国二十一年（1932 年）。

家卖，两个月就卖了。到了早晨，他们去李老婶家吃早饭。要走的时候，又来我家道谢。我家留他们，他们说晚上还要来呢。到晚上黄昏时候，当真来啦。一进家就开枪。我家丈夫被普兴发一勾镰由项圈骨抓到血□低下就死了。第四个姑娘脸上中沙子，我的脸上也带了一颗沙子。收得的烟罚金二块半法银铜仙，被他们抢去。别的不有失落，所供是实。①

三人被告发之后，茅坪对汛汛兵很快对三人进行抓捕，并进行审讯，其受审记录揭示了该事件发生的前后过程。兹将本案主犯普兴发的供词胪列如下：

> 普兴发年廿六岁，住都龙新街。以前帮范家做常年，去年才安家（街头姚光礼易隔壁），今在盐局内当局丁。周局长说已经去河对门喊人了，叫我们帮着他们认真缉私。无论如何，总要同赵区长犯对。廿三日去五口洞是我们自己的主意，并非想抢人。那晚上，在我认的家门哥哥普排长家歇，他还杀鸡招待我们。第二天吃过早饭，我们回来，走到老玉皇阁就过着河。对门的人有七个都是大马郎的人，为头那个是田永安的兄弟，拿个大拉八枪，是周、王局长他们拿传去喊来补助缉私。因缉不得私，我们才打主意抢人。使其被抢的人去报赵区长，等赵区长带病出来救应，就好提他的枪了。故而廿四那天，我们遇着几个人彼此问明来历，河对门的那些在老玉皇阁等我们。我们回来都龙报告局长。周局长未在，王局长说"把人杀了之后，事情做好了，普文贵家的地方就归你分。我受啦，并且抢的些物件银分，大家分用"等语。到吃过晚饭，我们就去，余应坤、魏三我们一路。到黄昏时候进寨子，一到就打枪。普排长是我亲手杀的。只抢得毛瑟枪一支，□□得一节，以（已）交给侬亲带去了。其余的一概都是侬亲杀的，抢得的东西也分不清有多少，一概着侬亲拿去，叫我们过条把月才去分。我们一点东西都不有得，差不多人尽时候才转到都龙，句句实语，并无虚言，所供是实。

> 普兴发左手摩
廿五年六月廿一日讯②

根据普兴发的供词，我们不难看出，事情的经过与上文普排长妻子所言相符，但补充了作案动机等方面的内容。其中，普兴发所提及的"侬亲"，是现今文山壮族的侬支系。而"大马郎"在当时是被视为"匪区"的，是民国马关县政府需要平叛的对象。除了普兴发被逮捕审讯之外，本案的两名同伙魏三和余应坤亦接受了审讯，其中魏三的供词如下：

> 魏三供称，年廿一岁，住都龙新街。我自小都是好人，并未做坏事。这回是周、王局长喊我去做缉私兵，随时都是普兴发带我们去。廿三日到五口洞去歇一夜。廿四日吃过早饭，来到老玉皇阁遇着些侬亲。普兴发同他们议论哪样我也认不得。回来到都龙局内，吃过晚饭又去会合那些侬亲。一齐进普排长。普兴发将普排长杀了，我就转出来又同两个侬亲进普老妈家，普老妈被我杀着他（她）的乳膀一刀，我就出来了。他家的东西是那两个侬亲去拿。我们三个走了，侬亲还在赶牛马。我们就由风括梁这边回来。二炮后到局。王局长还在烧烟。我们点起谷草火去接周老

---

① 麻栗坡特别区对汛督办公署档案，卷宗号9，第1册，第5本，第12~13页。
② 麻栗坡特别区对汛督办公署档案，卷宗号9，第1册，第5本，第16~19页。

爷。他在周团长家，所供是实。

魏三左手摩

六月廿一日讯①

另一名同犯余应坤所言与前述相同，但增加了一些细节：

　　我曾在都龙街做生意，拿锄头、洋火等货来卖，在铜街坡被匪抢过一次。从此以后，做生意没有本钱，就在亲谊家混。这回周老爷包办盐务，请我送传解保证金，跑过两转。他的盐务包成，就喊我去同他们缉私。四月二十二日的晚上，周老爷写一封信交给普兴发，叫他找人去大马郎。二十三日，普兴发带起魏三同我，共三人出去缉私。那天晚上就去歇五口洞普排长家。普兴发夜间同普排长说："大哥，把你的枪拿来借我们扛两天。"普排长说："我们寨中才有两个子枪，要留来守寨，如何借你。"普兴发又说："你当出的地方，我拿钱去赎回来，我分一半。"普排长答："不能。"到二十四日早晨，我们在赵家吃早饭过后，就来老玉皇阁小庙那点缉私。息得好久，我们又走来到老玉皇阁这高上。遇着大马郎的人有七个，是侬亲。那些人问普兴发有何办法。普兴发说等我回去报告局长。因此普兴发也就带起魏三合（和）我回来都龙。等普兴发报告王局长之后，王局长就说：你们做那样要小心点，抢得东西慢慢才去分用。并交给魏三我们两个要听普兴发的指挥。周局长未在局内。我们起身去的时候，是午后两点钟。一到老玉皇阁，带起侬亲一直就去五口洞抢人啦。到寨的时候已黄昏了。我在赵家屋山头，不敢进寨，抢了之后，侬亲也不有来会合，各自走了。得些哪样东西也不知道。单认得普兴发得一个毛瑟枪合（和）五吊铜板。我一样都不有得。普排长是普兴发杀的，普老妈是小魏三杀的。我只是同他们一路听普兴发指挥，交涉事情也是普兴发。别样不有了，所供是实。

余应坤左手摩

廿五年六月廿一日讯②

　　由上文几则材料可见，该案件的主犯是普兴发，魏三、余应坤只是跟随行事。根据普兴发等人的供词内容，案件可以很快了结了，无非就是一群"匪徒"前往当地一个农户家杀人抢劫的案件。但是再仔细分析供词，我们却发现了两个重要的疑点。其一，普文贵是普兴发认的"家门哥哥"，普兴发等三人曾经于案发前一晚在普文贵家吃晚饭，普文贵家人还杀鸡款待了，为何次日便反目成仇？其二，在供词之中，普兴发等人指出他们是受到茅坪、玉皇阁盐务局王兴汉的指使才动手的。到底案件的真相是什么，还需要进一步审理。

　　案发后不久，两位盐务局长被"请"到玉皇阁汛进行审讯。周局长有不在场证据，而且身体不适，故在周宗虞的担保之下，候审于家中。③ 王局长因曾与普兴发等人见面，有涉案嫌疑，故被关押在对汛所的临时牢房里。随着案件审理的进一步深入，普兴发等人确系被王局长指派无疑。尽管报案人希望将这几个案犯就地正法，④ 但是根据当时的对汛管理法规，对汛汛长没有司法权，所有案件的

---

① 麻栗坡特别区对汛督办公署档案，卷宗号9，第1册，第5本，第20~23页。
② 麻栗坡特别区对汛督办公署档案，卷宗号9，第1册，第5本，第23~26页。
③ 麻栗坡特别区对汛督办公署档案，卷宗号9，第1册，第5本，第31页。
④ 麻栗坡特别区对汛督办公署档案，卷宗号9，第1册，第5本，第37页。

终审与定罪必须由对汛督办公署主持。因此,玉皇阁对汛汛长发文请示麻栗坡对汛督办,将普兴发等犯押往对汛督办公署受审定罪。

正当玉皇阁汛长认为很快可以结案之时,对汛督办却以路途遥远、当时匪徒活动猖獗,唯恐犯人被截为由,下令将犯人暂时关押。如此一来,只好将普兴发等人关押在茅坪对汛的牢房中,等待治安稳定后才能押解到督办署进行审讯。但是,作为都龙街上有权势的人,王局长不甘牢狱之灾,因此千方百计越狱逃脱。①

最终,通过贿赂两位狱吏,普兴发等四人得以逃脱。然而,其中一名狱吏文柏彬被抓,供出了普兴发等人的下落。汛长随即派了五名汛兵前去捉拿其归案。但是普兴发等人亦受过一定的训练,与汛兵展开周旋,最终普兴发中弹被擒,魏三和余应坤则跟随胡宝华从茅坪出界逃往越南,不知所终。这件看似情节较为简单的地方刑事案件,因魏三、余应坤二人逃往越南无疾而终。②

事情发展到这个地步,超出了汛长的预料。原本案件审讯非常顺利,但是遭遇这样的劫难,使得事情复杂化了。由于中法双方曾于1909年签订《中越交界禁匪章程》,其中规定:"法国官员如查知有中国叛匪在越境成股,即当随时实力解散。如有前项情事,由中国官员查出,一经知会法汛,或由领事转达越督,亦当照办。"③ 因此,理论上讲,汛长可以请越南那边的法国对汛官协助抓捕要犯,但是在当时举目皆匪的情况下,两方会同追捕只能停留在设想上。是故,案件只能是抓到普兴发和王局长为最终的结局,而逃往越南的另外三人则一直杳无音信。

三 亦兵亦匪: 案件背后的国家、边民与地方社会

民国时期,中越边境上的杀人放火案件层出不穷,富宁县田蓬镇就有部分寨子被"苗匪"烧杀掉的案例。④ 因此,对比于当时边境地区其他案件,从涉案人员与伤亡人数上看,本案并不算非常大的案件。不过由于涉及地方公务员,案件就颇值得玩味。

在普兴发的供词中,他说了一句王局长交代的话:"总要同赵区长犯对。"这句话隐含的意思是,同为地方"行政人员",王局长和文中提及的赵区长是水火不容的。在当局长之前,王兴汉只是当地的一个豪绅,并没有什么头衔。但是龙云主政云南后,逐渐改革盐政,允许地方上的人承包盐务缉私,条件之一就是要有一定的实力能组织起人马。

所以,普兴发在供词中便交代他之前在都龙街是帮范家打工的,1935年王局长承包盐务之后,才到局里当差。也就是说,从一个普通人转变为类似国家"公务员"的角色,只是地方盐务制度的变化促成的。

而同为都龙街有势力的人,王兴汉通过盐务缉私拥有了新的身份,他与赵区长之间的争斗也有了盐务缉私这样的正当名义。所以,正如前面所述,普排长尽管热情招待了普兴发等人,可是最终成为王兴汉与赵区长利益争斗的牺牲品。

因为王局长当时的"妙计"是,尽管抓不到赵区长贩私盐的人,但是普排长是行政系统下的(普文贵妻子的供词中说,普兴发等人抢去了普排长收缴上来的烟罚金,也就是说,普排长并非普通村民,

---

① 麻栗坡特别区对汛督办公署档案,卷宗号9,第1册,第5本,第31页。
② 麻栗坡特别区对汛督办公署档案,卷宗号9,第1册,第5本,第12~13页。
③ 王铁崖主编《中外旧约章汇编》(第二册),生活·读书·新知三联书店1957年版,第558页。
④ 笔者于2013年7月21日在富宁县田蓬镇田蓬村的调查。

而是有一定"公务"身份的人），他只要派普兴发等人杀掉普排长，就有可能诱出赵区长派人来支援，这样他们就可以趁机偷袭赵区长的人，抢得一些枪支等，以壮大自身势力。只是人算不如天算，赵区长并未参与到此事之中，而无辜的普排长则含冤九泉。

尽管本案看似一个普通的杀人抢劫案件，但是背后却呈现了诸多的社会实态，让我们得以重新反思当时的边民社会是何种情状。首先，社会治安与族群关系纠葛。普兴发等人在供词中多处提到的大马郎"侬亲"即是对汛督办眼中的"侬匪"。根据民国《马关县志》所载，马关自明清以来一直是侬人、苗人占多数的地区，汉人是明清以后才逐渐迁入的，是马关县的少数人群。[①] 中法战争之后，大量的武器流入民间，边地上的"侬人""苗人"借此机会拥有了大量武装，形成一股股影响地方的武装力量。

其次，龙云主政时期的盐务管理为边地社会的权力生态注入了更多的不确定性。麻栗坡对汛督办公署作为掌管地方军事、司法、行政的重要机构，其在管理边地社会上具有重要意义。但是，随着盐务机构的设立，对汛督办及盐务局都直接隶属于省政府，这种平行的权力关系，为边地不确定力量留下了发挥的余地。而边地私盐缉私所采取的"承包制"则让地方上有实力的人得以很快进入国家权力系统的同时，也将个人的利益诉求放置其中。

从此角度看，本文所揭示的杀人抢劫案件，并非一般意义上的刑事案件，而是与地方土地买卖及个人恩怨有极大关联。如前所述，普兴发等人名义上是去缉私盐，但是实际上还是王局长的爪牙。王局长派他们去普文贵家的一个重要目的是从他手上拿一块地，但是遭到了拒绝，后来才造成惨剧。这种地方利益纷争与盐务局丁之身份纠葛在一起，让我们看到了国家权力下渗过程中，其在地化所产生的影响。地方势力之间的争斗，披上了缉私等名义的合法外衣，促使地方势力此消彼长，更加复杂化。

尽管中国与越南之间在中法越南勘界之后界线日益清晰，彼此之间的人员管控也比任何时代都要严格，但是清末以后一直实行的"长行准单制"（类似于当下实行的边民管理制度）却为边民的自由流动提供了制度基础。

在相安无事之时，这一制度为边地人群的通婚、贸易、劳动力流动等提供了便利。但是随着中越边境地区治安状况的每况愈下，这种相对松散的管理制度则成为两国非法势力流动的推手。严格的外交司法管理与松散的边民流动管理构成了一种松散的空间尺度，为不稳定势力的流动提供了客观空间基础。

此次杀人抢劫案件不仅是地方社会治安"失序"的写照，同时更是边民社会所要面临的政治实践之展现。这种"无序"性所折射出来的不仅是边地社会管理的难题，同时也反映了民国时期行政效率与国家意识存在的诸多问题。

从以上案件分析看，我们不难发现，一个普通的民事案件，个中却暗含玄机。在前文所述的相关研究中，大多数研究者更多的是根据各类条文法规及方志文献来梳理麻栗坡、河口对汛督办公署所辖地方的制度建设与社会情势。虽然部分研究者意识到了条文与现实社会之间的距离与张力，但是在研究过程中还是不自觉地将条文等同为社会事实。

四 结语

上述根据对汛档案所整理的案件表明，对于民国时期中越边境地区的研究，不仅需要对制度的演

---

① 张自明修，王富臣等纂《马关县志》卷四《风俗志》，民国二十一年（1932 年）。

变进行梳理，也要结合具体的地理与社会环境进行整体性分析。本文提及的都龙一带，与越南接壤，以山地为主，地形极为复杂。这是历史和现实中中越两国边民得以在边界管理制度之外进行流动的重要空间基础。

清末设立的对汛制度，既是清代关防体系的一种延续，也是国家整体转型过程中的一种制度创设。中越边境地区滇越段的河口、麻栗坡两对汛督办区兼具"边防"与"边政"两大功能，既为边民的各种"合法"与"非法"活动提供了制度基础，同时又为边地人群的相互关系赋予了国家色彩。由此观之，对汛制度、盐务制度和地方司法制度相互纠葛，使得原本只是边地普通居民的边民拥有了各种不同的身份。认识身份的多元性，也促使我们在重新梳理案件过程之时，得以窥及地方社会运作的基本"事理"。

在此意义而言，本文依据本案所揭示的问题，认为我们需要两方面的修正。一方面，对于历史文献的梳理，既要考虑信息的完整性，更需要围绕社会事实本身来进行综合分析，探寻社会历史所揭示的边地社会之"结构过程"。另一方面，关于边界管理的问题。一般学界都认为中国向"民族国家"转型过程中的边界管理是一种精确化的管理，其肇始之一便是中法战后的勘界及对汛设置。但从本文提供的材料看，民国时期，尽管中国与越南之间的界线已经日趋清晰，两国间的边界管理也趋于规范，但是在具体的操作过程中，因大量边民的存在，边民之间的相互往来一直因应着国家间的相互关系而发生不断的变化。以国家力量为主导的制度性结构与以民间力量为主导的流动性实践之间构成边地社会的一组动态机制。这种动态机制在两国边界安靖时期是一个利于双方的外在基础，但是在两国都无力管控地方武装力量之时，却成为不确定性因素得以长存的基础。

至此，我们可以看出，民族国家构建过程中的边疆转型不仅是一种国家行为，也是一种边地政治实践。倘若以边民作为观察的主体，我们很自然就发现国家力量仅是影响边民社会的一个要素而已。从地区整体发展脉络而言，边地人群的亲属网络、社会网络是边地社会的重要纽带。[①] 国家的制度建设与地方的社会网络之间往往是一个相互同构的关系。

尽管历史的车轮发展到现代，我们依然能够看到这种同构关系深刻影响边地人群的生计选择与流动方向。由此言之，在整体史的观照下，边地社会在历史上折射的种种"乱象"，其实是地方社会与国家互动抑或同构的一个自然结果。坚持边民社会的主体性而非单纯的国家主义视角，方能探知边民社会发展的内在机理，从而有同情之观察与理解。

"Bandits" as well as "Soldiers": Anti – smuggling of Salt Affairs and Border Civil Society in Yunnan – Vietnam Borderland during the Republic of China

Qin Yanjia，Liu Qiuyan

Abstract：The *Duixun* system implemented after the Sino – French border demarcation in Vietnam is not

---

① 覃延佳、田丽娟：《中越边境苗族"难民"的跨国流动及其社会关系重构——以云南马关县金厂村为例》，《云南师范大学学报》（哲学社会科学版）2018 年第 2 期。

only the basis of social management in the Sino – Vietnamese border areas, but also provides a new physical space and institutional space for the social identity transformation of the frontier residents. The murder and robbery case in *Dulong* District of *Maguan* County during the Republic of China seems to be a local criminal case, but it is the result of power struggle between local gentry and local chief executive. In this process, the local implementation of the salt anti – smuggling system facilitated the transformation of social identity of border residents. The society didn't become more "orderly" because of the establishment of many institutions, but become more complex because of the diverse social initiative of the frontier residents.

Keywords: Salt Smuggling; Frontier Residents; Borderland Order

《西南边疆民族研究》 第 28 辑

第 149~159 页

© SSAP，2019

抗战时期国民政府对云南边疆治理的政治措施述论[*]

——基于档案史料的解读

张志东[**]

摘　要　云南地处西南边疆，具有丰富的民族多样性和文化多元性，抗日战争时期，如何有效治理边疆、开发边疆、支援抗战、确保边疆稳定，成为南京国民政府和云南省地方政府的重要议题。当时政府也采取了调整行政区划、划设边区、选拔边官、加强边防、绥靖扶民等一系列政治措施，为云南边疆政治稳定、经济发展、文化繁荣、民族和谐奠定了基础。

关键词　云南；国民政府；抗日战争；边疆治理

DOI：10.13835/b.eayn.28.16

民国时期，云南东与贵州、广西连界，南与法属安南（今越南）接壤，西、西南与英属缅甸毗邻，北界四川，西北与西康相连。"可以说，全省过半数的沿边之地，皆为国防交界地，在这些地面中，界址的纠纷、国防的建设，以致因边民之复杂而引起之外交事件，皆为内地所不经见，这可说是地理位置所造成之边疆特殊性。"[①] 如何抵御外侮，维护边疆民族团结和稳定，保卫领土完整，保障抗战胜利，成为国民当局的首要问题。然"夫政治为百务之动力，政令不行，则凡百建树均无从推动。故本人认为欲建设边疆，首需建全边地政治"。[②] 云南省档案馆保存了国民政府在抗日战争期间治理云南边疆的大量档案资料，笔者在对相关档案进行梳理、对相关史料进行查阅的基础上，以期述论这一时期国民政府和云南地方政府对云南边疆治理采取的政治措施。

一　治理措施出台的背景分析

（一）抵抗侵略，建设后方

1931 年 9 月，日本帝国主义在我国东北发动"九一八"事变，开始了侵华战争，霸占中国东北三

---

* 本文系 2017 年度教育部人文社会科学研究项目"文化遗产视野下西部少数民族口述档案资源建设研究"（17XJC870003）的阶段性成果。

** 张志东，档案学博士，云南大学教务处助理研究员。

① 云南边疆行政设计委员会：《边疆行政人员手册》，载林文勋《民国时期云南省边疆开发方案汇编》，云南人民出版社 2013 年版，第 9 页。

② 云南边疆行政设计委员会：《边疆行政人员手册》，载林文勋《民国时期云南省边疆开发方案汇编》，云南人民出版社 2013 年版，第 9 页。

省。1937 年 7 月 7 日 "卢沟桥事变",掀开了日军全面侵华的序幕,随着日军的不断侵略,中国大量领土失守,中国人民浴血奋战,救亡图存,然 "如欲抗战,需要拓展并建设后方,建立依托,故开发西南、西北地区刻不容缓"。[①] 云南凭借优越的地理环境成为抗战后方后,需要进一步加强治理,为抗战营造良好的政治和经济环境,在人力上提供兵源,在物力上保证军需物资,确保抗战交通补给线的畅通。1941 年太平洋战争爆发,日本大举入侵东南亚各国,先后占领越南、泰国、缅甸,对中国形成合围之势,云南地区又由抗战的后方变为抗日的前线,此时对云南边疆的开发已关系到全国的存亡。

(二) 边疆危机,边民逃离

云南边疆多为民族地区,社会经济发展相对滞后,地理环境复杂,交通不便,但 "五金矿产,甲于腹地",[②] 这引起英法帝国主义觊觎的野心。1934 年,英国利用 "我国难方殷,无力经营边地之际,竟有以武力侵入班洪开矿之举",[③] 公然武装侵占矿区,制造了有名的 "班洪事件",对中缅南段未定界地区加紧资源掠夺并侵占我国边境领土。然 "彼帝国主义者时存侵略野心,每以边民无知,任意诱惑,于是边地人心不免犹豫,加以彼方物质建设日有增益,我则毫无推进,好在夷性简单,偶有被诱惑,移椿逃籍之举"。[④] 英国通过诱惑和唆使居住在中缅边境的部分少数民族逃离边境,进入缅甸。面对边疆危机,社会各界人士纷纷呼吁,要求国民政府重视边疆问题、巩固国防、解决界务,否则 "诚恐为片马、江心坡之续,而渐及于腹地各区"。[⑤]

(三) 区划改制,统一政治

1927 年蒋介石建立了南京国民政府,从形式上统一了全国,但由于地方各级行政区划混乱,影响着国民政府对全国的统一治理,为加强对县级行政组织体系的管理,实现中央权力下沉,进而达到统一全国政治的目标,南京国民政府着手进行全国行政区划改制,在地方行政区划中,实行省、县两级制,并建立相应的行政管理体制。与此同时,由于云南边疆民族地区改土归流不彻底,土司势力依然在边疆政治格局中占有主导地位,迫使国民政府在边疆民族地区采取不同的区划方式,以应对深刻的边疆危机,提升边疆治理能力。

(四) 生产落后,土司纷争

云南边疆地区地理环境差,"荒烟蔓草,茅莱荆棘,山蹊小径,举足难行,行旅运输,依然骡马"。[⑥] 各少数民族生产力水平和文化教育水平低下,社会经济形态落后,"摆夷(傣族)虽为有文字之人种,就一般而言,其文化程度,与其他边民,实属相去无几"。[⑦] 广大农奴除为土司提供繁重的无偿劳役和充当土兵外,还要向土司缴纳或进贡各种物品。土司之间或土司家族内部因利益冲突,流血事件层出不穷,致使边地社会动荡不安、生灵涂炭、民不聊生,人民生活于水火之中。国民政府为维护边疆社会稳定,提高边民的文化水平,谋取民族融合,需要采取各种行之有效的宣抚政策,"我政府若不未雨绸缪,速谋所以抚而教养之法,必临渴而掘井,则事机一失将一溃而不可收拾矣"。[⑧]

---

① 赵心愚、秦和平:《康区藏族社会历史调查资料辑要》,四川民族出版社 2004 年版,第 2~3 页。
② 内政部年鉴编辑委员会:《内政年鉴》第 1 册,商务印书馆 1936 年版。
③ 段世琳:《班洪抗英纪实》,云南民族出版社 1998 年版。
④ 《云南省政府为抄发沿边开发事业计划方案训令民政厅》(1934 年 12 月 29 日),载云南省档案馆《民国时期西南边疆档案资料汇编》第一卷,社会科学文献出版社 2014 年版,第 97 页。
⑤ 内政部年鉴编辑委员会:《内政年鉴》第 1 册,商务印书馆 1936 年版。
⑥ 云南省立昆华民众教育馆:《边务说略》,载云南省档案馆《云南边地问题研究》下卷,黑龙江教育出版社 2013 年版,第 424 页。
⑦ 云南省立昆华民众教育馆:《边务说略》,载云南省档案馆《云南边地问题研究》下卷,黑龙江教育出版社 2013 年版,第 440 页。
⑧ 刘介:《关于宣抚苗倮各族提案》(1940 年 1 月),云南省档案馆藏:1011 全宗 12 卷,第 111~116 页。

二 治理措施主要内容

（一）调整行政区划，加强边疆管理

1. 设立设治局

1928 年，南京国民政府颁布《县组织法》，要求全国实行省、县二级制度。但为了适应边疆民族地区特殊的政治环境，推进政治行政一体化改革进程，1932 年南京国民政府颁布了《设治局组织条例》（以下简称《条例》）。云南省政府根据《条例》第二条中"各省尚未设置县治地方，得依本条例之规定，暂置设治局，至相当时期，改设县治"[①] 的规定，在省内改土归流地区和设立县治条件还不成熟的地区设立设治局，行使县级政府的管理权力。"（民国）二十一年（1932 年）三月，复遵奉中央明令将原有之宁江、梁河、盈江、莲山、陇川、瑞丽、潞西、泸水、德钦、福贡（康乐）、碧江（知子罗）、贡山、龙武、宁蒗、沧源等十五行政委员概改设治局，以符通制。"[②]

设治局作为一个行政机构，不论在废置以及区域划分，还是在机构设置、管理职能等方面，均与县级政府相差无几，并经历了一个逐步完善的过程。1932 年，云南省政府依据《条例》第二条"设治局之废置及其区域之划分，应由省政府拟具图说咨请内政部呈由行政院转请国民政府核准公布"[③] 之规定，开始规划各设治局的区域面积、人口、财赋等事项。设治局"设主任一员，佐理员四员，因设治局概属边区，政务较简，故其组织亦较县政府为单纯也"。[④] 1940 年，云南省政府颁布《云南省县各级组织纲要实施计划》，规定在设治局内设二股，由局长统率。第一股办理设治局自治、保甲、兵役、社训、选举、禁烟、积谷、救济、收发文件、编查档件、庶务等事务。第二股则办理原属建设局主办事项及工商业度量衡有关建设事项。[⑤] 云南省政府同时下发《县、设治局会计组织暂行规程》，规定各设治局设立会计室，由省财政厅直接委派会计人员负责办理会计、岁计事务。[⑥] 1944 年，云南省政府发布《省政府民叁字第六七号令》，再次对省内各县和设治局行政机关进行改革，将原设四局合并入县府及局（设置局）署，设立对应之各科（股），各科（股）科长（股长）及下属人员，归县长、设治局局长统管。[⑦] 1943～1945 年，云南省政府制定《云南省设治局组织规程》，设治局一律分设三科，分管全设治局之行政、财政、教育建设事项。[⑧]

设置局的建立在一定程度上推进了政治一体化进程，流官通过设治局顺利进入边疆民族地区，一定程度上弱化了土官势力，促进了边疆民族地区社会和经济结构的变革。

2. 设立殖边督办

1929 年，云南省政府依照国民政府废除道制的通令，实行省、县二级制，但由于云南与法属越南

---

① 中国第二历史档案馆：《国民党政府政治制度档案史料选编》，安徽教育出版社 1994 年版，第 535 页。
② 龙云：《云南省行政纪实》，云南财政厅印刷局民国三十二年（1943 年）铅印本，第 1 编"民政建制 殖边"，第 4 页。因与甘肃省康乐设治局同名，怒江地区康乐设治局于民国二十四年（1935 年）更名福贡设治局，经云南省政府第 208 次例会通过，将知子罗设治局改名为碧江设治局，呈报内政部。内政部以民字第 543 号专文批复，批准从民国二十一年（1932 年）5 月 24 日起，将知子罗改为碧江。
③ 中国第二历史档案馆：《国民党政府政治制度档案史料选编》，安徽教育出版社 1994 年版，第 535 页。
④ 龙云：《云南省行政纪实》，云南财政厅印刷局民国三十二年（1943 年）铅印本，第 1 编"民政提要"，第 1 页。
⑤ 《云南省县各级组织纲要实施计划》，云南省档案馆藏：全宗 51，卷号 4，目录号 751。
⑥ 《县、设治局会计组织暂行规程》，云南省档案馆藏：全宗 51，卷号 4，目录号 751。
⑦ 《省政府民叁字第六七号令》，云南省档案馆藏：全宗 11，卷号 12，目录号 362。
⑧ 参阅《云南省设治局组织规程》，载中国第二历史档案馆《国民党政府政治制度档案史料选编》，安徽教育出版社 1994 年版，第 535 页。

接壤，西、西南与英属缅甸毗邻，英法帝国主义不断对云南边疆地区进行侵略活动，加之土流并立的特殊局面，政府对边疆管理薄弱等问题，如果直接废除道这一级边疆管理机关，省政府距边疆遥远，指挥联络不便，而县政府级别低、权力小，无力承担边务管理职责，将导致边疆管理更加恶化。"前此道尹未裁废以前，关于边务事项系责由各该道尹兼理，……兹道尹既经遵照通制明令裁废，势不能不特设殖边机关，专司其事，以固边防，而杜侵蚀。"① 故 1929 年云南省政府决定在原普洱、腾越两道地区特设第一、第二殖边督办来衔接原道制所负责的边疆管理职责，并责成省民政厅拟定《云南殖边督办公署暂行章程》，两个殖边督办 1930 年报国民政府批准成立，直至 1938 年才被撤销。

第一殖边督办公署驻腾冲，管辖区域为："腾冲、中甸、龙陵、维西、兰坪、镇康、丽江、剑川、云龙、保山、永平、顺宁等十二县；德钦、贡山、福贡、碧江、泸水、盈江、莲山、陇川、潞西、瑞丽十设治局。"② 自成立起，督办一职一直由李曰垓担任。第二殖边督办公署驻宁洱（普洱），管辖区域为："宁洱、思茅、景谷、景东、缅宁、双江、澜沧、车里、南峤、佛海、镇越、六顺、江城等十三县；宁江、猛丁两设治局。"③ 1930～1934 年，督办一职由禄国藩担任；1934～1937 年，督办一职由杨益谦担任，1937 年直至裁撤由杨荫南担任。"各署内部组织分为三科：第一科职掌防守、治安、交通及不属于别科等之事项；第二科职掌界务、实边等之事项；第三科职掌文化、教育、实业、慈善、卫生及考核等之事项。"④ 根据《云南殖边督办公署暂行章程》规定，"殖边督办公署直隶于省政府"，⑤以"办理该管区内国防、外交、实边及文化教育等事，以资抚导边氓"⑥ 为工作职责，但是"殖边督办所辖各县局，仅关于殖边事务，得命令指挥之，其行政事项仍由省政府各主管厅监督"。⑦由此可知，各县、设置局与殖边督办并没有严格的行政隶属关系，殖边督办设置的主要目的是管理沿边各县局的边务，是云南推行省县二级制中特有的中间行政组织。

殖边督办在加强边防、巩固边疆、捍卫国家主权、维护边疆稳定等方面都起到了重要作用，如 1934 年，"班洪事件"爆发后，第二殖边督办杨益谦闻讯立即派官员赶到班洪，召集各部落首领会议，共同抵抗侵略，捍卫了国家主权和领土完整。

（二）划设边疆区域，有效开发边区

"边区"顾名思义是边远区域，民国时期将边疆地区和少数民族聚集区称为边区。国民时期云南省政府为便于对边疆进行针对性管理和开发，依照地势、交通、物产、民族、社会等因素划设不同边区。

1940 年 8 月，云南省侨胞垦殖委员会提出了《开发边地方案》⑧，将云南边地划分为三大区域。第一，思普沿边区。北起思茅，南至镇越（今勐腊），东自江城，西至佛海（今勐海），东西长约 250 公里，面积约 5.5 万平方公里，人口总数 26.5 万余人。主要包括思茅县（今普洱市思茅区）、镇越县（今勐腊县）、江城县、车里县（今景洪市）、佛海县（今勐海县）、南峤县（今勐海县勐遮镇）、宁江设置局（今勐海县勐阿镇和勐往乡）。物产有盐、棉、茶、樟脑、紫梗等。第二，沧顺沿边区。南起

---

① 云南省志编纂委员会办公室编《续云南通志长编》上册，云南省志编纂委员会办公室 1985 年版，第 114 页。
② 内政部年鉴编辑委员会：《内政年鉴》第 1 册，商务印书馆 1936 年版，第 214 页。
③ 内政部年鉴编辑委员会：《内政年鉴》第 1 册，商务印书馆 1936 年版，第 214 页。
④ 《册表·云南殖边督办署组织调查表（1934 年造报）》，《云南民政月刊》1935 年 13 期，第 28 页。
⑤ 《册表·云南殖边督办署组织调查表（1934 年造报）》，《云南民政月刊》1935 年 13 期，第 28 页。
⑥ 《册表·云南殖边督办署组织调查表（1934 年造报）》，《云南民政月刊》1935 年 13 期，第 28 页。
⑦ 内政部年鉴编辑委员会：《内政年鉴》第 1 册，商务印书馆 1936 年版，第 214 页。
⑧ 云南省侨胞垦殖委员会：《开发边地方案》（1940 年 8 月 3 日），云南省档案馆藏：1011 全宗卷 583 卷，第 40～50 页。

澜沧，东至澜沧江边，西至孟定，东西长约 150 公里，南北长约 220 公里，面积约 4 万平方公里，人口 37 万余人。物产以铅、银矿为主。包括澜沧县、双江县、镇康县、云县、顺宁县（今凤庆县）、耿马设置局（今耿马县）、沧源设置局（今沧源县）。第三，腾龙沿边区。北起盏连（今盈江县平原镇），南至潞西，东至怒江边，西至瑞丽，东西长约 120 公里，南北长约 150 公里，面积约 2.5 万平方公里，人口 12.5 万余人。滇缅公路由此通过。矿产有银、铅、钨、锑、铜、铁等。包括保山县（今保山市）、龙陵县、潞江设置局（今潞江县）、瑞丽设置局（今瑞丽市）、陇川设置局（今陇川县）、梁河设置局（今梁河县）、盈江设置局（今盈江县）、莲山县设置局（今盈江县平原镇）。

1944 年 9 月，云南省边疆行政设计委员会在对云南边疆民族地区进行了充分调研的基础上，将云南省边疆地区的 38 个县（或设置局）划分为五大边区。第一，思普边区，包括车里、佛海、江城、六顺（今普洱市思茅区六顺乡）、镇越、南峤、思茅（茅区）、宁洱、景谷、宁江十县（或设置局）。第二，缅宁边区，包括耿马、缅宁（今临沧市临翔区）、澜沧、镇康、双江、沧源、昌宁七县（或设置局）。第三，大小凉山边区，包括丽江、兰坪、鹤庆、永胜和宁蒗五县（或设置局）。第四，中维德边区，包括中甸、维西、德钦、福贡、贡山、华坪六个县。第五，腾龙边区，包括保山、腾冲、龙陵、瑞丽、梁河、陇川、盈江、莲山（今盈江县平原镇）、泸水、潞西十县（或设置局）。[①]

通过划设边区，分析各边区特点，采取健全政治机构、建设交通设施、组织企业公司、改良现有实业等不同的开发措施，能有效地开发边疆，促进边疆发展。

（三）完善边务机构，测量勘察边界

1. 完善对汛督办

1896 年中法两国签订《中越边界会巡章程》，双方议定在中越边界线的滇越段、桂越段和粤越段过境通道之处，各自设立一个便于联系的汛所，由于双方汛所两两对应而设，因此称为"对汛"，是中越边境所特有的军事外交机构，设立的最初目的是加强边境统治，巡查边界，弹压"匪类"，管理边民。抗日战争时期，云南省政府对对汛的组织机构、编制和职责进行了一系列改革。

1932 年 8 月，麻栗坡对汛督办陈钟书等各界人士，以"边区经界不正，政令纷歧"[②] 为由，报请云南省政府对河口和麻栗坡的对汛区进行重新规划。省政府明令民政厅拟定改革办法，1933 年 2 月民政厅委派叶桐等官员前往河口、麻栗坡各汛区，开展对汛区政治、经济、军事、教育、民族、交通等各种情况的勘查工作，至 7 月完成了此项勘查工作，形成了详细的勘查报告。1934 年 4 月，民政厅拟定《改订云南省河、麻两对汛督办及所属对汛组织暨办事暂行章程》（以下简称《章程》）上报省政府，同年 5 月云南省政府决议，按照民政厅所拟定的《章程》公布施行，主要内容有：河口、麻栗坡对汛督办直属省政府；河口对汛督办下辖坝洒（今河口县河口镇坝洒村）、那发（今金平县金水河镇那发口岸）、老卡（今河口县桥头乡下湾子村老卡口岸）、新店（今河口县桥头乡新店村）四对汛和龙膊（今金平县猛桥乡卡房村龙膊河）一分汛，麻栗坡对汛督办下辖董干（今麻栗坡县董干镇董干村）、田蓬（今富宁县田蓬镇田蓬村）、攀枝花（今麻栗坡县八布乡攀枝花村）、天保（今麻栗坡县天保镇天保村）、茅坪（今麻栗坡县天保镇茅坪村）、玉皇阁（今马关县都龙镇）六对汛；对对汛督办的人员编制、选配要求和办法进行了明确规定；明确督办职权，即履行中法对汛章程，办理缉私事项、辖境内的华洋诉讼事项，办理地方自治、教育、财政、建设、实业、卫生、司法、垦殖、抚绥边民等一切行

---

① 戴沐群：《云南沿边各县土民分布今昔比较研究》（1944 年 9 月），云南省档案馆藏：1011 全宗 15 卷，第 9 页。

② 《有关河口麻栗坡对汛区区划》，云南省档案馆藏：全宗号 11，目录号 12，卷号 13。

政事项。①

对汛由最初的军事外交机构发展到具有管理对汛区域的行政权与司法权的机构，为巩固国防，经营边疆，建设边地，推动边地政治、经济、文化等方面的全面发展做出了重大贡献。

2. 勘察界务

1934 年，英国侵占佤族班洪和班佬等部落地区的银矿，激起佤族人民的愤怒。阿佤山 17 个佤族部落首领联名发表的《告祖国同胞书》及《致中英会勘滇缅南段界务委员会主席书》中，明确表示了佤族人民为了保卫祖国领土宁可血流成河的态度，引起全国的强烈反映，并呼吁国民政府重视界务问题。为此，1934 年，国民政府外交部特派调查专员周光倬对滇缅南端未定界地区开展调查，他到了滇西的班洪、孟定、猛角、猛董、澜沧等地进行长达半年多的实地考察，著有《滇缅南端未定界调查报告》。1935 年，中英决定会勘滇缅南端未定界，成立了中英会勘滇缅南端界务委员会，国民政府外交部任命梁宇皋为中国主任委员，尹明德为中国委员，他们参与逐段测量和勘察，会勘至次年 4 月结束，梁宇皋著有《为招募海外侨胞资金垦殖云南边地意见及计划书》和《解决滇缅界务悬案暨改进滇西边政方略》，尹明德著有《滇缅南界勘察记》和《滇缅界务北段调查报告及善后意见并附图表》。

周光倬、尹明德、梁宇皋等人对滇缅南段、北段边界的实地勘察，掌握了第一手的资料，纠正了原来中英会勘条约线的多处失误，为日后中缅边界的划定工作奠定了坚实的基础。

（四）创设研究机构，开展边疆研究

1. 组建云南苗夷民族问题研究会

"本省苗夷民族，种类复杂，欲谋汉夷民族之融合，抗建伟业之完成，必须熟悉情形，对苗夷民族问题详加研讨，始期化导，联络感情，似非一纸具文呈转所能了事，即如政府德威之宣传，抗战建国之重要，教育文化之普及，生活习惯之改良诸端，究应如何方适合苗夷民族区域之推行，而迎合其心理，使之了然，政行无阻，在在均有研讨之必要。"② 于是，云南省民政厅和教育厅联合呈请省政府组建"云南省苗夷民族问题研究会"，聘请专家，专门开展对边疆政治、经济的调查研究工作，制定相关政策。

2. 成立云南省边疆行政设计委员会

1943 年 10 月，云南省按照国民党中央《边疆施政纲要》"设置边政研究机构，敦聘专家，搜集资料，研究计划边疆建设问题，以贡献政府参考"③ 的要求，成立"边政行政设计委员会"。在给国民政府内政部的呈文中详细说明了成立的原因和目的："惜政府向以人事所限，未能开发利用，小之足以影响本省政治经济文化之向上发展，大之足以妨碍国家民族之团结统一，……本省近年来虽曾多致力于开边化民，然无统筹机构及具体方案，收效殊鲜。为促进边疆之开化，俾得早与内地均齐发展，暨巩固国防起见，因根据需要，于厅内成立'边疆行政设计委员会'。网罗专门人才，根据边地实况，拟定具体方案，作为推行边地行政之张本。并培养边疆工作干部，以供政府开疆殖边之助。"④ 边疆行政设计委员会隶属于云南省民政厅，"设专任委员五人，设兼任委员二人至四人，设主任委员一人，设顾

---

① 《改订云南省河、麻两对汛督办及所属对汛组织暨办事暂行章程》，参见《云南民政月刊》1934 年第 5 期，第 10 页。

② 《云南省民政厅叁三字第 4733 号咨文》（1940 年 5 月），云南省档案馆藏：1011 全宗 12 卷，第 122～123 页。

③ 《中国边政学会成立》，《边政公论》1941 年第 3、4 期合刊。

④ 《云南省民政厅边字第 2308 号呈文》（1943 年 9 月 27 日），云南省档案馆藏：1106 全宗 646 卷，第 81～82 页。

问若干人，设干事若干人"。① 1943 年云南省民政厅厅长陆崇仁聘请我国著名民族学家、历史学家江应樑先生为主任委员，又先后聘任杨可成、陈竹鸣、刘仲升、安石生等为顾问，朱兆、张涤清、曹子英、何中极、陆烈武等为委员。② 1943 ~ 1945 年，江应樑先生主持边疆行政设计委员会的工作，主要包括边疆调查、边疆研究、边疆设计和边疆行政，在调查研究基础上，"为促进边地建设，改善边疆行政计划，编印边疆行政丛书，以供边疆从政人员，遵照实践或研究参考"，③ 先后编写并出版了《思普沿边开发方案》《大小凉山开发方案》《腾龙边区开发方案》等边疆开发方案。

云南苗夷民族问题研究会和云南省边疆行政设计委员会等民族研究机构，专门负责对边疆民族地区经济、文化、地理、社会、政治进行研究，起草调研报告和开发方案，为政府决策提供参考，如由江应樑编著的《边疆行政人员手册》用大量篇幅论述了革新边疆行政的基本原则，这些观点对于现在我们治理边疆民族地区仍有参考价值。

（五）建立政府威信，选拔培养边官

云南沿边地区自然条件差，烟瘴恶劣，多数内地官员身体无法适应，外有英法强邦咄咄逼人，内有各种教会势力的文化侵略，加之土司势力对边民进行欺压，行政官吏良莠不齐、欺上压下、贪取私利，为了保障开发边疆与开化边民工作的顺利进行，国民政府意识到唯有慎选官吏、重新建立政府威信才能解决。

1. 慎选边官

《云南沿边开发事业计划方案》规定："边官应当以具有下列资格之人：能耐烟瘴劳苦繁剧者；熟悉边情能体上意者；具有慈爱心坚忍持久性者；有道德心无贪婪暴戾气者；久于政治军事有经验者；存心做好官，为民谋利益作保障者。"④ 对于具备上述条件的边官进行日常办事能力和经验的考察，予以试用，同时通过对边民取得的成绩和贪腐边官的反面实例予以激励和劝诫。

2. 培养边疆人才

将边民中优秀分子及对边地工作有兴趣和勇气者，送到党务干部训练班、行政人员养成厅、师资训练所等场所进行培训，进行边地工作知识和能力教育，毕业后，派赴各地工作，培养边地党务、政治、教育人才。⑤

3. 起用优秀土司头目

对于土司中的优秀分子，可由当地官员推荐，参与行政事务。"旧时土司、头目，在边地势力甚大，其中不无优秀分子，当由各该边地行政长官，择尤（优）推荐，委以地方政务。"⑥

4. 提高待遇

（1）增加沿边官员俸禄

实施"待遇应较内地为高，尤其技术专业人才，不应以资历限制其报酬；年资晋级，边地工作一

---

① 《云南省民政厅边疆行政设计委员会组织规程》（1943 年 9 月），云南省档案馆藏：1106 全宗 646 卷，第 83 ~ 84 页。
② 马玉华：《云南省边疆行政设计委员会述论》，《云南师范大学学报》（哲学社会科学版）2005 年第 11 期。
③ 《云南省民政厅边疆行政设计委员会民国 33 年度全年工作报告》（1945 年 1 月），云南省档案馆藏：1011 全宗 916 卷，第 13 ~ 14 页。
④ 《云南省政府为抄发沿边开发事业计划方案训令民政厅》（1934 年 12 月 29 日），载云南省档案馆《民国时期西南边疆档案资料汇编》第一卷，社会科学文献出版社 2014 年版，第 112 页。
⑤ 《云南今后边地党政教设施计划》（1938 年 8 月 18 日），载云南省档案馆《民国时期西南边疆档案资料汇编》第一卷，社会科学文献出版社 2014 年版，第 224 ~ 225 页。
⑥ 《云南今后边地党政教设施计划》（1938 年 8 月 18 日），载云南省档案馆《民国时期西南边疆档案资料汇编》第一卷，社会科学文献出版社 2014 年版，第 224 ~ 225 页。

年可抵内地两年；工作不更动，阶级及俸给可逐年增加"① 等政策。自民国二十年（1931 年）十一月起，车里、佛海、六顺、五福、镇越、江城各县县长增加补助公费三百五十元，合计每月达一千五百元。

（2）给予各种保障和便利

确定养老抚恤制度，规定"每一入边工作者及其眷属之衣食住及生活上之安全，应有合理之供给与保障"，②"边地交通不便，才财两乏，对一切设施，予以各种便利办法补助"。③

对优秀边官的选拔任用，在一定程度上有利于边疆的开发、治理，特别是培养和任用各民族地方人才，不仅提高当地民族的政治权利，而且便于集思广益，提高行政效率，建立政府威信。

（六）废除土司制度，绥靖边疆夷民

1. "缓进"废除土司制度

土司制度是封建遗制，中华民国成立后，人们一直要求废除土司制度。1930 年和 1931 年，国民政府迭饬仍存土司制度各省，切实厉行改土归流，"并于二十年（即 1931 年）8 月间，呈准行政院转呈国民政府，嗣后各省政府如有呈报土司补官袭职之事，不再核准"。④ 但鉴于"边地人民服从土司已成习惯，而近年以来各土司因教育文化之熏陶，知识增进，对于国家思想、政治意识均能了解，咸知服从中枢，拥护政府。偶遇外力之侵凌，尚能率领民众设法抵御，倾心向内，克尽守土之责。在此国防设备薄弱时期，土司即为一般边民所信服，尚须赖其号召团结共御外辱，似难遽为废除……"，"故对于边务之一切措施，不能不就地方特殊情形，因缘为制，以期扶绥边民，倾心内附，然后徐图开发，用以巩固国防"。⑤ 因此，国民政府和云南省政府对云南土司以务实态度，采取了较为切合云南实际的改土归流政策和办法，即"缓进"政策和"设流而不改土"的自然淘汰办法。所谓"缓进"的改土归流政策就是"先从事于审理诉讼、设立学校、振兴实业、筹办警察诸端。使土司地方，渐与内地人民受同等之法治"。⑥ 1934 年云南民政厅厅长丁兆冠饬令《云南省所属各土司地方行政建设三年实施方案》，"责成地方官按年督饬土司举办识字运动，宣传教育，浅议筹设简易识字学塾及国民补习学校，修治道路，种植森林，调查学童数目，筹设初等小学校……"⑦ 以此加强对土司地区的开发。1945 年，云南省第四区专员龙绳武拟文，"土司身后不许子孙承袭，以期陆续淘汰"，⑧ 云南省政府认为"极有见地，准予如呈照办"。⑨ 从此，土司死亡或因案停职后，其子孙不得承袭。但云南土司制度直到新中国成立后的民主改革时才真正结束。

在抗日战争时期这个特殊时段，对土司实施的"缓进"政策，有利于发动和团结各族土司共御外辱，尽守土之责，如傣族土司刀京版、潞西土司线光天等，对抗战均做出了重要贡献。

---

① 云南边疆行政设计委员会：《思普沿边开发方案》，载林文勋《民国时期云南省边疆开发方案汇编》，云南人民出版社 2013 年版，第 113 页。
② 云南边疆行政设计委员会：《思普沿边开发方案》，载林文勋《民国时期云南省边疆开发方案汇编》，云南人民出版社 2013 年版，第 113 页。
③ 《云南今后边地党政教设施计划》（1938 年 8 月 18 日），载云南省档案馆《民国时期西南边疆档案资料汇编》第一卷，社会科学文献出版社 2014 年版，第 228 页。
④ 内政部年鉴编纂委员会：《内政年鉴》（一），商务印书馆 1935 年版，第 251 ~ 260 页。
⑤ 国民云南省民政厅：《边务——土司制度》，载《云南行政纪实》第二编，云南财政厅印刷局 1943 年版。
⑥ 云南省志编纂委员会办公室编《续云南通志长编》上册，云南省志编纂委员会办公室 1985 年版，第 19 页。
⑦ 《云南省所属各土司地方行政建设三年实施方案》（1934 年），云南省档案馆藏：1011 全宗 43 卷，第 29 ~ 32 页。
⑧ 《云南省民政厅叁二字第 477 号呈文》（1945 年 10 月 12 日），云南省档案馆藏：1011 全宗 71 卷，第 9 页。
⑨ 《云南省民政厅叁二字第 477 号呈文》（1945 年 10 月 12 日），云南省档案馆藏：1011 全宗 71 卷，第 39 页。

2. 扶绥靖夷

（1）提高边民人权

举措包括：免去跪拜礼节，"夷民谒见汉官免行跪拜礼（土司亦然）"；[①] 禁止土司以奴仆方式对待边民，应如"宾客来往"；一切设施对于边民与内地人民一视同仁；1938 年 8 月，国民政府规定，"将含有侮辱之名词，一律予以改正，而普通文告及著作品、宣传品等对于边疆同胞之称谓似应以地域为区分"。[②] 1944 年 2 月，边疆行政设计委员会通令各属地方，认真保护边民，无论内地官商，概不得欺压边民，同年 5 月，通令各县（局），不得以"犭""豸"等作为边民名称偏旁，并不得用"蛮""貊"等称边民。[③]

（2）启迪民智

"治夷之法，爰在体察情形，因势利导，一面施以相当教育，启迪智识，一面饬予保留旧有习惯，以安其心"，为启迪民智，加强边地教育，1930 年至 1935 年先后公布实施《云南省政府实施边地教育办法纲要》《云南省政府教育厅实施苗民教育计划》《边地简易师范及小学设学概要》等政策，"截至二十三年度（1934 年），计设学二千五百零二校，学生达一十二万余千人，二十四年度（1935 年）增设至二千七百二十二校，收容学生一十三万八千余十人"。[④] 要求每县设置一位汉夷文字之人，名曰"夷先生"，每天早市登台宣讲，也可以宣讲国家大政、人民常识。

（3）选拔边地青年送省升造

拟订边地学生优待办法和招收办法，根据边民兴趣、成绩，分别送往师资训练所、党务训练班等学习政治、党务、教育等，学成后进行边疆服务。

扶绥靖夷政策体现了国民政府的民族平等原则，提高了边民的文化素质和民族认同感，为边疆社会稳定奠定了基础。

三　治理措施的成效分析

抗日战争时期，南京国民政府和云南地方政府为巩固政权、开发边疆、维护其阶级利益，采取一系列政治措施，符合当时历史条件和边疆民族利益，顺应了历史发展，具有重要的意义。

（一）为抗战胜利提供了有力保障

抗日战争时期，云南既是全国抗战的后方，又是抗战的前线，云南各族人民为抗日战争的胜利做出了不可磨灭的贡献。据统计，抗战期间云南各族人民先后把约 42 万子弟送上了前线，其中伤亡人数达到 10 万之多，这对于当时人口总数只有 1200 多万的云南来说已是一个庞大的数字。为打通对外运输的国际通道，沿线的各族人民自发组成的筑路大军，仅用 8 个月就修筑了穿越横断山脉，跨越怒江、澜沧江等河流的滇缅公路，这是修路史上的一大壮举。滇西、滇西南、滇南边境的各少数民族土司、土目、头人等，积极组织傣、彝、佤、拉祜、布朗、景颇、傈僳、德昂等族人民投入到守土抗战的洪流中，在千里边疆建立了 10 多支抗日武装。同时，云南边疆各族人民在抵抗英法帝国主义的侵略、维

① 《云南省政府为抄发沿边开发事业计划方案训令民政厅》（1934 年 12 月 29 日），载云南省档案馆《民国时期西南边疆档案资料汇编》第一卷，社会科学文献出版社 2014 年版，第 112 页。

② 《国民政府渝字第 470 号训令》（1939 年 8 月），云南省档案馆藏：1011 全宗 12 卷，第 58 页。

③ 马玉华：《云南省边疆行政设计委员会述论》，《中国民族报》2010 年第 5 期。

④ 云南省志编纂委员会办公室编《续云南通志长编》上册，云南省志编纂委员会办公室 1985 年版，第 894 页。

护国家主权和领土完整等方面也做出了巨大的贡献。

（二）促进国家政治一体化的进程

调整行政区划、改土归流、废除土司等制度都是国民政府在推行全国统一行政过程中采取的重要政治措施，在边疆民族地区治理推进政治、行政一体化过程中起到了积极作用。例如，设治局是国民政府为协调土司统治而设立的一种过渡性的行政机构，是特殊历史时期国家机器在改革中的政治产物，随着流官和国家政权的进入，在土司力量统治薄弱地区，较早地完成了设治局内部机构改革，实现了其向"正"县的转化，而在土司势力统治强大的地区，虽然这一进程较为缓慢，但它极大地催化着社会结构和社会观念的变化，为新中国成立之后国家权力的进入奠定了坚实的基础。

（三）推动社会经济转型发展

经济基础决定上层建筑，上层建筑反作用于经济基础。正是国民政府一系列的政治措施，推动了边疆民族地区经济结构的转型和生产力的发展。设治局的建立加强了边疆同内地的经济联系，内地先进生产文化和生产技术传播到边疆地区，这种情况打破了封闭的农奴制经济结构，推动了这些地区生产力的发展，内地商人为了寻求更多的获利机会，将商品和资金大量带到边疆地区，为商品经济的萌芽和发展提供了重要的经济条件。通过划设边区，根据民族特点、社会状况、地势地形、风土人情、矿产资源等不同而采取不同的开发策略，制定详细的开发方案，因地制宜，促进了边疆的开发。

（四）确保民族关系较为和谐稳定

抗战期间，国民政府和云南地方政府对云南边疆治理采取较为宽容的政治措施，营造了良好的文化环境和政治环境，保证了民族关系的和谐稳定。例如，1938 年，云南第二殖边督办杨益谦在给云南省政府和省民政厅呈报的调查报告中提议："取缔成童即入缅寺礼佛，并实行强迫教育学国文国语；到处尽是之乡村缅寺一概改变为学校，夷民子弟务要送学校读书"，而省政府、民政厅则要求采取因势利导的方式，一面允许边民保留原有的文化和习惯，一面实施教育，唤起边胞的民族意识，增强国家观念。因此，云南始终没有出现重大民族冲突事件，更没有出现"独立"倾向，为云南边疆经济发展、保障抗战胜利奠定了坚实的民族基础和社会基础。

（五）推动边疆教育获得极大发展

为了有效开发边疆、启迪民智，在政府的大力推动下，现代国民教育蓬勃发展。1931 年，云南省政府制定出台了《云南省政府实施边地教育办法纲要》，对边地民族教育的实施范围和受众对象、教育期限、课程安排、师资选拔、经费等均做了明确规定，在 1935 ~ 1941 年共设立了 34 所边地小学。1943 年 4 月，云南省政府拟订《本省边地教育三年推进计划》，通令边疆民族聚居地方制订边地教育计划，并列为年度施政中心工作之一。同时大量推进民众教育，截至 1934 年，设立民众学校或民众教育馆 2500 余所。

（六）促进民族研究取得显著成果

"云南苗夷民族问题研究会""云南省边疆行政设计委员会"等研究机构及其成员个人，积极开展云南省边民生活及分布、边民概况、边民族社会的调查研究，撰写了大量的调研报告、专题论文和开发边疆地区的设计方案。如戴沐群对云南民族的分布进行研究，编写了《云南沿边各县土民分布今昔比较研究》；李圣智对云南民族的生活进行研究，编写了《边民生活今昔比较研究》；云南省边疆行政设计委员会根据对云南各民族的调查和研究，编写了《云南省边民分布册》（上、下）、《云南边民种属分布》等调查报告，为民族边疆开发和建设奠定了文献基础。

然而，这些政治措施也存在着许多不足和局限性。

第一，行政区划存在设计缺陷，导致政出多门，权责不清。例如，在省、县二级之间设置殖边督办，但又规定各县局行政权直接隶于省政府，致使各县局的行政权越过了殖边督办，殖边督办与县局之间呈现的是一种既非隶属关系，又非同级关系的尴尬局面。

第二，中央政府与地方政府相互博弈显现明显。例如，1939 年 8 月，国民党云南省党部执行委员会拟订了《云南今后边地党政教设施计划》，对今后云南边疆的党务、政务、教育等方面进行了纲领性设计规划，函至云南省民政厅，希望予以实施。云南省民政厅在《省党部附送云南今后边地党政教设施计划请遵照一案将本厅意见函覆》中逐条进行了回复，但基本上表达了一种无须省党部过问和排斥的态度。

第三，改土归流不彻底，"土""流"之间关系不协调。由于云南的改土归流采取的是"缓进"和自然淘汰的方式，故"已与内地不殊，然设置流官，而土司未废，土流两重政治"① 在许多边疆少数民族地区，虽然名义上土司受流官节制，但实际上仍然是土司掌握着当地政治、经济大权，土强流弱情况严重。

On the Political Measures of the National Government to Govern the Frontier of Yunnan during the Anti – Japanese War：Interpretation Based on Archives and Historical Materials

Zhang Zhidong

Abstract：Located in the southwest frontier, Yunnan is rich in ethnic diversity and cultural diversity. During the Anti – Japanese War, how to effectively govern the frontier, develop the frontier, support the Anti – Japanese War and ensure the stability of the frontier has become an important issue for the Nanjing National Government and the local government of Yunnan Province, and adopted a series of policies such as adjusting administrative divisions, delimiting border areas, selecting frontier officials, strengthening frontier defense, appeasing and supporting the people. The measures have laid a solid foundation for political stability, economic development, cultural prosperity and national harmony in Yunnan frontier.

Keywords：Yunnan；National Government；Anti – Japanese War；Frontier Governance

---

① 方国瑜：《土司之地位》，原载《云南》，民国三十五年（1946 年）1 月 13 日，云南省档案馆藏：1011 全宗 16 卷，第 7 页。

《西南边疆民族研究》 第 28 辑

第 160 ~ 166 页

© SSAP，2019

奥地利马克思主义者民族理论的特点及其内在矛盾[*]

王幸平[**]

摘 要 奥地利马克思主义者奥托·鲍威尔和卡尔·伦纳提出的民族理论内容主要包括民族与国家关系的有机调整、民族性格原则、民族登记制度以及民族文化自治。奥地利马克思主义者的机会主义与折中主义立场决定了他们的民族理论具有折中性。同时他们坚持了马克思主义对资本主义和民族国家模式的批判，因而也具有批判性。奥地利马克思主义民族理论具有三个内在矛盾：人的社会性与个人民族属性的自由选择性之间的矛盾、社会民主党的民主追求与传统奥匈帝国的国家结构之间的矛盾，以及民族的非地域性与国家领土之间的矛盾。

关键词 民族文化自治；折中主义；批判性；内在矛盾

DOI：10.13835/b.eayn.28.17

第二国际时期，各国无产阶级政党对马克思主义理论中的阶级斗争与民族问题发生了激烈的争论。列宁、斯大林、卡尔·考茨基、罗莎·卢森堡和卡尔·伦纳、奥托·鲍威尔等在各自立场上提出了他们的民族理论，这对推动马克思主义民族理论发展起了重要作用。在马克思主义发展史上，奥地利马克思主义者通常是作为折中主义者和机会主义者出现的，显然这与他们所坚持的政治立场以及理论观点有着不可分割的联系。奥地利马克思主义者的政治思想和路线决定了他们的民族理论特点及其内在矛盾。

一 奥地利马克思主义者的民族理论

面对奥地利国内尖锐的民族矛盾，为了解决民族和阶级之间的矛盾、制定奥地利民族纲领，奥地利马克思主义者卡尔·伦纳和奥托·鲍威尔撰写了一系列关于民族问题的文章和论著，具体阐述了他们的民族理论。奥地利马克思主义者的民族理论，内容主要包括民族与国家关系的有机调整，即民族文化自治（national culture autonomy）；民族性格原则（the personality principle）；民族法律实体（national legal entity），即民族登记制度；以及民族属性的自由宣称（national free declare），即文化自治。

[*] 本文系 2019 年度国家社科基金一般项目"奥地利马克思主义民族理论与实践研究"（19BMZ001）、2019 年度国家民委民族研究项目招标课题"分歧、批判与出路：第二国际马克思主义民族理论研究"（2019 - GMD - 005）、山东省社科规划项目"马克思主义整体性研究"（19CKSJ06）的阶段性成果。

[**] 王幸平，潍坊学院马克思主义学院副教授，研究方向为马克思主义民族理论与政策。

（一） 民族与国家关系的有机调整 （organic adjustment）

现代国家把民族作为成立的基础，但是一方面民族在法律中并没有它的地位和权利，另一方面民族的发展又离不开统治阶级以及国家法律的影响。这就导致了在 "集中分散制度" （centralist – atom-ist）① 下各民族为了发展民族文化而争夺国家权力。斗争的结果就是国家行政机关以及立法机关陷于瘫痪，从而使得各个民族在国家中都没有自己的地位和权利，其结果就是 "集中分散制度" 的解体。在现代国家制度中，国家主权是最高的权力，人们之间的关系依靠国家的法律进行调节，法律规定了个人在社会中的权利和义务。但是在现代法律制度中，民族作为一种群体性组织没有它的权利和地位，作为国家公民的权利 "个人" 也无法决定民族的发展。因此，鲍威尔认为解决民族之间的斗争和实现民族文化发展权利，就要 "通过选举的民族委员会来管理自己的民族文化事务。民族委员会有权利为自己的组织成员成立德语学校，不管他们住在何处；通过征税来满足民族筹集资金的需要"②。这样，法律上的民族实体满足了各个民族自我发展的要求，使得各民族不再为国家权力而斗争，民族与国家关系的有机调整既保证了民族间的和平共处，又保证了国家的统一。但也正如鲍威尔所指出的那样，在国家中民族问题的解决并不是一个法律问题，而是一个国家权力问题。随着第一次世界大战的爆发，奥匈帝国内被压迫民族纷纷独立，奥匈帝国走向解体，因此从法律上把民族作为实体来调整国家与民族之间关系的愿望也宣告落空。

（二） 民族性格原则

卡尔·伦纳认为对于民族来说，一定的领土也起着重要作用。民族最初是在自然基础上形成的共同体，它包括地域、血缘和语言等。在这种情况下，自然的界限往往就是民族之间的界限。但是社会的发展使得 "经济和文化的利益把距离遥远的人们统一起来。个人不再被束缚于土地：知识范围内的社会联系取代了世袭的社会结构"。③ 自然地理界限不再是民族之间的界限。因此，鲍威尔和伦纳并不否认地域因素对于民族的作用，而是说明不能把领土作为民族形成的一个必然要素，因为在人们的相互作用中并不起作用的地域因素，对于民族来说是毫无意义的。

奥地利马克思主义者鲍威尔和伦纳认为没有文化把人们统一起来，就不会形成民族。血缘和地域由于历史的发展而分离，所以它们不能作为民族的本质；而文化能够把不同血缘以及地域的人们统一起来形成性格共同体，它决定着人们的行为意识与价值观念。因此，文化才是民族的本质。鲍威尔之所以把文化作为民族的本质是因为文化具有的历史性 （社会结构发展决定文化发展）、社会性 （相互作用） 以及统一性 （稳定性） 特点，它们决定了人们在意识行为与价值上的统一性。文化是在一定社会结构中形成和发展起来的，不同社会结构即劳动方式决定了文化的内容。鲍威尔根据马克思的社会发展理论把文化共同体分为原始民族文化共同体、阶级文化共同体以及社会主义文化共同体。文化共同体的发展形成了各个民族的命运共同体，正是这种历史性决定了民族的其他因素。历史发展决定了民族传承的内容，从而形成了共同的风俗习惯、法律、宗教。因此，鲍威尔把文化作为民族的本质内容，他认为由地域、语言、血缘等客观实体性的因素形成的只能是人类学意义上的 "种族" （race） 而

---

① 集中分散制度也可以称为 "集权原子论" "集权原子主义"，它是在资本主义商品经济条件下，自由分散的个人与国家权力关系的制度，它是现代社会契约论的基础。奥托·鲍威尔指的是资本主义现代国家制度。这一词语是采用殷叙彝编译 《鲍威尔文选》 （人民出版社 2008 年版） 中的译法。

② Otto Bauer, *The Question of Nationalities and Social Democracy*, Minneapolis, MN: University of Minnesota Press, 2000, p. 222.

③ Karl Renner (1899), State and Nation, in *National Cultural Autonomy and its Contemporary Critics*, Ephraim Nimni （Edt.）, London and New York: Routledge, 2005, p. 24.

不是"民族"（nation），因为民族不是自然共同体而是文化共同体。

（三）民族登记制度（national registration system）

奥地利马克思主义者所提出的民族登记制度是一种对个人民族身份进行确认的手段，从而为个人教育以及民族事务的管理奠定基础。民族登记制度是民族管理机构为了实现自我管理而对于国家中达到法定年龄的公民自己选择的民族属性进行登记的制度。它不是由国家机关强制进行民族登记，而是达到国家法定年龄具有民族意识的公民进行的自由宣称。他是在个人意志自主性基础上对于民族属性的选择，是个人发展民族文化以及管理民族事务的依据和基础。但是民族归属不但包括成年公民的属性，而且还包括未成年人的民族认同。伦纳和鲍威尔认为没有达到法定年龄的个人，还不具有民族认同意识，他们的民族身份确认在登记制度中是由他们的法定监护人来选择的。这样他们就把民族归属与国家中的公民自由结合在一起，建立了民族成员以及国家公民的权利和义务之间的关系。他们把民族认同看作基于个人自由意志"选择"的结果，原因在于他们看到了多民族国家中统治民族对于少数民族以及非历史民族的统治与压迫——少数民族丧失了发展自己文化的权利。

这种民族登记制度体现了民族属性的个人自由选择，这就排除了国家权力以及外来民族的强制性，是个人在民族语言、文化以及情感归属上的自主性。在国家制度中，各个民族成立自己的民族委员会实现对于本民族文化、经济发展的自我管理，即"民族自治"。这种民族自治既是国家民主制度的体现，又是民族自由的自我实现。所以，奥地利马克思主义民族理论具有自由主义特征。

（四）文化自治

在民族性格原则基础上，伦纳和鲍威尔进一步阐述了"民族文化自治"理论。他们认为各个民族不管居住在何处，都有权使用自己的语言，成立民族委员会。民族委员会的主要职能就是负责管理民族文化事务。对于个人来说，国家有两种机构：一个是国家行政机构，它对国家所有公民拥有统治权，个人在国家中享有法律所规定的权利；另一个是民族委员会，它管理本民族文化事务，民族成员在民族文化共同体中享有受教育的权利。

奥地利马克思主义者认为在单一民族语言区域中，民族管理机构和国家行政机构有着各自的职能与作用。虽然民族与国家的作用不同，但是在人员构成上他们是同一个民族的成员。因此，国家行政机关既是统一的政治组织又是民族机构。但是在多语言区域中，各个民族机构行使自己的民族管理权。在国家行政机构上，由于每个民族成员都要参与统一的国家管理，因此只有各个民族机构代表才能组成国家行政机构。民族事务是由民族委员会来管理，而公共事务由国家来管理。伦纳和鲍威尔区分了国家公共事务与民族事务，这是后来多元文化主义者关于个人民族身份与国家公民身份理论的先声。

二　奥地利马克思主义民族理论的特点

奥地利马克思主义者鲍威尔和伦纳，因在马克思主义革命者眼中是修正主义、机会主义和资产阶级代表而受到严厉批判。鲍威尔属于社会民主党的左翼，支持并同情俄国的布尔什维克革命；伦纳则属于右翼，明确反对暴力革命。伦纳在实际的政治活动中上更具有灵活性，他曾任奥匈帝国内务部部长，在反法西斯战争胜利以后担任奥地利共和国总统，在奥地利马克思主义者中成为从政时间最长也最成功的一位理论家。同时，受到马克思主义对于资本主义批判的影响，他们对国内民族本质以及资本主义本质进行了批判。他们的理论是在马克思主义理想与现实的帝国制度之间，也是在社会主义信念与西方民主制度之间妥协的结果，这也决定了他们的民族理论与纲领的折中性与批判性。

（一）折中性

奥地利马克思主义者通过对民族评价的分析思考了民族政治，并详细地分析了资产阶级民族保守政治（national conservative politics）与无产阶级"民族演进政治"（national evolution politics）。他们的理论体现了他们的折中思想。伦纳和鲍威尔把哲学上的唯心主义在资本主义中的发展归结为资产阶级的民族特性：民族性在文学与艺术中占有重要的地位，实际上是资产阶级政治上保守的体现；与资产阶级不同，无产阶级用理性方式完成自己的解放。为此，需要用理性方式影响广大群众，要用普遍的世界主义取代民族特性，在目标与方法上使全体人民统一于共同文化之中，这就是无产阶级的"民族演进政治"。现代工人阶级的政治，"确切地说工人阶级不但追求民族的利益，而且也追求工人阶级自身的利益"。① 无产阶级"民族演进政治"是社会主义的政治，它保护工人的合法权利，把全体人民统一到民族文化共同体之中，消除各个民族狭隘的区域隔阂，最终实现社会主义文化共同体中的自由与统一。

工人阶级的民族演进政治，从性质上不同于资产阶级权力政治，它必然是民主政治。集会、结社、出版的自由成为社会主义民主充分实现的手段。"法律保护工人权利，展开工会斗争，增加工资，降低工时，这些是广大群众成为民族文化共同体成员的条件。"② 因此，在他看来，党的任务不是批判这种修正主义和机会主义的意识，而是在现实生活以及民族文化基础上使工人阶级以及广大群众逐步过渡到社会主义意识。这就是无产阶级政党"民族演进政治"的任务，它的主要手段就是"民族文化自治"。

奥地利马克思主义者理解无产阶级民族演进政治既是对民族利益的追求也是对阶级利益的追求，它把文化作为实现阶级斗争的手段。显然，他们的这一措施在资产阶级占统治地位的历史条件下是无法实现的。他们试图把阶级问题与民族问题用无产阶级民族演进政治统一起来，走上了一条既不是无产阶级革命斗争也不是改良主义的道路。他们的这种观点看似全面，其实是"完全没有看到时代的转变和东方被压迫民族解放的历史意义"③。无产阶级民族演进政治正是奥地利马克思主义者折中路线在民族理论中的反映。

（二）批判性

奥地利马克思主义者通常是作为被批判的形象出现的。但是，通过对鲍威尔民族理论的分析可以看出，鲍威尔不但批判了传统民族集中分散制度，而且还对危害无产阶级革命的修正主义以及造成民族问题的资本主义社会制度进行了批判。因此，他们的民族理论还具有批判性。

伦纳认为现代国家中的普遍平等法律制度下的原子式个体是造成民族矛盾的制度原因。无论是国家集权形式，还是王室领地联邦制，对于各个民族的工人来说都是无法忍受的。为解决这一问题伦纳首先提出了民族关系的有机调整，即：把民族领土原则（national territorial principle）改变为非领土原则（national non‑territorial principle），实现民族在法律上的具体化权利；实行民族文化与国家政治的分离，各个民族实行文化和行政事务上的自我管理，即民族文化自治。他主张要像宗教与国家关系那样，把宗教事务与政治事务分开，"把恺撒的还给恺撒，把上帝的还给上帝"。实行国家政治与民族文化的分离，把民族作为法律上的实体（legal entity），赋予民族在法律上具体的权利和义务就能保证民

---

① Otto Bauer, *The Question of Nationalities and Social Democracy*, Minneapolis, MN: University of Minnesota Press, 2000, p. 157.
② Otto Bauer, *The Question of Nationalities and Social Democracy*, Minneapolis, MN: University of Minnesota Press, 2000, p. 323.
③ 姚顺良主编《马克思主义哲学史：从创立到第二国际》，北京师范大学出版社 2010 年版，第 135 页。

族文化的发展。现代国家把民族作为形成的基础，但是，一方面，民族在法律中并没有它的地位和权利；另一方面，民族发展又离不开统治阶级以及国家法律的影响。因此，伦纳指出，解决民族与国家的权利问题以及民族之间的关系问题的办法就是：把民族作为和个人一样拥有自己权利的法律实体。"作为宪法上的人们，作为社会和物质利益总体上的人们，以及作为文化与精神共同体的民族，在各自的作用上要求各自的机构。"[1] 具有法律实体意义的民族拥有的权利主要是管理本民族成员的文化事务，为民族成员建立学校和教育制度，成立博物馆、剧院以及孤儿院等慈善机构。为此，民族还有对于本民族成员进行征税的权力。

卡尔·伦纳和鲍威尔认为民族征服问题是由资本主义的生产方式决定的。他认为，资本主义生产方式和资本主义自由精神都是世界性的。正是资本主义的世界性破坏了资本主义最初的民族与国家一致性原则：一方面，资本主义的世界性促使民族突破了狭隘的地域性而形成了世界性民族；另一方面，资本主义生产方式使资产阶级成为其他民族的统治者，民族征服由此产生。于是早期的资产阶级民族国家演变为多民族的帝国主义国家，资本主义国家民族政策不再是民族自由与统一，而是征服与掠夺。对于资本主义的发展问题伦纳认为，"资本主义以从内部到外部方式的发展，使得民族中的统治阶级对于其他阶级的统治成为后来统治民族在世界上征服其他民族，这一情况破坏了民族的存在。民族原则的目的在于形成独立的民族共同体，但是民族帝国主义使它们处于一个共同的权力之下"。所以他认为世界性的民族问题从根本上来讲是"世界统治者之间的矛盾，只是这种权力到底是属于英国人、俄国人还是德国人"。[2]

鲍威尔对修正主义的产生根源和对它无产阶级革命事业的危害都进行了批判和分析。他认为修正主义的本质在于社会民主党丧失自己的立场同资产阶级联合起来，掌握国家政权，参与民族权力斗争，甚至是统治其他民族。"民族修正主义不可避免地导致无产阶级运动的分裂。"[3] 而且也破坏了工会斗争以及无产阶级革命队伍的团结。列宁把修正主义当作一种错误的资产阶级意识，坚持同修正主义进行坚决的斗争，维护无产阶级革命的斗争性和纯洁性。和列宁不同，鲍威尔认为修正主义是在资本主义社会生活中产生的意识，因此不能通过无产阶级革命斗争而是要通过经济发展来克服修正主义。

在鲍威尔看来，资本主义文化共同体扩大后并不是全民文化共同体，而只是扩大的文化共同体。因为资本家在生产资料私有制的基础上占有工人所创造的文化劳动成果，而工人、手工业者以及农民被排除在文化共同体之外。资本主义商品经济的发展不但改变了城乡之间的关系，而且改变了农村和城市的社会结构。首先是资产阶级知识精英和行政官员。他们成为城市生产资料和政治权力的拥有者。资本主义行政制度中最重要的一个特征就是出现了专门的行政职业人员以及知识分子，他们作为独立的社会阶层在社会中尤其是在文化共同体的发展以及资产阶级意识形态中发挥着重要的作用。其次是行会人员和工人师傅。他们有一定的社会地位和行会权利。紧接着是熟练工人。他们有自己的技术和社会影响。其后是工人、手工业者以及广大群众。他们没有自己的生产资料，依靠出卖劳动力为生。最后是无业游民。他们既没有生活资料，也没有收入来源。他们常常作为社会中的不安定因素生活在

[1] Karl Renner (1899), State and Nation, in *National Cultural Autonomy and its Contemporary Critics*, Edited by Ephraim Nimni, London and New York: Routledge, p. 20.

[2] Karl Renner, The Development National Idea, in *Austro-Marxism*, Tom Bottomore and Patrick Goode (trans. &. edt.), Oxford: Clarendon Press, 1978, p. 125.

[3] Otto Bauer, *The Question of Nationalities and Social Democracy*, Minneapolis, MN: University of Minnesota Press, 2000, p. 456.

社会底层。[①]

三　奥地利马克思主义者民族理论的内在矛盾

奥地利马克思主义者独创性地阐述了民族理论，但是他们的民族理论有无法解决的内在矛盾，使得他们的民族理论以及民族纲领根本无法维护奥地利的统一和解决国内复杂的民族问题。这种矛盾主要表现在以下方面。

第一，个人在民族属性上的自由选择与社会性之间的矛盾。在个人民族属性上，他们坚持个人自由宣称基础上的民族登记制度。这种民族的自由选择，是针对国家存在的强制同化与民族统治，突出了个人的自觉性与自主性，是个人自由权利的体现。他们认为个人是民族的产物，个人的特性是其民族性格的体现。也就是说，个人性格和意识是由他的社会性即民族性所决定的。同一个民族的成员具有相似的观念意识和价值行为即民族性格，这恰恰是人的社会性。而人的社会性是个人无法决定和选择的，它体现了民族的不可选择性。对于个人来说，民族属性体现为一种“自然性”，从民族本质上它是一种“文化性”。而个人宣称基础上的民族登记制度，对于个人权利来说是自由的。从民族属性上来说，它体现的不是民族“自然性”和社会“先验性”，而是一种个人自觉的“人为性”，是一种自主性决定。这样在奥地利马克思主义者的民族理论中，个人意识上的民族自主性与民族本质上的社会性，民族文化性与国家政治制度性之间就形成了紧张关系。这些紧张关系是由传统的君主制度国家与工人阶级社会民主党的任务之间的矛盾决定的。

第二，奥匈帝国传统国家权力结构与社会民主党自由民主权利要求之间的矛盾。反对奥匈帝国君主制度以及资本主义社会制度，并且肩负着工人阶级解放和斗争任务的奥地利社会民主党，是在马克思主义理论影响下成立并发展起来的。他们坚持社会主义理想，坚持对资本主义社会制度的批判，坚持改善工人阶级工作条件和生活状况。但是另一方面，他们又看到了在政治颓废、经济落后于西欧发达国家的奥地利，武装斗争会导致国家经济的衰退甚至是国家的解体，因此他们并不愿意通过武装斗争夺取国家政权，而是期望在维持现实国家权力结构的前提下，对国家权力机构和民主制度进行改革，使之成为现代民主国家，实现国家的制度形式、民族构成以及民主制度向社会主义的转变，从而完成工人阶级最终的任务。鲍威尔认为国家中的民族问题从根本上讲并不是法律问题，而是权力问题。他坚持阶级斗争，把民族自治作为阶级斗争的一种手段。不但如此，他还反对修正主义以及改良主义对社会主义事业以及工人运动的危害性，主张在民族文化的基础上加强各个民族工人之间的团结。即使如此，伦纳和鲍威尔还是希望在保持现有的国家结构与制度不变的情况下，实现社会主义和平革命的任务，因此他反对资产阶级的“民族权力政治”，提出了工人阶级的“民族演进政治”。由此看出，伦纳和鲍威尔通过民族文化自治理论，在国家层面上，想保持领土上的统一性以及权力结构上的完整性；在党的层面上，想维护社会民主党各个派别的团结；在未来目的上，想达到社会主义目的与现实策略上的一致性。由于他们的理论在传统国家权力制度与现实民主权利之间的内在矛盾，他们的这种完整性与统一性既受到来自革命马克思主义的批判，同时还受到来自社会民主党右翼的批评。

第三，民族性格原则与民族的非领土原则（non - territorial principle）之间的矛盾。民族非领土原则以及民族的文化本质是鲍威尔民族理论的主要特点，其目的在于在解决各个民族发展问题的基础上

---

① Otto Bauer, *The Question of Nationalities and Social Democracy*, Minneapolis, MN: University of Minnesota Press, 2000, pp. 68 - 69.

维护奥匈帝国统一。民族的非领土原则，使得民族与一定的区域失去了必然的联系，民族之间的界限不再是地域而是文化，文化形成人们的民族意识。同时，在民族概念上鲍威尔把它定义为"从命运共同体（a community of fate）产生的性格共同体（a community of character）"，而民族文化的本质属性又是民族性格形成的前提。所以"非地域性"原则把文化作为判别民族的依据。它从抽象的民族意识与精神属性上来定义民族，而不是根据传统实体意义上的民族属性，认为具有相同的文化但居住在不同地域的人们也可以形成一个民族。按照伦纳对于民族的概念，由于犹太人拥有共同的文化和宗教，有着共同的价值观念和行为意识，亦即有着共同的民族性格，所以承认他们是一个散居于世界各地的民族。伦纳和鲍威尔在民族本质与意识属性上承认民族的"非地域性"，但是在保持和发展民族性格共同体上却又把共同的"地域"作为基础。鲍威尔这一民族概念上的内在矛盾，得出犹太人虽然是一个民族，但是却可以没有民族自治的权利的结论。这一矛盾也反映了他们在民族问题上的复杂心态。

四　余论

从历史上看，奥地利马克思主义者所提出的民族理论并没有解决奥地利面临的民族问题，也没有实现他们维护奥匈帝国统一的目标。他们的民族纲领瓦解了工人阶级社会主义革命队伍，没有看到无产阶级领导下民族解放运动新阶段的到来，因而受到了列宁和斯大林的严厉批判。但是他们利用马克思主义理论系统地阐述了民族概念、民族本质以及民族原则，这在一定程度上奠定了他们在民族理论中的地位。特别是在苏联解体以后，俄罗斯改变了对奥地利马克思主义者民族文化自治政策的批判立场，制定了《民族文化自治法》，并以此作为解决国内民族问题的政策。此外，一些西方国家包括加拿大、澳大利亚等国也采用民族文化自治解决少数民族权利与自由、民族文化发展等问题。因此，在新时代条件下有必要探讨奥地利马克思主义者民族理论的特点与内在矛盾，为解决当前民族问题提供新的思路。

The Characteristics of Austro – Marxism National Theory and its Internal Contradiction

Wang Xingping

Abstract：Austro – Marxists including Otto Bauer and Karl Renner put forward with national theory included the organic regulation of the relation between nation and country；the personal principle；national registration system；national cultural autonomy. The opportunism and eclecticism of them determined the eclectic of their theory . The inherent contradiction of Austrian Marxist national theory lies in three aspects：the social of human and the free declaration of individual；the pursue of democracy of Austria Social Democracy and the system of Austro – Hungarian Empire；the territorial principle of modern country and the non – territorial principle of nation.

Keywords：National Cultural Autonomy；Eclecticism；Critique；Inherent Contradiction

《西南边疆民族研究》 第 28 辑

第 167～177 页

© SSAP, 2019

论个体生命周期的时间心理与空间意识[*]

周普元　石娜尔·达吾列提[**]

摘　要　本文基于柏格森生命哲学绵延时间理论和埃里克森生命周期理论，阐述个体生命周期各阶段呈现的不同时间心理，及其在空间意识上展现的不同宗教道德性。在生物学意义上的自身肌体中，具有道德属性的"生命冲动"，在个体生命周期的心理时间与空间时间的绵延与敞开中，进行自我设计和自我筹划并实现自身的创生。本文构建埃里克森生命周期理论山模型，包含"过去、现在、未来"心理时间序列连续性，也包含"儿童、青年、中年、老年"空间时间逾越性，并以此来论证时间（心理时间、空间时间）与空间意识（本我、自我、超我）以及环境（家庭、社会、学校等）的时间空间均衡。在儿童生命周期阶段，空间意识内的本我滋生出自我，并形成道德超我。儿童在空间意识上的"泛灵论、目的论、拟人论"由强渐弱。在青少年生命周期阶段，空间意识与环境的时间空间均衡成为最大需求，并影响时间心理的有序发展。在中年生命周期阶段，时间心理、空间意识与环境形成均衡结构，个体形成稳定的人格，对超我道德的渴望加剧。此时宗教的神学意义被遮蔽，成为一种道德伦理，或者一种生活习惯。因此，对个体时间心理与空间意识的心理学解读，有助于我们揭示宗教道德的本质及运行规律，对于我国开展马克思主义宗教观教育具有重要的意义，同时对中国宗教心理学学科体系的建构有所裨益。

关键词　宗教心理学；时间心理；空间意识；宗教道德

DOI：10. 13835/b. eayn. 28. 18

时间问题是西方哲学研究的大问题[①]，一切哲学考问都可以归结为对时间的思考。在时间优先于空间的传统社会里，时间通过空间展现自身，时间决定空间事件的必然性。时间心理与空间意识现象，确实值得我们关注[②]。柏格森和埃里克森从时间空间关系方面，论证人们对宗教意识、宗教情感、宗教道德等空间意识形式具有宿命式的崇奉，空间意识成为时间心理的展现场域。即人类通过记忆、意

---

[*]　本文系国家社科基金西部项目"新疆喀什地区维吾尔族个体宗教心理发展研究"（经国家社科规划办批准，变更为"马克思主义宗教观指导下的新疆地区宗教心理研究"）（18XZJ016）的阶段性成果。

[**]　周普元，新疆师范大学马克思主义学院副研究员，研究方向为中国宗教心理学理论；石娜尔·达吾列提，新疆师范大学马克思主义学院在读硕士研究生，研究方向为马克思主义宗教观教育。

① 如柏拉图的"时间是永恒的影像"；亚里士多德的"时间是运动的数目"；普罗提诺、奥古斯丁的"时间是灵魂或心灵的延展"；康德的"时间是一切知识何以可能的先天条件"；海德格尔的"时间具有绽出性，分为流俗时间和本真时间"；薛定谔在三维有机体中引入时间，认为"人是一个有机的四维体"；等等。源于吴三喜《海德格尔对亚里士多德时间观念的现象学解释》，《科学经济社会》2014 年 3 月，第 23 页。

② 黄希庭、郭秀艳、朱磊、尹华站：《应当关注时间心理无意识的研究》，《心理科学》2006 年第 3 期。

向等大脑生理功能，将不连续的、片段的物理空间时间衍生为心理时间的绵延；同时绵延的心理时间在自我意识空间中，通过个体自我和社会环境来展现自身。本文立足时间心理和空间意识两个维度，对柏格森绵延时间和埃里克森生命周期空间时间及其展现的空间意识进行理论梳理、概括和批判，呈现时间心理对空间意识的关键作用。这有助于我们揭示宗教意识、宗教情感、宗教道德等现象的本质及其运行规律，对于我国开展马克思主义宗教观教育具有重要的意义，期望对中国宗教心理学学科的建构有所裨益。

一 时间绵延与空间内聚：自我设计和自我筹划展现自身创生

柏格森（Henri Bergson, 1859 – 1941）认为，哲学史上大多数的错误认识，从芝诺悖论①到人们对自由意志的误解，都源于人们对于时间的"一种错觉"。这种错觉"把陆续出现与同时发生、把绵延与广度、把性质与数量混淆在一起"②。他从批判亚里士多德传统的时间观念入手，区分了两种时间观念③，一种是他要批判的空间时间，即一种物理的时间，各部分处于均匀、互相分离的不连续状态；另一种是心理或者精神上异质的绵延时间，各阶段互相衔接、渗透、融合，形成连续而整体的运动过程。绵延时间强调了时间的整体性、弥漫性和绝对连续性特征，呈现整体性的存在主义特点。"世间没有孤立的存在，每个存在（包括时间）都将整个宇宙融入自身之中，以至于我们无法在此事物与彼事物、个体与宇宙之间找出一个真正的界限。"④ 后来，埃里克森则将时间描述为空间时间（儿童、青年、中年、老年等生命周期八阶段）和心理时间（过去、现在、未来），埃里克森的生命周期理论在时间方面，还展现了时间心理在空间时间中的各阶段既有连续又有间断性，时间的心理连续性和空间间断性成为矛盾的两个方面，缺一不可。

（一）创造进化论是一种"生命冲动"

各种哲学体系，都在寻找人类思想和行为的内驱力或者动力，比如，马克思主义的矛盾动力说、弗洛伊德的力比多心理能驱动、埃里克森的结构同一性均衡理论等。柏格森"生命哲学"受到新达尔文主义和新拉马克主义影响。拉马克认为生物的进化动力来自内部，并非环境。柏格森在这样的基础上认为：生物本身的演进必须归因于内部，也就是生物的"生命原始冲动"。这种"生命冲动"通过时间的心理绵延，最终以空间意识来展现自身。空间意识本身就是绵延，即宇宙本体是一股活生生的生命力，是一个连绵不断的变化发展过程，既无开端，也无终点⑤。一切有无生命的存在方式都是"生命冲动"派生的产物，这些产物在"生命之流"中变化着、绵延着，并被时间和生命冲动不断地创造。同时柏格森认为人的大脑机能和人的意识状态是同步的。犹如我们一旦拿走衣钩，衣服就会掉落，在"衣钩可挂住衣服"的关系中衣钩与衣服是同步的⑥。在柏格森哲学中，生命作为生命体的本质而言，本身就是意识；生命意识在本质上是时间的现象，是一种空间意识。在柏格森看来，当我们

---

① 亚里士多德对芝诺悖论的描述："一个跑得最慢的绝不可能被一个跑得最快的追上。因为追赶者必须先到达被追赶者起跑的出发点。因此，跑得慢的必然总是有某种程度的领先。"柏格森认为，运动本质上是绵延，空间只是绵延的一个存在的方式。马莱：《亚里士多德〈物理学〉中的时间分析》，《理论界》2013 年第 5 期，第 111 页。
② 亨利·柏格森：《时间与自由意志》，吴士栋译，商务印书馆 1958 年版，第 165 页。
③ 亨利·柏格森：《时间与自由意志》，吴士栋译，商务印书馆 1958 年版，第 62 页。
④ 严春友：《西方哲学名著导读》，清华大学出版社 2008 版，第 160 页。
⑤ 张少宁：《生命的绵延与理性的反叛》，广西师范大学硕士学位论文，2006 年。
⑥ 亨利·柏格森：《材料与记忆》，肖聿译，译林出版社 2011 版，第 4～5 页。

认识到生命是一种"行动倾向"抑或"意识"的时候，生命本身也就等同于绵延或者时间，生命本质上是时间性的，生命存在于"人之存在"本身，空间意识是生命时间的当下形式。至此，生命本身就被纳入存在的维度①。"人之存在"之所以表现为生命体征，是因为"生命冲动"和时间绵延。

基于这样的世界观，作为主体的"我"自然而然从来不是主动地去迎合外在环境，不是主体适应客体，而是主体在生命冲动和时间心理的驱使下，"自我创生"并改变外在环境使其适应自己的内在要求。"生命"律动是创造与发展的动态过程，生物内在的"生命冲动"创造了多样的空间生物物种，且与共同竞争中的有机生物相映射。"生命冲动"是创造与变化的源泉，在时间绵延状态中空间意识被持续地生成和创造，而且这种被创造的事物以我们所看到的，或完美或有缺陷的次序前后光滑地持续成长。

总的来看，柏格森哲学是一种变的哲学，这种变的动力来自生命冲动和时间的绵延。只有空间意识的变化才是真实的时间展现，生命内流动的时间在变化，所以一切空间变化都是真实的。生命是动态地变化发展着的，被创造出来的外在空间意识的变化是真实的，其本质是生命在不断地创造和进化。所以说，人的本质就在于创造性。"创造进化"是柏格森对于世界的终极解释。"生命哲学"的基本特征就是把生命看作宇宙的本质，其根本目的就在于把"生命"从传统理性的束缚中解放出来，获得生命的自由和创造精神。当然，柏格森过分强调了形而上的"生命"或时间的第一性，忽视了空间意识的社会属性，这与马克思主义辩证唯物主义和历史唯物主义在根本问题上背道而驰，我们需要进行严肃的批判。个体生命发展固然受到时间运动的影响，但不能过分夸大，同时也不能将个体生命的发展动力归于神秘的先验的"生命冲动"。任何运动在现实中都可以找到矛盾的两方面，只有矛盾才是运动发生的根本动力。人的发展变化是人与自然、社会、自身之间矛盾运动的结果。

（二）时间绵延与空间意识密不可分

马克思主义哲学着重讨论了时间与空间的密切关系，二者相辅相成、缺一不可。柏格森在《形而上学导言》中对时间的性质做了细致的讨论。时间是纯绵延的，是不可测量的，只属于心灵。①绵延是没有时间间断的连续性，是绝对的连续性。在绵延中，过去、现在、将来之间互相渗透、浑然一体，没有间断地变化着。②绵延像一条河流，这河流是无间断的质变，而不是量变。③绵延是方向不可预测的流动。这是一条无底的、无岸的河流，流向一个不能确定的方向②。同时他还界定了绵延的四个特征：其一，绵延是不可测量、陆续出现的时间；其二，绵延是连续不断的变化；其三，绵延是一种前进与创造；其四，绵延是无法预知的③。

柏格森的"绵延"概念是从"强度"这个描述性表述开始的。由"强度"柏格森引出了数量和性质的差异、内在和外在的差异或者"多样性"。柏格森讨论了空间中大与小、占有位置的多少、数量的多少，等等，以此来说明外在的数量和性质之间的差异。譬如说：人的肌肉努力的强度、人对光的感觉的强度等；关于内在的多样性，柏格森认为高兴、悲伤这些人内在的感受强度差异可以说明问题，这样的两个方面的"多样性之河"汇聚在一起，就得到了强度相对于人的现实意义。柏格森认为，每一种所谓的强度都是由心理事实构成的。关于心理事实的讨论牵扯出了"意识的直接材料"这个话题，也是在柏格森较早的一部著作、其博士论文《论意识的直接材料》里面所讨论的根本问题。柏格

① 王理平：《差异与绵延——柏格森哲学及其当代命运》，人民出版社 2007 版第 5 期，第 361 页。
② 亨利·柏格森：《形而上学导言》，刘放桐译，商务印书馆 1965 年版，第 60 页。
③ 朱鹏飞：《"绵延"说与柏格森生命哲学的兴衰》，《西南民族大学学报》2005 年第 9 期。

森本人对不同的多样性的讨论的目的是厘清纯粹的意识状态，即剔除外在的多样性，也即空间、数目等，从而将人们的认识引至人的内在的心理源出面前，而这种东西属于柏格森所说的真正绵延。在将绵延这个概念从琐碎的认识中剥离出来之前，柏格森认为那些外在的空间和数目属性的东西只是重复的、没有生命力的、被完成的东西；真正变化的、不同质的向前演进的东西却是内在的、纯粹意识，以及其绵延的多样性。这就是柏格森对绵延这个概念大致的一个认识过程。简单说，时间"绵延"就是"持续着"的纯粹的多样性，那么怎么得到这种真正的性质呢？柏格森做出了将空间意识状态澄清的处理，也即剔除掉空间意识中空间属性的内容，这样做的目的是将真正的意识材料源初性解放出来而得到真正性质的多样性，一种时间的多样性，即时间绵延。

在达到绵延这个概念之后，柏格森又对其本身进行了一系列的讨论，理解"绵延"可分为两种时间，或者说两种绵延的思路。在这个问题上柏格森延续了《论意识的直接材料》里对于多样性的讨论：一种是传统物理的或者绝对的时间观念下的多样性观点，也即空间以及数量的多样性所表示的是一种常识下的绵延或者时间；另外一种是从人的那种天然的、与性质或者未完成的潜在多样性对应的绵延，也即真正的时间。

对于第一种时间，也即对于钟表时间或者一种计量手段的时间而言，其本质是在一个分割的和标记数量的网格中放入了真正的绵延。这与我们前面所提到的对于不可测量的强度的把握，是通过测量工具来把握的，是一个道理。在这里，时间被理解为一种介质，也就是人们能够进行分割和计数所依托的某种工具。或者说，时间是人们在生产生活过程中所引进的一个均质的形式。

第二种时间是纯粹的多样性的绵延。这种绵延是一种单纯性质的、纯粹的、多样性的持续。在这个话题之下，"心理事实""空间意识""自我"三者作为一个巨大的融合交汇的事实，是柏格森绵延时间的基本背景。在三者的融合下，意识的运动是一种可以被自我把握住的空间意识的连续体，这种性质变化的连续体就是绵延，或者说将这样的一个巨大的融合归纳或者抽象出所有的特征，我们就得到了绵延。一方面绵延是连续变化的，另一方面绵延是异质性的。绵延的持续创造或者相异性质之间的连续转换没有分界线，所以是持续的和光滑的，这柏格森在《论意识的直接材料》中有直接讨论。在后来的《创造的进化》中，柏格森对绵延的概念继续深入探讨，即探讨绵延生命内在的生命冲动。至此，柏格森的讨论对象已经超出了人的"心理事实""空间意识""自我"，进入整个生命的存在长度，甚至关乎整个宇宙存在的绵延。

自我的时间绵延是通过一种"观察"能力在自我空间意识中找到的源初的东西，这种能力是"现象学式"的，是我们每个人都可以到达的那种源初的东西，也就是个体的时间绵延。诸如此类的讨论都有别于"世界""世界的绵延"等。在谈到外在时间绵延的时候，柏格森讨论得并不多，但是外在时间绵延也是被柏格森肯定的，主要体现为一种空间时间。柏格森在《论意识的直接材料》中说道："我们不独自外延：外在事物像我们一样绵延……"虽然柏格森口中的绵延是非空间化的，但是这种可以轻易被时间测度的外在是被空间化的，我们通常所说的钟表时间就是没有剔除空间的绵延。在柏格森哲学里，将空间剔除了的时间同样是一种真正的绵延，也就是纯粹的多样性。此外，柏格森关于美学的讨论也涉及了外在绵延，比如柏格森认为美能导致轻松感。想要审美，就要把握对象的绵延，当我们完全地进入对象认识对象的绵延，就会获得轻松感，比如舞蹈等。

（三）生命冲动、绵延时间在空间意识中展现自我设计和自我筹划

在生物学意义上的自身肌体中，具有道德属性的"道德生命"。在绵延与敞开的生命过程中，通过自我设计和自我筹划实现自身的创生，即在"生命流动"创造进化论和时间绵延的动力推动下，自我意识按照生命力和时间本身在小我和大我空间中展现自身，并以一种规则和秩序的道德伦理性来约束人的思想和行为，不同的生命周期年龄时间具有与之相应的空间道德伦理意识。柏格森指出，不同年龄时间的人类在同一空间环境中，空间环境上产生的道德准则不尽相同，即使有相同的社会道德规范，每个人的理解也不完全相同；甚至由于年龄时间的变化，同一人对同一道德规则的理解也会有所不同。但是，所有人都自觉接受稳定的道德和固定的行为规范①。在柏格森这里，道德现象需要在生命哲学中理解，生命冲动、绵延时间在空间意识中展现自身。

1. 总体义务：一种约束个体自我的空间意识

柏格森指出，在时间绵延、空间意识这组关系中，时间通过空间展现，个体自我受到空间意识的钳制。即个体在生命的长河中，生命绵延时间通过空间意识展现为哲学、宗教、法律等意识形态，个体自我受到这些空间意识规则钳制，进一步表现为个体自我受到空间意识的道德义务约束。例如，儿童时期弥漫在生活空间的各种神话故事、民间风俗等。生活空间充满理性选择和传统文化形成的各种禁忌、义务和规范，这是一个无数偶然道德义务构成必然的总体义务。"它的作用类似于本能在蜜蜂的社会中所起到的作用"，即无论后天的知识积累多么丰富和厚实，总体义务是自然的原始的社会基底和原始沉淀，包括道德风俗所构成的总体义务和生活习惯、禁忌、神话、巫术、宗教仪式等。总体义务通过内部的分工与合作，保证内部的和谐、团结和完整，保证内部资源和信息的交换②，使得一个群体能够一代接一代地持续运转下去。

2. 无意识的封闭道德与有意识的开放道德

个体空间意识主要以总体义务来约束和规范个体行为，它如同一个生物组织一样，产生于封闭的社会空间中。柏格森指出："我们在社会义务这一基础上所窥见的社会本能仍然只是一个封闭的社会，无论该社会的规模有多大。……但该本能本身并不关涉人类，因为在民族与人类之间，隔着从有限到无限、从封闭到开放的整个距离。"③ 封闭道德是一种本能的无意识的总体义务，它是个体自我与社会环境相融合的产物，具有社会性和集体性的特点。开放道德超出个体自我的生活空间，扩展到整个人类社会环境，由爱他人到爱动植物，甚至爱一切自然物。可见，封闭道德是无意识的本能的义务，开放道德则是人与他者在社会交往中涌现的有意识的情感，即"新的感觉、新的情感、新的理念、新的人格"。柏格森指出，每个人都很容易被这种情感所俘获，"正是我们，不得不把艺术家所创造的情感，与生活之中与之最相似的情感联系起来"，"当音乐表达哭泣时，是整个人类，整个自然，与之共同哭泣"④。封闭道德是一种表面的情感触动，开放道德是一种出自内心深处的激动⑤。

无意识的封闭道德和有意识的开放道德，具有质的区别。前者是本能的自然的空间意识，后者则是理智参与下的存在主义式的空间意识。比如，封闭道德体现的爱国家与开放道德呈现的爱人类之间存在质的区别，无法通过渐进的量变方式，从封闭道德跳跃或者上升到开放道德。只有借助类似于耶稣、佛陀这样的"英雄"，人类才有可能在时间和空间上突破群体的限制，从爱家庭、爱祖国扩展到爱人类，从而孕育具有普遍性的开放道德，而这样的道德就是"爱"。

3. 开放道德：个体自我借助道德理想向大我世界超越

柏格森对"两种道德"的划分兼顾理性与非理性、存在与现象两组特质。封闭道德是自然的、基

---

① Henri Bergson, *Les deux sources de la morale et de la religion*, p. 287.
② 邓刚：《从总体义务到开放道德》，《安徽大学学报》2017 年第 6 期。
③ Henri Bergson, *Les deux sources de la morale et de la religion*, p. 6, p. 27.
④ Henri Bergson, *Les deux sources de la morale et de la religion*, p. 37, p. 36.
⑤ Henri Bergson, *Les deux sources de la morale et de la religion*, p. 43.

本的、"低于理性"的空间意识，它以压制与义务为手段；开放道德具有超越性，是理智选择和"高于理性"的空间意识，它源于个人的超我理想自身的展现。柏格森认为，开放道德这种超我理想是英雄高尚的人格和行动的感召力，使人们自觉或不自觉地受到英雄的影响构成的空间意识。在一定的社会环境中，如果封闭道德依赖的传统思想和文化是理智和习惯，那么开放道德则主要诉诸人的情感。道德先行者令我们感动，使得我们身不由己地对其产生敬仰之心，从而追随与模仿他们。"任何时候都会出现体现此种道德的特殊的人。在基督教的使徒以前，人类就已经有了希腊的圣贤、以色列的先知、佛教的阿罗汉以及其他品德高尚者。人们总是在他们身上寻找那种彻底的道德"①。在柏格森看来，最完美的开放道德，是基督教《福音书》中的道德。他说："福音道德本质上就是开放灵魂的道德。"②

开放道德是生命冲动、绵延时间在空间意识中的自我设计和自我展现，在空间意识上主要表现为人的信念、道德良心、内心自觉、尊重人的价值等，强调人的主体性和改造世界的能动性，同时要求主体自我约束、自我选择、自我规划、自我评价。它的形成和发展，是一个从无到有、从简单到复杂、从保守到开放的过程，大致要经历外在需求、理性内化、内在需求等几个阶段③。柏格森和尼采一样，期待"超人"的出现，体现为非物理空间的成长，而是空间意识中道德和精神领域的创造和进步。在开放道德之中，人所拥抱的不再只是家庭、国家，而是整个人类，甚至整个宇宙。

二 时间序列与空间均衡：生命周期时间序列中的自我同一性空间均衡

埃里克森（Erik H Erikson，1902 - 1994）的"同一性"（identity）是其理论大厦的基石，包含心理时间"过去、现在、未来"的生命阶段同一性，也包含空间时间"儿童、青年、中年、老年"的自我同一性，同时也包含时间（心理时间、空间时间）与空间意识（小我自身——本我、自我、超我；大我环境——家庭、社会、学校等）的同一性，这里的同一性即是时间与空间的均衡。埃里克森依据"胚胎渐次生成说"④ 认为，个体生命遵循一个先天的遗传时间（即心理时间），不同个体都拥有相同的空间时间（生命周期序列）节点，并呈现为相同的生理特征，同时个体空间意识是遗传心理时间展现的自我与心理相互均衡的社会状态，且这些心理时间在空间时间上表现为不可逾越性，各阶段逐渐产生"一个阶段在时间和空间上紧接着另一阶段"，每个阶段都建立在前一阶段之上，即生命周期八阶段理论（见表1）。他认为，心理时间被遗传创生以后，自我空间意识发展能否按照生命周期八阶段逐步实现，是由空间环境决定的，当任务得到恰当的解决，就会获得较为完整的时间和空间均衡。就空间而言，埃里克森的精神分析理论相对于弗洛伊德的古典精神分析是一种超越，由个体内在空间意识力比多引发的本我、自我、超我现象，转移到生命周期的空间时间和空间环境当中，形成空间环境与空间时间、本我、自我、超我的均衡结构。五要素（空间时间、空间环境、本我、自我、超我）的空间均衡，与遗传时间在空间时间上展现的八阶段时间序列形成一对矛盾运动，时间序列与空间均衡是个体生命周期顺序发展的关键。

---

① Henri Bergson, *Les deux sources de la morale et de la religion*, p. 29.
② Henri Bergson, *Les deux sources de la morale et de la religion*, p. 100, p. 57.
③ 范丹红：《柏格森开放道德思想及其现实意义》，《教育研究与实验》2007 年第 4 期。
④ 在出生的时候，所有生命周期八个阶段都是未充分展开的，之后每一个阶段呈现一个新的整体，就像是从前一个阶段脱胎进化而来，这便是埃里克森的"胚胎渐次生成说"，他以此来类比人发展的原则。

表1　时间序列与空间均衡展现的良好人格特征

生命时间序列	自我空间意识	道德品质
婴儿前期（0~2岁）	获得信任感，克服怀疑感	希望
婴儿后期（2~4岁）	获得自主感，克服羞耻感	意志
幼儿期（4~7岁）	获得主动感，克服内疚感	目标
童年期（7~12岁）	获得勤奋感，克服自卑感	能力
青少年期（7~12岁）	形成角色同一性，放置角色混乱	诚实
成年早期（18~25岁）	获得亲密感，避免孤独感	爱
成年中期（25~50岁）	获得繁衍感，避免停滞感	关心
成年后期（50岁以后）	获得完善感，避免失望感和厌恶感	智慧、贤明

（一）时间序列与空间均衡的模型

相对于柏格森的绵延时间（心理时间）、空间时间而言，埃里克森的生命周期时间既是一种心理时间，也是一种空间时间，空间时间是遗传心理时间的外在展现和自我表达。生命周期这种兼具空间时间和心理时间的概念，1963年被第一次用来描述在返乡生活中呈现时间连续性缺失障碍的二战士兵。"这些士兵缺乏的是同一感。他们知道他们是谁，有个人的同一性，但似乎他们的生活不再连结在一起，有一个核心的障碍，称为自我同一性的缺失"[1]，"他们在战争的紧急状态中失去了个人同一性和历史时间连续之感……就精神分析的图式而言，这种控制只有自我（ego）的'内部结构'能为之负责。"[2] 战争中的士兵失去个人同一性和历史时间连续性，开始认为是失去了"自我同一性"，士兵的自我同一性缺失，主要是指生命周期时间序列上的不一致，其产生原因是个体心理时间"过去、现在、未来"、个体空间时间"儿童、青年、中年、老年"的不连续和空间意识上自我"内部结构"中的自我与本我、超我的不均衡。从本质上讲，时间（心理时间和空间时间）与空间意识的不均衡是由"时间、自我、本我、超我、环境"五大要素的矛盾运动决定的，也即时间心理与空间意识的均衡构成人格发展的动力。

埃里克森的均衡结构吸收了皮亚杰的平衡概念。本文中的平衡是指皮亚杰的同化、顺应两种作用引起的时间、自我、本我、超我、环境五大要素的均衡，它是动态的、发展的、均衡的心理发展过程。笔者根据埃里克森自我同一性理论，分析"时间、自我、本我、超我、环境"等要素的矛盾运动，力图构建一种模型来描述人类个体生命周期和群体历史周期的时间心理和空间意识互动的过程，即时间序列中自我同一性 Ψ 模型（见图1）。

霍金认为，宇宙中存在着三种时间箭头：人类观念中的时间箭头、能量变化的时间箭头、宇宙膨胀的时间箭头。时间秩序是 ψ 模型的基本矢量，人类个体按照时间秩序的方式存在。自我空间意识的运动是遵循单一时间箭头的线性的运动，人的空间意识的运动是遵循时间秩序的。在时间心理与空间意识的维度，自我同一性理论 ψ 模型的内涵主要表述为，在遗传心理时间主导下，个体生命周期时间（空间时间）呈现为阶段性特点，且每一个时间阶段（生命周期）不可逾越，自我位于个人内在空间和社会文化外在空间之中，自我在空间意识中通过皮亚杰提出的同化和顺应两种方式，调节内在空间意识的本我、超我以及外在空间环境之间的关系，并产生不均衡到均衡的周而复始的持续时间运动[3]，

---

① Jane Kroger. *Discussions on Ego Identity*. London：Lawrence erlbaum associates, 1993, pp. 5 – 14.
② 埃里克·H. 埃里克森：《同一性：青少年与危机》，孙名之译，浙江教育出版社2000年版，第3页。
③ 周普元：《个体宗教心理发展的 ψ（普西）模型及其应用》，《宗教心理学》（第二辑），社会科学文献出版社2015年版，第61页。

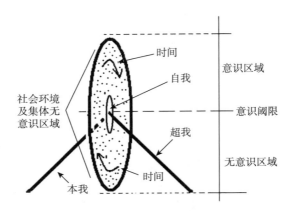

图 1　时间序列中自我同一性 ψ 模型

形成 ψ 模型时间心理与空间意识均衡结构。这个时间运动倾向如果在空间意识中是积极向上的心理时间感受，个人便能回答"我是谁，我将在时间上走向何方"，反之则自我惶惑迷失。

（二）时间序列与空间均衡的特征

埃里克森的时间序列包含心理时间和空间时间，它与自我意识空间体现为"时间、自我、本我、超我、环境"的时间运动和空间结构均衡。主要表现为：在遗传时间心理这个图式下，个体在生命周期的空间时间序列中（儿童、青年、中年、老年），个体在空间意识（空间时间、本我、自我、超我）上能感受到环境与时间心理保持连续性和不变性，即生理的我对心理时间序列上的"过去的我、现在的我和将来的我"具有连续同一性，虽然个体在不同的空间时间和空间意识中变化运动，但生理上的"我"的空间年龄增长是连续的；这也表明 ψ 模型是动态的且在空间时间上连续的过程；自我同一性这个空间意识是在空间时间序列的运动过程中，个体的内部空间意识、外部空间环境与空间时间以及遗传时间（心理时间）的均衡结构[①]。自我与时间和环境平衡协调发展，使得个体能清楚地意识到"我是谁，我在社会处于什么位置，我将走向何方"；潜意识区包含空间意识中社会环境的集体无意识和个体潜意识两个层面，使得空间时间和心理时间兼具意识和无意识特征，在空间环境中的"过去的记忆"（已有文化传统）保持均衡且连续同一性。总之，只有将 ψ 模型理解为一种多方均衡的置于时间中的空间意识动态发展结构，才能对自我同一性 ψ 模型有整体、本质的理解。

1. 结构性特征："时间、空间、心理"三位一体

ψ 模型强调兼具心理时间和空间时间的生物主体的人，在遗传心理时间主导下，经历每一个生命阶段的空间时间过程（且每一个生命阶段需要顺序通过，不可逾越）。生命各个阶段中个体自我内在"时间、自我、本我、超我"等空间意识结构与其外在空间社会环境进行互动。在主体的人生命历程中，时间展现为兼具时间的、生物的、心理的和社会环境的统一均衡体，这是值得重视的[②]。自我同一性这一特征可以说是在社会现实范围内确实达到了的但却永远需要修正的一种自身的现实感[③]。自我在遗传心理时间的作用下，时间心理与空间意识的均衡使得个体顺利通过各个生命阶段，自我同一性模型强调了通过自我调整和社会教育两方面，使个体生命周期各阶段符合时间心理，并不可错位和逾越。由此，我们应当更加重视空间环境中家庭和社会对生命周期儿童阶段的教育和调适。

---

① 周普元：《个体宗教心理发展的 ψ（普西）模型及其应用》，《宗教心理学》（第二辑），社会科学文献出版社 2015 年版，第 62 页。
② 埃里克·H. 埃里克森：《同一性：青少年与危机》，孙名之译，浙江教育出版社 2000 年版，第 5 页。
③ 埃里克·H. 埃里克森：《同一性：青少年与危机》，孙名之译，浙江教育出版社 2000 年版，第 201 页。

2. 发生学特征：在时间序列上时间心理与空间意识的均衡源于儿童期

时间、自我、本我、超我和环境达到均衡，是 ψ 模型顺利进入下一生命周期的必要条件[①]；时间心理与空间意识如果未能达到均衡，则个体心理发展会面临停滞，或者进入"空档期"。青年阶段的自我同一性危机的内在心理结构大多是前一阶段生命周期（儿童期）的结果，突出地表现在空间意识中自我与社会环境的不均衡，此时空间意识中的自我理想则更为灵活，受到时间序列上童年这一特殊历史阶段所吸收的思想的约束[②]。在该问题的相关研究中，Kroger 考察了 Erikson、Blos、Kohlberg、Loevinger 和 Kegan 的理论认为，青春期整合并超越了前一生命周期（儿童阶段）的投射和自居作用，产生了新的质的不同的整体，即空间时间与空间意识均衡起源于对儿童时期的自居作用的选择性遗弃和同化。

3. 适应性特征：自我对时间心理和空间社会环境的适应

埃里克森对个体人格的发展理论提高到了新的高度，引入"空间时间、空间意识与社会环境"关系，将个体时间心理和空间意识暴露在社会环境的现实中展开讨论。例如，弗洛伊德和埃里克森都从精神分析角度对著名历史人物进行了历史分析，弗洛伊德以内在空间意识的潜意识力比多为基调描述了达·芬奇和威尔逊生命各阶段的时间心理；埃里克森则从自我同一性的时空均衡发展，描述了时间心理上的少年马丁到青年路德和中年甘地的空间意识变化。二者比较起来，埃里克森更侧重社会和历史时间的适应性和综合性[③]。

（三）时间序列与空间均衡的效果

埃里克森的空间时间序列展现为生命周期各个阶段，个体自我在每一个时间阶段都有均衡空间意识中的空间时间、自我、本我、超我和环境，以此促进个体人格向健康的时间心理发展，个体在思想和行为等空间意识上更加符合空间年龄时间的特征。时间心理与空间意识的均衡主要基于以下假设产生效果。

1. 生命时间序列的渐进性

埃里克森空间时间序列（儿童、青年、中年、老年）受到胎儿发展理论的启发，认为人的发展是依照渐成论原则，在心理时间（过去、现在、未来）和空间时间上开展的一个生命重演的过程，一切生命按照一个遗传时间（基本方案），各部分在空间运动中展现这个基本方案，形成一个有功能的时空均衡整体。他主张，有活力的人格（类似柏格森的生命冲动）能通过自身适应法则处理遗传时间与空间时间、自我、本我、超我、环境的不均衡到均衡，增强依照自己的时间尺度和空间尺度的关系，进而形成"善于应付"时间心理与空间意识相符合的人格。按照 ψ 模型，在渐进动态的发展过程中，个体要经历八个阶段（见图1），它们是固定地以不同的先后顺序逐渐展开的动态空间时间过程。生命周期时间发展过程中，自我按照自我成熟的遗传心理时间表，将空间时间与空间意识结合起来，形成时间、空间、自我心理均衡发展的过程。艾里克森还指出，人的生命周期时间发展阶段是以一种循环的形式相互联系着一环扣一环，形成一个圆圈[④]，生命周期渐进至老年阶段，老年人在时间心理和空间意识上又接近于但是高于儿童生命阶段，也即是在心理时间上由未来回溯到过去。

---

① 周普元：《个体宗教心理发展的 ψ（普西）模型及其应用》，《宗教心理学》（第二辑），社会科学文献出版社 2015 年版，第 67 页。
② 埃里克·H. 埃里克森：《同一性：青少年与危机》，孙名之译，浙江教育出版社 2000 年版，第 201 页。
③ 埃里克·H. 埃里克森：《同一性：青少年与危机》，孙名之译，浙江教育出版社 2000 年版，第 5 页。
④ 杨鑫辉：《西方心理学史》（第四卷），山东教育出版社 2000 年版。

2. 均衡的动力系统

精神分析理论对时间的关注是其理论的起点，尤其是儿童时期生活环境以及父亲形象对个体人格的健康发展具有决定性；在病理学研究中，一些症状（如癔症）往往是由时间与空间不均衡造成的，是个人发展某一时间阶段的不适当延长或发展停滞。这种时间序列上的"同一性危机"（时间、本我、自我、超我、环境的不均衡）在青春期阶段呈现较为集中①，时间序列上儿童期不能顺利进入青年期，时间、自我、本我、超我和环境的冲突更大，ψ 模型在这个时间段的时间空间不均衡性更为剧烈，这伴随青少年的整个生命阶段。

3. 主观性特征：空间意识的一致感和连续感

ψ 模型系统内在的空间时间、本我、自我、超我是主体的我，主要是对环境客体的顺应协调，内在空间意识系统的自我除了具有潜意识特征外，还具有意识的特性，所以，就个体自身来说，个体在空间意识上能感受到 ψ 模型内在的空间一致性和时间连续性。这种时间心理与空间意识均衡，是一种"增强自信心、怎样生活"的感觉。这种感觉表现为空间意识的主观性特征，即忠实于自己的信念，忠实于别人，忠实于社会，也即是前文柏格森论述的时间展现为空间道德意识。

三 进一步的分析

柏格森和埃里克森对时间不遗余力的探索，为人类探讨时间奥秘和人学的时间解读做出了贡献。柏格森生命哲学的时间观丰富了时间哲学的内容，对萨特、梅洛庞蒂、胡塞尔、德勒兹等人的哲学理论产生重要影响，但是，柏格森生命哲学及其绵延时间存在时代性和局限性，导致在当代柏格森哲学不适应现实需要。首先，柏格森理论重视"直觉、反对理性"的研究视角，对理性主义研究起到很好的补充作用，但走上了非理性主义的极端，在以理性科学主义为主的今天显然式微。其次，柏格森过于关注绵延的创造性的一面，认为任何事物之间都是质的差别性，过分夸大形而上的生命冲动的作用。埃里克森的遗传心理时间展现为空间意识中的空间时间、自我、本我、超我和环境，但是这种空间意识主要表现为一种伦理特征，所以他是一个建构型的伦理学家，其心理学有一种伦理和宗教的基调②。埃里克森首先强调了作为生命过程的身份认同形成的能动性质，以及过程中时间心理和空间意识的交互作用。但自我同一性时空均衡模型对理解宗教发展是不相适的，它丢掉了宗教的一个基本方面，缺乏对个体非心理的灵性的认识，即人在自我认识中永远找不到生命的最终目标，也不能自己"创造"自己，人不是自足的。

时间心理、空间意识是同具体的社会形态、行为方式紧密联系的，"每个社会形态都建构客观的时间与空间概念，以符合物质与社会再生产的需要和目的，并且根据这些概念来组织物质实践"；而且，时间、空间随同社会行为方式的变迁处在自变与因变相统一的互动关系中，厘清和深化这一关系，是当代空间思维与唯物史观相关性分析的基础③。通过对比柏格森和埃里克森对时间心理和空间意识的关系探讨，大致可以得出如下结论。二者都将时间分为心理时间和空间时间两大类别，并承认时间心理与空间意识不可分割，强调时间的先天性，时间是一种自身安排，类似道家思想的"道法自然"，

① 埃里克·H. 埃里克森：《同一性：青少年与危机》，孙名之译，浙江教育出版社 2000 年版，第 3 页。
② 陈彪：《埃里克森宗教心理学思想及其贡献》，《世界宗教研究》2003 年第 4 期。
③ 胡潇：《当代空间思维与唯物史观》，《中国社会科学报》2018 年 8 月 1 日。

并且时间通过空间展现自身。二者表现出不同倾向：柏格森的时间空间概念更接近存在主义和现象学观点；埃里克森的时间概念源于胎儿渐成理论，具有朴素的科学性。在个体生命发展的动力方面，柏格森认为生命冲动和时间绵延是个体空间意识和一切行为的先天动力；埃里克森则强调时间、自我、本我、超我、环境的结构均衡适应，均衡发展的过程构成个体生命发展的主要动力。柏格森的空间意识是一种情感意识，强调了直觉等非理性对总体义务的适应；埃里克森的空间意识更接近弗洛伊德精神分析学派的意识观点，符合意识的特质。最后，柏格森的时间概念主要描述个体生命发展问题，而埃里克森的时间主要强调人类历史发展的大时间，并创立了心理传记学派。

Psychological Theory of Individual Life Cycle Time and Space Consciousness

Zhou Puyuan, Shinar Davrieti

Abstract：Based on Bergson's theory of life span and Erikson's theory of life cycle, this paper expounds the different temporal psychology in each stage of an individual's life cycle and the different religious moralities shown in spatial consciousness. In biological organism itself, the moral attribute of "life impulse", at the individual life cycle time of psychological time and space stretches with open, through the design and plan and implement their own creation. The text constructs the model of Eriksen's life cycle theory, which contains the continuity of "past, present and future" psychological time series, as well as the spatial and temporal transcendence of "children, youth, middle age and old age". In this way, the time and space balance between time (psychological time, spatial time), spatial consciousness (id, ego, superego) and environment (family, society, school, etc.) is demonstrated. In the stage of children's life cycle, the id in the spatial consciousness breeds the ego and forms the moral superego. In terms of spatial consciousness, children's "animism, teleology and anthropomorphism" gradually weakens. In the stage of adolescent life cycle, space consciousness and time space balance of environment become the biggest demand, and affect the orderly development of time psychology. In the life cycle of middle age, the balanced structure of time psychology, space consciousness and environment forms a stable personality, and the desire for superego morality intensifies. At this time, the theological significance of religion is obscured and becomes a kind of moral ethics or a living habit. Therefore, through the psychological interpretation of individual time psychology and space consciousness, we can reveal the nature of religious morality and its operation rules, which is of great significance to the development of marxist religious education in China, and also helpful to the construction of the discipline system of Chinese religious psychology.

Keywords：Religious Psychology；Time Psychology；Spatial Awareness；Religious Moral

《西南边疆民族研究》 第 28 辑

第 178～180 页

© SSAP，2019

历史的民族与民族的历史：深化西南边疆民族史研究的钥匙

——《云南 15 种特有民族古代史料汇编》评介

段金生*

摘　要　史料是一切历史研究的基础。掌握丰富的资料，占有第一手文献；对文献资料条分缕析、认真辨析；既要有共时性的思维，也要有历时性的认识，都是历史研究者应具备的基本能力与素养。《云南 15 种特有民族古代史料汇编》这一成果，表现了编者严谨的治学态度和坚韧不拔的精神。汇编收集文献资料较为完整，文献的编排亦为合理，同时具有很强的学术性，对于进一步推进云南边疆民族史研究的深度和广度，颇具重要意义，其可谓当前深化西南边疆民族史研究的钥匙之一。

关键词　汇编；西南边疆；民族

DOI：10. 13835/b. eayn. 28. 19

要了解历史时期的西南边疆民族及西南边疆民族的历史，端赖于中国古代丰富的文献记载。云南大学古永继教授长期治学于西南边疆民族史，其穷十余年之力编纂而成的 300 余万字的《云南 15 种特有民族古代史料汇编》2013 年在云南大学出版社出版，笔者阅后，深受启发，认为这是进一步深化西南边疆民族史研究的钥匙。拟就其表现的治学态度与精神、意义及其价值，不揣浅陋，试作评介。

一　严谨、坚韧的治学态度与精神

文字是作者思想的产物，是作者思维活动的载体之一。一部著作所呈现的不仅是文字内容，也是作者思想、认知、行动诸多方面的综合表现。《云南 15 种特有民族古代史料汇编》不仅是史料汇编，其呈现的内容及其编排体例，也是编者治学态度与精神、思维与路径的表现。古永继教授在学术界的研究以文献丰富、扎实见长，观其一系列研究成果，多有敢于突破"共识"的新颖见解，并且少有商榷者。究其原因，愚意以为这与古永继教授严谨的治学理念、坚韧的治学路径和精神有密切的关系。

一切研究皆有方法可论，一切认识皆有路径可寻，但任何研究万变不离其宗的，就是按其专业路径，扎实、认真推进，史学研究更是如此。史料是一切历史研究的基础，这是学术界之共识。政治史、经济史、人口史等的研究如是，思想史、文化史、社会史等的研究也概莫能外，边疆民族史的研究亦自然是以历史文献资料为基础。掌握丰富的资料，占有第一手文献；对文献资料条分缕析、认真辨析；

---

*　段金生，云南民族大学教授，博士生导师。

既要有共时性的思维，也要有历时性的认识，都是历史研究者应具备的基本能力与素养。古永继教授的相关研究成果都是在深厚的文献功底基础上完成的，其对相关文献资料搜罗完备，解读、辨析精准，故形成的观点严谨、明确，努力做到了史学研究的客观性。这是其治学理念、严谨态度的重要体现。所谓坚韧，是其坐得"冷板凳"精神的表现。近代以来，学科、专业的分化日趋精细，学科、专业之间的隔膜也越来越深，虽然近些年来跨学科的交叉研究颇引起学术界共识，但客观而论，真正做到此一程度之学者究属少数。一些学科的学者认为历史研究就是翻阅文献，梳理一下，就能成文，是一件轻松之事。实则，此为错识。历史文献浩如烟海，而又包罗万象，如何去伪存真、去粗存精，没有慧识，没有长期坚持的努力是不可能完成的。而这一工作又是一项"枯燥"甚至"烦躁"之事，显非易事。在这一发展途径中，多有半途而返者，长期坚持往前探究者则为渐少之群体。古永继教授就是这一"渐少之群体"中的一员，他长期坚持史料的搜集、整理，穷数十年之力，在西南边疆民族史文献领域深耕厚植，其治学成就，与坚韧不拔之精神密不可分。

《云南15种特有民族古代史料汇编》充分体现了上述理念。古永继教授自2004年开始，就参与国家清史纂修工程项目《典志·民族志·南方少数民族》的部分撰写工作。他在撰写过程中，发现今天云南15种特有民族的古代史料迄今未见系统之整理，遂十年如一日，努力搜集、不断扩大范围，最终形成了这一厚重的成果，期望减少研究者之搜寻史料的时间。显然，没有严谨的治学态度、坚韧不拔的精神，根本无法完成这一计划。这一态度与精神，实是历史研究的基本理念，任何时候、任何学者皆要坚持。

二 深化西南边疆民族史研究的钥匙

近年来，在经过一段时间沉寂后，边疆民族史的研究再次引起学术界的广泛关注，在研究思路与视野诸多方面都取得较大发展。但无论如何，边疆民族史研究的根本基础仍在文献资料，这是不变之理。云南民族众多，又地域较广，气候与自然地理环境多样，客观上地缘政治形态也较为复杂，在西南边疆诸区域中颇具代表性。因此，加深云南边疆民族史的研究，客观上对西南边疆民族史的研究具有推动性。《云南15种特有民族古代史料汇编》的出版，对于进一步推进云南边疆民族史研究的深度和广度，颇具重要意义。笔者以为，可谓其是当前深化西南边疆民族史研究的钥匙之一。《云南15种特有民族古代史料汇编》的主要特点有如下几点。

一是文献资料的完整性。我国历史悠久，史料之丰硕为世界少有。关于云南民族史的相关史料，先秦时期早已存在，以后历代更是日益厚重。这些资料分散于官修正史、实录、方志、档案及私人记录等不同文本中，使用不易，阅读较难。《云南15种特有民族古代史料汇编》将1911年以前的各种正史、别史、实录、档案、方志、碑刻及田野调查资料中有关云南傣、白、纳西、哈尼、傈僳、普米、拉祜、佤、景颇、布朗、德昂、阿昌、怒、独龙、基诺15个民族的汉文、汉译等资料汇集并标点分类，对于研究这些民族的产生、发展变化及政治、经济、文化生活等，从而进一步推动对西南边疆各民族关系的认识，深化对中华民族交流、交融的体认的意义不言而喻。

二是文献编排的合理性。《云南15种特有民族古代史料汇编》为了方便读者使用，在编者长期治学的基础上，对各民族的史料主要按源流分布、政治、经济、文化、社会生活等进行了编类；同时，在类下又依据时代顺序，按照行政建置、土官土司、军事、物产、教育文化等设了诸多相关细目。这些安排使读者在使用时，可以对照目录按图索骥，方便查询到所要使用的内容，既集中了主题，又避免了读者搜寻史料的诸多辛劳。

三是文献汇编体现的学术性。资料汇编虽是一项基础工作，但没有长期的学术研究积累，实无从下手。该项汇编涉及内容庞杂，条目众多，如何在繁杂的史料中进行取舍，实为根本难题。阅读该书，可以发现，因编者自身学术功底深厚，对这一难题的驾驭十分得当。在该书中，编者对史料的收录主要遵循是否具有学术价值、是否具有科学性、是否民族属性明确、是否符合历史时限要求四个基本原则。尤其是民族属性明确这一原则，十分难能可贵。客观上，部分少数民族的族源史，学术界一直存在争议，客观上也较为敏感。但编者长期从事民族史研究，对此把握相当娴熟，在遇史料族性有争议者，则以学术界的认同为标准。在此仅举一例来说明。在西南少数民族史研究中，傣族与德昂族，学术界一般认为唐元时期常见的"金齿"为"白夷"，即傣族先民的他称之一；但亦有学者认为其是包括黑齿、银齿、绣脚等在内的"茫蛮部落"中的一部分，为佤族、布朗族等之先民。编者在汇编中采用了学术界普遍赞同的前一种观点，将上述涉及的相关史料均归属于傣族史料中。这一安排表现了编者对学术研究动态的准确把握，呈现的是其深厚的学术积淀。

总之，在漫长的人类发展进程中，如何解释历史上的民族（族群）及其关系，如何认识民族的历史发展过程，一直是人们孜孜讨论和追求的重要议题。中国古史漫长，多民族的共同历史构建了大一统的"天下"认知理念。《尚书》中《尧典》篇言尧帝时代"百姓昭明，协和万邦"；《禹贡》篇则将天下划为九州，称帝禹时代实现了"九州攸同……中邦锡土姓，祗台德先，不距朕行"之政局。"协和万邦""九州攸同"等语都表现了先秦追求天下统一的政治理念；而"九州""万邦"之语也表现了在向"统一"形态发展的历史进程中，多区域、多族群关系的复杂性与丰富性。在"九州"区域中，中国西南边疆区域民族众多，民族关系形态丰富。《史记·西南夷列传》云"西南夷君长以什数"，并有"皆魋结，耕田，有邑聚"、"皆编发，随畜迁徙，毋常处，毋君长，地方可数千里"及"其俗或土箸，或移徙"等不同的社会组织与生产形态，充分说明了中国西南民族的多元化与复杂形态。在西南边疆诸地区中，云南古在要荒之地且"蛮夷居之，其名称因时因人而异"，如何准确把握云南古代民族的发展演变及其与中国多民族国家构成的关系具有重要的历史与现实价值。诚如《全唐文》唐太宗李世民所论："不出岩廊，神交千祀之外；穆然旒纩，临睨九皇之表。是知右史序言，蹑斯不昧；左官诠事，历兹未远。发挥文字之本，导达书契之源，大矣哉，盖史籍之为用也！"[1] 李世民之语充分阐述了历史文献记载的功用及其价值。而《云南 15 种特有民族古代史料汇编》就具备了这样的功能。

---

① 《全唐文》卷 8 《太宗五·修晋书诏》。

《西南边疆民族研究》 第 28 辑

第 181~191 页

© SSAP，2019

景颇族传统民间信仰研究综述

赵兰芳*

摘　要　景颇族传统民间信仰体现了该族的人生追求和伦理道德观念。20 世纪 50 年代以来学者对景颇族传统民间信仰进行了较为细致的研究，主要观点有景颇族信"鬼""神""鬼神"、信"鬼魂（鬼灵）""天神""人鬼"说等。本文对景颇族传统民间信仰研究进行了较为系统的梳理和述评。

关键词　景颇族，传统民间信仰，分类系统

DOI：10.13835/b. eayn. 28. 20

民间信仰是民族价值观的重要组成部分，直接体现了一个民族的人生追求、伦理道德观念，对组织、协调社会成员的关系，规范社会角色、再造人伦、塑造人格具有极为明显和长远的作用。本文主要就 20 世纪 50 年代以来，景颇族传统民间信仰的资料搜集整理、研究等方面做一梳理。

一　信"鬼"说

目前可以查到较早的直接记述是李根源的《滇西兵要界务图注钞》。他直接指出："小江之茶山人，……信鬼，以鸡骨问卜。"[①] 同一时期的闵为人在《片马紧要记》"茶山风俗"部分写道："俗尚鬼，有病无医药，惟用竹片二十四根，列次占之。有鬼，则用猪牛祭献。种田不知栽秧，播种田中不芸[②]不芟，听其自长。尝新时喃喃诵经，以为上天所赐。邀左右邻舍，杀牛宰猪，痛饮大醉。留牛首而悬诸屋，其荣亦似汉人之挂钟表字画者。"[③] 尹明德 1931 年 9 月完成的《滇缅界务北段调查报告》亦言："北段未定界区域，人种大别之可分为蒲蛮、浪速、茶山、小山、摆夷、栗粟、球夷七种。蒲蛮、浪速、茶山、小山四种，通称曰野人。……惟畏鬼，疾病辄祀之，不知医药。每户皆以屋一段为鬼房，生客若误由鬼房入，目为不详，鬼必作祟，须杀牲为之祭。……婚丧祀鬼，则向外购牛杀而祭之。"[④]

1950~1955 年，为在民族地区实行民族区域自治和进行民主改革、社会主义改造提供系统的科学

---

* 赵兰芳，云南大学艺术与设计学院副教授，主要从事少数民族音乐和少数民族文化研究。

① 李根源：《滇西兵要界务图注钞》，载德宏史志编委会办公室编《德宏史志资料》（第十八集），德宏民族出版社 1996 年版，第 89 页。

② 同"耘"。参见德宏史志编委会办公室编《德宏史志资料》（第十八集），第 69 页。

③ 闵为人：《片马紧要记》，载马玉华主编《中国边疆研究文库·西南边疆卷》（四），黑龙江教育出版社 2013 年版，第 78 页。

④ 尹明德：《滇缅界务北段调查报告》，载德宏史志编委会办公室编《德宏史志资料》（第十八集），第 90~91 页。

依据，中共云南省委边疆工作委员会、云南省民委对全省少数民族社会历史情况进行调查研究。1956年，在全国人大常委会民族委员会直接指导下，成立了云南少数民族社会历史调查组，对云南边疆地区的少数民族开展了大规模的调查。1958年，为配合编写各民族简史简志，继续做了调查。1980年代，在历次调查研究的基础上，国家民委选编了《中国少数民族社会历史调查资料丛刊》。这些资料的学术价值怎么强调都不为过，它们真实而详细地记录了各民族的政治经济、现实生活和传统文化，当时各少数民族尚未受到全面深入的大规模的外来文化的冲击和改造，调研人员没有受到太多其他因素的影响，调查很深入，调查材料反映的应该是较长时期内各民族的真实情况。四卷本的《景颇族社会历史调查》让我们看到了景颇族那个时期的思想观念和信仰。王菁、刘达理、李成洪 1957 年 11 月对莲山县乌帕乡乌帕寨进行调查后形成的报告说："景颇族信鬼，认为凡生产、生活的一切现象都由鬼主宰。"① 同年 3 月进行调查的朱家桢也看到同样的情形："景颇族基本的信仰是鬼灵信仰，对一切自然、社会现象不能理解者，均赋之以鬼灵观念，因之鬼的种类竟百十余种之多，且鬼有善恶之分，能降人以祸福。因此，为了襄灾祈福，以牛、猪、鸡等献鬼。在一切生产生活活动中，充满了鬼灵宗教的仪式。"② 谭碧波、朱家桢、杨毓骧、刘振乾、黄顺瑶等人 1957 年 3 月的调查，③ 同年在瑞丽县雷弄寨、潞西县东山弄垱寨、西山弄丙寨、景盈江县大幕文乡碤汤寨（宝石岭岗）、陇川县邦佤寨、景颇族五个点（寨）等地的调查，④ 孙承烈、张霈的调查，结论都一样。⑤ 大董萨沙万福（贡推干）对杨永生等人说："宁贯娃以前，完全是鬼的世界。木作毛浪和木代等是七兄弟。木代最小，按幼子继承，他为最大。故今为天鬼中最大的鬼，必须以最大的祭典'木脑'祭祀；拾跌门曼，直胖木占这个女鬼，也变为标志山官特权的唯一象征。""宁贯娃是由鬼到人的转折点，也是景颇族历史的开端，他完成开天辟地的事业以后，人类才开始生存。"⑥

欧鹍渤编撰的《景颇族民间故事》搜集了大量的景颇族民间神话传说故事，这些神话、传说、故事，保留了其原始形态，广泛反映了景颇族各个历史阶段的社会生活和文化，又以潜移默化的方式影响着景颇人的思想情感，陶冶着景颇人的民族性格。欧鹍渤在"后记"中写道："从搜集到的材料来看，景颇族神话，有它自己的神的系统，构成了一个神话世界。只不过景颇人没有神的观念，只有鬼的观念，因此，神话中的神，不叫神，而叫鬼，如天鬼、地鬼、阴鬼、阳鬼等。其实，在这里，鬼就是神，天鬼、地鬼、阴鬼、阳鬼，都是受人尊敬的神人。"⑦

张建章经过仔细的调查研究，也认为景颇族只有鬼的观念而无神的观念。⑧ 桑耀华在《中国各民

---

① 王菁、刘达理、李成洪：《莲山县乌帕乡乌帕寨社会历史调查》，载云南省编辑部《中国少数民族社会历史调查资料丛刊·景颇族社会历史调查》（三），云南人民出版社 1986 年版，第 18 页。
② 朱家桢：《德宏州景颇族三个点的调查总结》，载云南省编辑部《中国少数民族社会历史调查资料丛刊·景颇族社会历史调查》（三），第 47 页。
③ 谭碧波等调查，朱家桢整理《陇川县邦瓦寨景颇族调查报告》，载云南省编辑部《中国少数民族社会历史调查资料丛刊·景颇族社会历史调查》（二），云南人民出版社 1985 年版，第 45 页。
④ 杨文清等：《潞西县东山弄垱寨景颇族调查报告》，载云南省编辑部《中国少数民族社会历史调查资料丛刊·景颇族社会历史调查》（二），第 30 页。
⑤ 孙承烈、张霈：《云南德宏傣族景颇族自治州边六县和腾冲县各民族的地理分布及历史来源调查报告》，载德宏史志编委会办公室编《德宏史志资料》（第十八集），第 111 页。
⑥ 杨永生、朱家祯、宋蜀华等：《景颇族五个点（寨）调查综合报告》，载云南省编辑部《中国少数民族社会历史调查资料丛刊·景颇族社会历史调查》（二），第 81 页。
⑦ 欧鹍渤：《景颇族民间故事》，云南人民出版社 1983 年版，第 307 页。
⑧ 张建章：《试析德宏州原始宗教崇拜种类》，《世界宗教研究》1989 年第 1 期。张建章主编《德宏宗教——德宏傣族景颇族自治州宗教志》，德宏人民出版社 1992 年版，第 33 页。

族原始宗教资料集成·景颇族卷》的绪论中指出："从宗教观念看，90%以上的群众还是信仰固有的、基本上是与部落社会相联系的原始宗教（仅有少数群众于本世纪初接受基督教）。就目前所见到的研究景颇族宗教信仰的文章，如《景颇族的原始宗教习俗》《景颇族的原始宗教形态》《景颇族的原始宗教》《景颇族的原始宗教与两个文明建设》《景颇族的有神论观念》《试论德宏州原始宗教崇拜种类》等，都认为景颇族的宗教依然是崇拜万物有灵，以口头念鬼祈祷形式和大量杀牲献鬼为内容的原始宗教。"①

二　"鬼魂"（鬼灵）信仰说

景颇族传统信仰认为世上的一切物质，包括人类，都有肉体和灵魂的双重性质，万物超自然的存在——"灵魂"，远比自然存在本身更具威力。死亡只是肉体的终结，灵魂并没有消亡。人和其他生物活着有魂，死后变鬼，所有的鬼魂（鬼灵）不过是肉体死去的灵魂，它们可以影响生者的生活，因此必须敬畏和崇拜。《景颇族文化史》认为："景颇族传统生死观中，'鬼'是一个特别重要的概念。在'万物有灵'观念的支配下，景颇族特别相信鬼。按照景颇族传统生死观解释：人死为鬼。否认自然死亡的存在，对景颇族先民来说，死亡从来不是自然的，死亡永远是横死。在死亡之前发生的现象中，他们总是可以找到神秘的致死原因，如被毒蛇咬死或受火烧、中箭，树倒致命伤而死，也同样归咎于鬼。"② 当然，不是所有的物质都有灵魂，只有自己会移动，并且其行为能够为自身所控制的事物才有灵魂。有些物质，如自然界的山、石、树、水、火，以及天上的雷、电、风、云、雾、虹、雨等都没有魂，只有鬼，因此可以通过念鬼对它们加以利用。地上万物中，只有人和动物有魂，植物就没有。谷子有魂是因为谷子被人吃进肚子里，与人同样有灵性，这才有了谷魂。

关于人的灵魂有两种说法。一是男人有6个魂，女人有7个魂，动物亦然。女人的前6个魂与男人相同，多了1个假魂，所以胆小怕事。第一个魂"秋龙术"，是人的精神和力量的源泉，是6个魂中最重要的一个；第二个魂"鄂龙贝"，是个老老实实的魂；第三个魂"米龙木"，是个不干坏事的魂。这3个魂为"真魂""近魂"或"好魂"。第四个魂"永木"，喜欢在外，常不回家；第五个魂"依龙嘎贝"，是个到处游逛、要吃要喝的魂；第六个魂"桑冬木"，主人外出它总是紧跟着。这3个魂被称为"假魂""远魂"或"坏魂"。以上6个魂分别居于人的头、心脏和四肢的血管中。妇女另有的一个魂住在奶管中。由于血管分布在人的全身，因而魂能将周身血液收集汇拢起来。若3个真魂都离开了人体，人就要死亡。死者的3个假魂会在人间活动。如果3个真魂中被鬼咬走了一两个，人就会生病，通过董萨念鬼可以把它叫回来，这就是"叫魂"。另一种说法是每个人只有2个真魂、4个假魂。在4个假魂中，有1个会听话，其他3个不听话。真魂丢了人会死，会听话的假魂丢了人会生病。

景颇族的灵魂观念最初是从梦境中产生的。杨永生、朱家祯、宋蜀华等调查时发现，在景颇族的现实生活里，人的一切活动都与鬼魂观念交织在一起。③

景颇族传统信仰认为，人做梦是灵魂离开了肉身外出造成的。灵魂没离开肉身，人就不会入睡做

①　桑耀华主编《中国各民族原始宗教资料集成·景颇族卷·绪论》，载吕大吉、何耀华总主编《中国各民族原始宗教资料集成》，中国社会科学出版社1999年版，第358页。
②　刘刚、石锐、王皎：《景颇族文化史》，云南民族出版社2002年版，第127页。
③　杨永生、朱家祯、宋蜀华：《景颇族五个点（寨）调查综合报告》，载云南省编辑部《中国少数民族社会历史调查资料丛刊·景颇族社会历史调查》（二），第196～197页。

梦。有时入睡了但不做梦，是因为灵魂虽然离开肉身外出，但没遇上怪物。如果灵魂外出遇上怪物，人就会做怪梦。尤其是遇上山鬼、天鬼和其他恶鬼，人的灵魂就有被拴住的危险。如果被拴住不能返回，人就会生病，必须请董萨念鬼祈求放回，否则有死亡的可能性。

中国科学院民族研究所云南少数民族社会历史调查组 1963 年编写的《景颇族简史简志合编（初稿）》认为：

> 景颇族的宗教，主要是鬼灵信仰，他们认为除了人有灵魂外，日、月、鸟、兽、巨石、怪树等都有鬼灵，都能随时作祟于人，所以要定期献祭。鬼有大、小、善、恶之分，景颇族最怕恶鬼，认为恶鬼随时随地会给人祸害，为了避免恶鬼的为害，在日常生产和生活中，都有许多迷信禁忌，这反映了景颇族社会的生产比较落后，不能摆脱自然力的控制，在精神意识上把自然神化了。[1]

《景颇族简史》基本沿用《景颇族简史简志合编（初稿）》的观点：

> 景颇族的宗教信仰主要是鬼灵信仰，他们认为不仅人有灵魂，而且自然界中的万物，如日月、山川、鸟兽、巨石、怪树等也都有鬼灵，它们都能作祟于人，给人以祸福。他们认为鬼也有善恶大小之分，而恶鬼是最可怕的，为了祈禳恶鬼和报酬善鬼，就需要定期或不定期杀牲献鬼。景颇族把鬼分为三类：一类是天上的鬼，以太阳鬼为最大。一类是地上的鬼，以地鬼为最大。一类是家鬼，以"木代"鬼（只有山官才能供）为最大，而"木代"鬼也是天鬼之一。由于"木代"鬼是山官的家鬼，又是天鬼之一，因此权力最大。[2]

同样的表述出现在《中华文化通志》：

> 景颇族旧时主要信仰万物有灵的原始宗教，崇拜自然和祖先，认为日月、山川、鸟兽、巨石、怪树等都有鬼灵，可以作祟于人，给人以祸福。这种产生于人类早期的宗教形态，在景颇族的精神生活中起着重要作用。[3]

三 "鬼神"信仰说

有的研究者认为应该称景颇族传统民间信仰的对象为"鬼神"。"随着社会的发展，经济基础的变化，其宗教观念也跟着变化，从自然宗教发展到了人为宗教，鬼神之间也进行了权力和职权的兼并，出现了高低贵贱之分，鬼神开始分家。在贵族专制的贡龙贡萨制度建立以后，景颇族社会盛行幼子继承制。天鬼'木代'代表幼子，即山官的幼子。因此，一般只有贵族山官才有祭献'木代鬼'的权利。由于'木代鬼'是山官的家鬼，又是天鬼之一，所以权力最大。景颇族最大的祭典'目瑙纵歌'

---

① 中国科学院民族研究所云南少数民族社会历史调查组：《景颇族简史简志合编（初稿）》，中国科学院民族研究所 1963 年版，第 59 页。
② 《景颇族简史》编写组、《景颇族简史》修订本编写组：《景颇族简史》，民族出版社 2008 年版，第 84～85 页。
③ 中华文化通志编委会编《中华文化通志》（第三典），上海人民出版社 1998 年版，第 148 页。

就是为祭献'木代鬼'而举行的仪式。"①

作为景颇族史诗最早的调查整理者，萧家成 1963 年到盈江拜访景颇族大斋瓦沙万福（贡推干），用景颇文和国际音标记录了景颇族创世史诗，1992 年出版了《勒包斋娃——景颇族创世史诗》。全文分三十章，包括了自然神话、社会神话、洪水神话、英雄神话、族系神话、生产生活神话与宗教神话等。2008 年，萧家成在前作的基础上出版了《勒包斋娃研究：景颇族创世史诗的综合性文化形态》，以景颇文和汉文对照的形式对史诗加以呈现，对史诗进行了全面细致的研究。他认为："在景颇族创世史诗里只有两界，即天宫与人间，尚未形成冥界的观念。还有，在汉族及其他一些民族中，鬼与神是区分的，神一般在天界，鬼一般在冥界。但在景颇族的神话中，鬼与神没有区分，都用一个词（nat）表达。这与他们只区分两界也互相吻合。人与鬼神是兄弟，在天宫也实行着与人间相同的幼子继承制。天宫与人间可以互相自由频繁地往返、居住。这也表现了神奇的力量。"②

此外，还有"天神""人鬼"说。

作为景颇族学者，石锐既是本族人，又是研究者，他认为："景颇族在每年十二月份，收获结束时祭献天神木代以共庆丰收。诸神中，天神木代地位最高，权力最大。天神木代只能在官家或官种家供奉。"③

赵天宝在其博士学位论文基础上修订的《景颇族纠纷解决机制研究》，运用历史学方法梳理景颇族解决纷争机制的生成环境，认为景颇族传统民间信仰不仅是景颇族习惯规范产生的渊源之一，也是保证景颇族解纷机制顺利运行的权威之一。书中写道："祖先崇拜属于人鬼崇拜，人鬼主要包括家堂鬼和野鬼。景颇人供奉家堂鬼即为其祖先崇拜的方式。"④

综上所述，对景颇族信仰的超自然力量主要表述有"鬼""神""鬼神""鬼灵""鬼魂""天神""人鬼"说等。

景颇文字中，有一个字"nat"（读作"南"），表示超自然存在，代表景颇族传统民间信仰的对象。一般释其含义为"鬼"，但也有译为"神"的。

萧家成对"nat"的翻译专门做了说明："nat：有'精灵'与'鬼'、'神'三种含义。本书在翻译时根据需要加以区别：创世以前者，统称为精灵；创世以后者，根据其性质分别译为'鬼'和'神'。"他在翻译时贯彻了这一原则，如"创造神""智慧神"、"天鬼"、"土地神"（或"地鬼"）、"灾难鬼"、"诅咒鬼"等。在文本中，天上的称为"神"，地上的称为"鬼"，如"云团神""雾露神"。"神""鬼"有较为明显的善恶好坏之分，如"创造神""智慧神""灾难鬼""诅咒鬼""胎神""难产鬼""凶死短命鬼""歌神""艺神""树神"。有时"神""鬼"的运用仅是为了修辞，如"疯鬼狂神"。⑤

《目瑙斋瓦》是景颇族的"诗经"，是世世代代的斋瓦们吟诵传承下来的景颇族的文化宝典，在景颇人心目中占据着不可替代的位置。它对景颇族的信仰、日常生活、族群认同都产生了深远的影响。同样是对沙万福吟咏的记录，李向前整理翻译的《目瑙斋瓦》中多译为"神"，如"寰若神""百鸟

① 祁德川：《景颇族原始宗教文化研究》，德宏民族出版社 2012 年版，第 132、93 页。
② 萧家成：《勒包斋娃研究——景颇族创世史诗的综合性文化形态》，社会科学文献出版社 2008 年版，第 56 页。
③ 石锐：《景颇族刀耕火种文化的变迁》，载《景颇族研究》第二辑，云南民族出版社 2008 年版，第 21 页。
④ 赵天宝：《景颇族纠纷解决机制研究》，法律出版社 2013 年版，第 43 页。
⑤ 萧家成：《勒包斋娃研究——景颇族创世史诗的综合性文化形态》，社会科学文献出版社 2008 年版，第 165、76、196、190、56 页。

的父神（母神）""山洼神""战神""蛇神""太阳神""天神""彩虹神"。也根据职能翻译为"鬼"，如"凶残鬼""木若鬼"。不少地方也"鬼""神"通用，如"他是主宰生命的，智神热那照帕鬼"。一般来说，天上的称为"神"，地上的称为"鬼"。但也不尽然，如"金鬼""银神""山洼神""水神"。"神""鬼"没有善恶好坏之分，如"木若鬼""木代鬼""氏地鬼""木租鬼"。书中的"神"也有神奇、非凡的意思，如"神弓""神刀""神锤""神风""神火""神蛇""神水""神权"等。①

同样是对"nat"的翻译，埃德蒙·R. 利奇在《缅甸高地诸政治体系——对克钦社会结构的一项研究》一书中没用"ghost"而用了"deity"，即"超自然的存在"。他将其分为地神、天神、祖先神等类别。②

某些研究者同时用"鬼""鬼魂""灵魂""鬼灵""鬼神"等概念表达"nat"，这些概念的内涵都一样。石锐在《景颇族刀耕火种文化的变迁》"五、景颇族的传统农耕礼仪（一）祭献与刀耕火种农业有关的鬼"中写道：

> 景颇族相信自然界中的万物都有灵魂。人的一切活动都与鬼神交织在一起。因此，每年从事刀耕火种活动时，首先要祭与刀耕火种农业有关的鬼神。只要是景颇族寨子就有"能尚"（Numshang，汉语称"官庙"）。"能尚"里供着的与刀耕火种农业有关的鬼神有：
>
> 木代（Madai，即太阳神）——主司人丁发达、六畜兴旺、五谷丰收。
>
> ……
>
> 知通（Jahtung，即山鬼）——管山水、鸟兽。
>
> 子卡（Zihka，即谷神）——保护谷类的神。
>
> ……
>
> 木沙纳（Masha nat，即祖先鬼）——主司人畜兴旺、五谷丰收、免受疾病。
>
> 沙夏（Saga，即菜地鬼）——管谷地、菜地的鬼。祭献它，祈求其保护地里的谷类和蔬菜。
>
> 诗迪木若（Shadi maro，主管大地的神）——主司人畜兴旺、五谷丰收。③

文中交替用了"鬼""鬼神""神"等表述，"神"在"祭献与刀耕火种农业有关的鬼"标题之下。"木代"表述为"太阳神"，"知通"却称"山鬼"。如果说区分鬼神的依据是天地，那是可以理解的，但为什么各种地上的 nat 有的是"神"，有的是"鬼"？如果说区分鬼神的依据是管辖范围不同，为什么"知通"称"山鬼"，而"子卡"却称"谷神"？同样主司农业，"子卡"称"谷神"，"沙夏"却释为"菜地鬼"。这说明，在研究者的心目中，汉语的"鬼""神"含义是一样的。同样的情形出现在祁德川的文章中：

> 正如景颇族大斋瓦贡推干所说："自从形成了天地之后，就出现了彭干支伦和（其妻）木占咸纯，他们是一切的'总神'，他们生出了人类和各种各样的实物、实体。首先生了'目代'（景

---

① 李向前搜集整理《目瑙斋瓦——景颇族创世纪》，德宏人民出版社 1991 年版，第 20、23、30、33、34、58、5、278、43～51、71～76、34、40 页。

② 埃德蒙·R. 利奇：《缅甸高地诸政治体系——对克钦社会结构的一项研究》，杨春宇、周歆红译，商务印书馆 2010 年版，第 172～175 页。

③ 石锐：《景颇族刀耕火种文化的变迁》，载《景颇族研究》第二辑，云南民族出版社 2008 年版，第 21、29 页。

颇族最大的神）等 7 弟兄，后又生了各民族所供奉的神、山官家所供的'斯铁木曼和子胖木占'以及'能尚'中所供的'斯铁'神。……可以这么说，景颇族的鬼形象就是这样产生出来的。"[1]

既然这些文本中"鬼""鬼魂""鬼灵""鬼神""神"含义没区别，为什么人们还在为景颇族信仰的是"鬼"还是"神"纠结呢？究其实质，在于事关景颇族社会文化的定性和定位。首先，按照长期以来流行的理论，自然崇拜—多神教—普遍宗教，这是宗教发展的三个阶段。如果景颇族信鬼，就属于自然崇拜，而自然崇拜被认为是原始宗教的一种崇拜形式，也就是说景颇族的文化处于很低的程度。20 世纪 50 年代，中央政府对当时还处在原始社会末期或已经进入阶级社会，但阶级分化不明显、土地占有不集中、生产力水平低下的景颇、傈僳、独龙、怒、德昂、佤、布朗、基诺和部分拉祜、哈尼、瑶等 20 个民族地区，采取"直接过渡"方式，使其直接地、逐步地过渡到社会主义。"对于实行'直过区'政策时景颇族处于什么样的社会形态，在景颇族本民族人士中还存在争议，有人认为在实行'直过政策'时将景颇族社会定位为原始社会末期向封建社会初期过渡时期，并未反映景颇族地区的实际情况；……有人提出当时的社会是从傣族土司统治地域内傣族土司没有很好控制下形成的山官制向社会主义制度过渡。"[2] 按照当时流行的社会发展阶段论，人类社会循原始社会—奴隶社会—封建社会—资本主义社会—共产主义社会的顺序发展，原始宗教处于原始社会阶段，这就意味着景颇族在 20 世纪 50 年代前处于原始社会时期。清楚这一点，我们就可以理解为什么一定要区分"鬼"和"神"了。在人们心目中，"神"的观念比"鬼"的观念晚出，发展程度要高得多，如果鬼神内部再分层级，这种文化就更加先进。

四 鬼神的类别及信仰产生的原因

《目瑙斋瓦》记载了 21 种鬼的名和功能：①木若干荣歪，发生仇杀时祭献的鬼；②木若弄荣拐，战争和平时祭献的鬼；③壤熬木若，铁匠祭献的鬼；④能独木若，发生战争赎回俘虏时祭献的鬼；⑤星来当木若，举行目瑙时祭献的鬼；⑥能占木若，房子被烧时祭献的鬼；⑦来仲木若，歌手祭献的鬼；⑧涛直木若，巫师祭献的鬼；⑨肯庄木若，祭司祭献的鬼；⑩卜卦木若，卜卦者祭献的鬼；⑪斋力木若，吟诵斋瓦时祭献的鬼；⑫瑙双木若，目瑙的领舞祭献的鬼；⑬帕知木若，有知识的智者祭献的鬼；⑭扎力木若，经商的人祭献的鬼；⑮恩胆木若，丰收的年成祭献的鬼；⑯地吨木若，煮饭者祭献的鬼；⑰布摆木若，举行婚礼时祭献的鬼；⑱锐翁木若，谷子丰收时祭献的鬼；⑲达顿木若，纺织者祭献的鬼；⑳窝越木若，会唱山歌的人祭献的鬼；㉑如直木若，串姑娘惹祸时祭献的鬼。这些鬼有善有恶，得按不同的种类、场合和方式祭献，以求善鬼的帮助和躲避恶鬼。[3]

20 世纪 50 年代调查时主要有两个统计数据，一项是景颇族民间信仰有 160 多种鬼，[4] 另一调查统计有 130 多种鬼。[5] 1980 年代的民族调查资料中详细记录了 62 种鬼的性质和献祭方式。

---

① 祁德川：《景颇族原始宗教文化研究》，德宏民族出版社 2012 年版，第 93、63 页。

② 《景颇族简史》编写组、《景颇族简史》修订本编写组：《景颇族简史》，民族出版社 2008 年版，第 103 页。

③ 李向前搜集整理《目瑙斋瓦——景颇族创世纪》，德宏人民出版社 1991 年版，第 43 ~ 51 页。

④ 谭碧波等调查，朱家桢整理《瑞丽县雷弄寨景颇族调查报告》，载云南省编辑部《中国少数民族社会历史调查资料丛刊·景颇族社会历史调查》（二），第 63 页。

⑤ 杨永生、朱家祯、宋蜀华：《景颇族五个点（寨）调查综合报告》，载云南省编辑部《中国少数民族社会历史调查资料丛刊·景颇族社会历史调查》（二），第 196 ~ 197 页。

刘振乾调查整理的《潞西县弄丙寨、陇川县邦佤寨家族婚姻生活习俗情况》"二、物质生活及习俗（三）宗教信仰 1. 万物有灵"部分记录写道：

> 景颇族有关自然现象的鬼有：日鬼、月亮鬼、星星鬼、山鬼、水鬼、火鬼、风鬼、雷鬼、地鬼、树木鬼等数十种。
> 有关社会现象的鬼有：家鬼（各姓氏不一）、官庙鬼、神林鬼、睡觉鬼、拉事鬼、离婚鬼、人死鬼、屋脊鬼、新婚相爱鬼、会唱歌及会念董萨祭鬼咒语的鬼，使牲畜病瘦的鬼、官家跳总戈的鬼，等等。
> 有关疾病的鬼有：眼疼鬼、腰疼鬼、头疼鬼、头烂鬼、肚子疼鬼、怀孕而死的鬼等。据董萨干莫说"什么都有鬼"。可见，鬼的类别、数目，绝不是能以数目来计算的，显然这是"万物有灵"的观念的具体表现。但是，也不能就此得出结论说载瓦人目前还停留在"万物有灵"的原始宗教为主的发展阶段上。事实上，在他们的宗教活动中也反映出一定的等级观念。如只有官家才能供献"木代鬼"，并且还必须是当权山官，地鬼也是如此。同时，鬼有善恶之分。比如"拉他鬼"他们认为最凶恶，它能祸人，人们不能随便谈它。日、月鬼等，他们认为是保护人类的，家鬼更是如此，所以人们必须敬奉他们。①

李成洪、王书武在盈江县大幕文乡硔汤寨（宝石岭岗）对景颇族茶山支的社会历史调查中发现："景颇人相信万物皆有灵魂，能福人祸人，故常祭祀。鬼魂的种类甚多，大体可分成天鬼、地鬼、家鬼三种，而人、牲畜及一切农作物皆有魂。"②

身为景颇族人和学者的祁德川指出："景颇族和其他兄弟民族一样，在早期阶段，曾有过迷人的神话时代，并产生大量的神话故事。景颇族把自己无法理解和控制的自然力量、社会力量幻想为各具机能的人格化鬼神，把鬼神价值作为索取的对象，祈求这种超人间实体的神秘力量造福于自己。所产生的神话故事是景颇族先民以艺术幻想的形式，对自然和社会形态的不自觉的反映，也是景颇族先民企图认识自然、征服自然、支配自然的产物。从整个神话故事来看，景颇族的神话有它自己的神的系统，构成了一个庞大的鬼神世界。只不过景颇族没有神的观念，只有鬼的观念。在众多神话中的神，景颇族一般不叫神，而叫鬼，如天鬼、地鬼、阴鬼、月亮鬼、阳鬼等，在这里，鬼就是神，天鬼、地鬼、阴鬼、阳鬼一般是受人尊敬的神人。"③

天鬼包括太阳鬼、月亮鬼、星辰鬼、风鬼、云鬼、雷鬼、雨鬼、闪电鬼、虹鬼等。地鬼分植物鬼、动物鬼和其他鬼。植物鬼有树鬼、谷堆鬼、苞谷鬼、韭菜鬼等；动物鬼有豹子鬼、老熊鬼、鹰鬼等；其他鬼有山鬼、坝子鬼、水鬼、洼子鬼、灶鬼等。人鬼分家鬼和野鬼两类，家鬼即家堂鬼，由始祖以下各代祖宗构成正统的家堂鬼系列，且均属正常死亡者；野鬼均属非正常死亡者，包括背时鬼、病死鬼、短命鬼、砍头鬼、淹死鬼、难产鬼、烧死鬼、雷劈鬼等。

赵学先、岳坚主编的《景颇族文化大观》对景颇族民间信仰的鬼神做了系统化：

---

① 刘振乾：《潞西县弄丙寨、陇川县邦佤寨家族婚姻生活习俗情况》，载云南省编辑部《中国少数民族社会历史调查资料丛刊·景颇族社会历史调查》（四），云南人民出版社 1986 年版，第 112 页。
② 李成洪等调查，王书武等整理《盈江县大幕文乡硔汤寨（宝石岭岗）景颇族（茶山支）社会历史调查》，载云南省编辑部《中国少数民族社会历史调查资料丛刊·景颇族社会历史调查》（三），云南人民出版社 1986 年版，第 130～131 页。
③ 祁德川：《景颇族原始宗教文化研究》，德宏民族出版社 2012 年版，第 75 页。

同一类鬼的称呼和祭献方法也有所不同，这就形成了鬼的多样性。

叶还多"。

景颇族重视居住地域内祖先鬼魂的祭献，却不祭献氏族、部落的～说景颇山的鬼"比树

先——宁贯瓦，不认为他们的亡灵可以佑护族人。这可能是祖先崇拜观念～

的迁徙、分化与融合使得氏族和部落组织崩溃瓦解，被山官制取代，破坏了～族的共同祖

走向地缘性组织。① 所以祭献家堂鬼和本地的各种鬼最为重要。赵科丁说道：～各支系

和祖先崇拜鬼，自然崇拜鬼又分天鬼和地鬼：天鬼是太阳、月亮、星辰、风、雨各支系

物之鬼，其中最大的是太阳鬼（即'木代'，只有山官家才能供奉和祭祀）；地鬼～

川、河流等地上万物之鬼。祖先崇拜鬼，即人鬼又分为死人鬼和活人鬼，死人鬼又分

家鬼是寨子鬼、房子鬼和家堂鬼，其中家堂鬼为正常死亡家族祖先之灵魂。野鬼即难产

非正常死亡者之灵魂。家鬼一般为好鬼，只要不得罪，按时祭祀，能庇佑人吉祥如意；野

恶鬼，撞上了人会生病或者死亡。活人鬼主要是皮帕鬼，是能和肉体分离的活人灵魂，是专

人身上，使其家破人亡、断子绝孙、寨子遭殃、瘟疫蔓延的恶鬼。"②

在景颇人的观念里，人与鬼、人与祖先、人间与阴间、过去与未来是统一在一起的。人的祸

害都与祖先有联系，出于血缘的原因，祖先会天然地保佑子孙后代，取悦祖先，就可以驱邪迎福。

是一种萨满文化，生者与死者、人与鬼之间有着交通往来。这就需要定期不定期杀牲献鬼祭祀仪式，

只要善待祖先，他就会保佑后人。目瑙纵歌是祭鬼仪式，董萨是会通人神的中介，其任务就是通天地、

接人神，向控制未知领域、推动事物发生发展的祖先鬼献上牺牲和祝福，送上人们的愿望，祈求祖先

的佑护，并向民众传达祖先的旨意，给自然现象和人间事变以合理的解释，并根据征兆预测事件和行

为的结果，使人更好地趋利避害，优化生存环境和生存方式。

景颇族历史文化的资料搜集整理和研究起步较早，田野调查、资料整理方面做了很多工作，也有

很多研究成果，这是令人欣慰的。但最近半个世纪，景颇族民间信仰的调查远远不够。相对于资料的

搜集整理，景颇族传统民间信仰研究显得滞后。景颇族研究起步很早，前些年的研究者除了参与社会

历史调查的学者，多为景颇族知识分子。研究方法相对单一，象征人类学、经济人类学、社会学、族

群理论、叙事学、口头诗学、表演理论等研究方法较少看到。近年来由于各族各地学者的参与，尤其

是年轻学者的参与，景颇族研究的深度和广度都有明显拓展，但相对于蒙古族、藏族、朝鲜族、回族、

苗族、壮族、彝族，甚至相对于同为云南省内少数民族的白族、纳西族、哈尼族落后很多。作为景颇

族的一员，笔者不可能不为此感到焦虑。

今后要加强景颇族传统民间信仰研究。首先是整合研究队伍，以景颇族学者为主，尤其需要培养

新一代的景颇族学者，同时吸纳其他民族的研究者，优化研究者的年龄和知识结构。其次应着眼于对

景颇族当下民间信仰的田野调查资料的搜集整理，同时进一步整理、翻译现有资料，为研究做好基础

性工作。最后是引入新的方法，对资料进行深入挖掘和多角度、多层次的研究。

---

① 除了从血缘管理转向地域管理这一可能性，是不是存在着另一种可能性：宁贯瓦作为景颇族共同祖先是在景颇族各支系的迁
徙、分化与融合过程中创造出来的，是后起的，所以不祭献。随着族群意识的觉醒和强化，宁贯瓦的地位越来越高，目瑙纵
歌场开始供奉宁贯瓦。这也是景颇族族群历史建构的一部分。

② 赵科丁：《发展中的景颇族祭祀丧葬习俗山的脊梁》，载《中国景颇族新社会发展变迁史》，德宏人民出版社 2012 年版，第 80 页。

3. 三级标题为"1.""2.""3."等阿拉伯数字及点号后加标题名;

4. 四级标题为"（1）""（2）""（3）"等带括号的阿拉伯数字后加标题名。

（五）统计表、统计图或其他示意图、公式（假设）等，均分别用阿拉伯数字连续编号，后注明图、表名称，例如："表1……""图1……""公式1……""假设1……"等。

（六）关于中译名词、术语、人名、地名及国际组织（学术机构）

1. 正文中第一次出现的西文学术专用名词和术语（除常用之外），后用括号标明西文术语;除英文外，其他语种的名词或术语前标明语种。

2. 除知名的外国人名、地名、国际组织（学术机构）以外，一般在正文中第一次出现时，汉译名后用括号标明西文原名（国际组织可用缩写）;正文中出现的国外学者人名须用统一译名，且以学术界的通用译法为准。

（七）引文注释规范:本刊采用脚注形式，每页重新编号。

1. 著作:［责任者］:《［著作名]》，［出版者］［出版年］版，［页码］。

2. 析出文献:［著者］:《［析出篇名]》，载［文集责任者]《［文集题名]》，［出版者][出版年]年，［页码］。

3. 古籍:［责任者］:《［书名]》卷次《部类名》，［版本］。

4. 期刊:［著者］:［篇名］，［期刊名][年][期]。

5. 报纸:［著者］:［篇名］，［报纸名称][出版年月日]。

6. 未刊文献:文献本身没有标题时，可代拟标题（须注明）。引用的未刊文献为原始文献时，可以不做说明，不是原件时，应说明文献与原始文献的关系。学位论文:标明作者、文献标题、文献性质、学术机构、日期、页码，顺序略同图书;会议论文:标明作者、文献标题、会议名称和文献性质、会议地点或举办者名称、日期、页码，标注顺序略同期刊;未刊手稿、函电等:标明作者、文献标题、文献性质、收藏地点和收藏者，收藏编号。

7. 引证外文文献，原则上应使用该文种通行的引证标注方式。

英文文献:

图书:［著者］，［书名（斜体，主体词首位字母大写)］，［页码］．［出版地］:［出版者］，［出版年］．

期刊文献:［著者］，"［文章名（主体词首位字母大写)]"，［刊物名（斜体)］，［卷期号］，［出版时间］．

著作中的析出文献:［著者］，"［文章名（主体词首位字母大写)]"，［书名（斜体)］，［页码］．［出版地］:［出版者］，［出版年］．

8. 网页引用:尽量在没有其他文献来源的情况下，才引用网页。引用时应注明网页名称，网页作者，网页链接，发布时间，浏览或下载时间。网页作者、发布时间可以缺省。

图书在版编目（CIP）数据

西南边疆民族研究. 第28辑 / 何明主编. -- 北京：
社会科学文献出版社，2020.6
ISBN 978 - 7 - 5201 - 6742 - 0

Ⅰ.①西… Ⅱ.①何… Ⅲ.①少数民族 - 西南地区 -
年刊 Ⅳ.①K280.7 - 54

中国版本图书馆 CIP 数据核字（2020）第 091517 号

西南边疆民族研究 第 28 辑

主　　编／何　明
副 主 编／李志农　朱凌飞

出 版 人／谢寿光
责任编辑／杨　阳　隋嘉滨　赵　娜　胡庆英

出　　版／社会科学文献出版社·群学出版分社（010）59366453
　　　　　　地址：北京市北三环中路甲29号院华龙大厦　邮编：100029
　　　　　　网址：www.ssap.com.cn
发　　行／市场营销中心（010）59367081　59367083
印　　装／三河市东方印刷有限公司

规　　格／开本：889mm × 1194mm　1/16
　　　　　　印　张：12.25　字　数：339 千字
版　　次／2020 年 6 月第 1 版　2020 年 6 月第 1 次印刷
书　　号／ISBN 978 - 7 - 5201 - 6742 - 0
定　　价／99.00 元

本书如有印装质量问题，请与读者服务中心（010 - 59367028）联系

▲ 版权所有 翻印必究